—— 누구보다 이 책을 기다려온 나로서는 사실 별로 할 말이 없다. 왜냐하면 지난 1년 동안 나는 내가 맡아온 한 라디오 프로그램에서 김봉현을 초대해 이 책의 뼈대라 할 만한 주요한 논점과 이야기의 살들을 미리 경험했기 때문이다. 그건 대단한 행운이었다. 그리고 우리 사회와 문화에 상당히 의미심장한 폭탄이 던져질 거라는 예감이 들었다. 그는 누구보다 열심히 들으려 하고 열심히 읽으려 하고 열심히 삐뚤어지려고 한다. 김봉현은 힙합으로 대변되는 블랙 뮤직의 시야를 우리에게 끊임없이 열어주는 유일무구한 똥개다. 이 똥개의 무모하고 아름다운 열정이 뻔뻔할 정도로 경직되어 있는 우리 사회를 흔들어주기를 바란다. 김봉현은 피어싱 기술자만큼이나 구멍을 크게 여는 확장자다. 확장자! 김봉현.

김경주 시인, 극작가

—— 힙합이 대중음악사에서 차지하는 고유한 위상이라는 것은 결국 그 독특한 기원과 맥락에 기인한다. 여느 대중음악과 달리 음악이기 이전에 특수한 사회, 지리, 인종적 기반 위에서 출발한 문화였고 바로 그 까닭에 적어도 지난 30여 년간 가장 논쟁적인 장르로 자리매김할 수 있었다. 이런 힙합 문화의 특수성에 대한 연구는 미국 학계에서 1990년대부터 부지런히 시도되어온 것이지만 국내에서는 이렇게 의미 있는 첫 걸음마를 시작하려는 중이다.

김영대 대중음악평론가, 음악학자

—— 무엇에 대해 깊게 파고드는 것은 어렵다. 배운 것을 쉽게 쓰는 것 역시 어렵다. 김봉현은 한국에서 힙합에 관해 두 가지 일을 동시에 해낼 수 있는 귀한 평론가다. 힙합이 클럽, 패션 또는 인기 여가수와의 피처링으로 인식되고 돌아다니는 한국에서 그는 '아프로-아메리칸'으로부터 시작해 '리스펙트'에 이르는 힙합의 기원과 역사와 문화를 끈덕지게 붙잡고 늘어진다. 그리고 그것을 대중이 알아들을 수 있는 말로 기어이 설득하는 데 성공한다. 그러니까, 그는 글로 힙합을 한 것이다. 자기 생각을 말하는 것을 끝까지 포기하지 않고 결국 대중과 미디어가 친 벽을 뚫어버리고 있으니 말이다.

강명석 대중문화평론가, 웹매거진 『ize』 편집장

—— 이 책은 힙합의 태생과 지금까지의 흐름을 아우르는 객관적인 자료 및 아티스트의 검증을 통해 무엇이 힙합을 만들어왔고 그 가치를 돋보이게 했는지 시원하게 풀어낸다. 힙합의 표면에서 심층까지 제대로 된 여행을 하고 싶다면 반드시 읽어야 할 책이며 이 문화의 이면에 숨은 진짜 힘을 엿볼 수 있는 기회다!

MC Meta 래퍼, 뮤지션

—— 책 속 키워드를 빌려 표현하자면, 이건 '랩 스타'도 아닌, 심지어 '아프로-아메리칸'도 아닌 극동아시아의 한 젊은이가 이국땅의 '게토' 문화에 보내는 '리스펙트'라 할 만하다. 이 나라, 비주류 문화, 거기서도 또 마이너한 포지션인 비평가의 위치라는 것만으로도 그간의 수고들은 나름의 '허슬'이며, 그럼에도 이 저작이 포함하고 있는 방대한 자료는 그가 이 문화에 대해 품은 애착이 '스웨거'로 표현된 좋은 예다. 힙합이란 문화를 '랩뮤직'에 집중해 풀어내고자 한 점은 유일한 아쉬움으로 남지만, 이는 저자가 속편 발간을 통해 해소해주기로 기약하였으니 그걸 믿어보기로 한다.

P-Type 래퍼, 뮤지션

—— 만약 내가 한국에서 학사과정을 마치고 평론가라는 직업에 전념했다면 이렇게 섬세하면서 징그러울 정도로 힙합이란 문화를 분석할 수 있었을까? 이 책을 읽으면서 머릿속에 맴돌았던 생각이다. 이런 거 분석할 시간에 공부나 더 열심히 하라는 부모님 잔소리가 떠오른다. 하지만 무슨 상관인가? 이 책은 힙합이 단순한 유행이나 가벼운 음악이 아니라 복합적인 문화이자 학문으로서 가치가 있다는 사실을 증명하고 있다.

Jaeki "JKey" Cho 미국 힙합 매거진 XXL, Complex, VIBE Writer

HipHop
힙합

일러두기

- 앨범명은 「 」, 곡명은 ' '로 표시했다.
- 이 책에 실린 힙합 가사와 용어 중에는 국립국어원 표기 원칙을 따르지 않고 원래의 어감을 그대로 살리거나 통용되는 말로 실은 것이 다수 있다.
- 본문에 등장하는 힙합 가사는 가능한 원문과 함께 번역문을 실었으며 헤드폰 아이콘을 통해 가사임을 표시했다. 해당 가사의 노래가 실린 앨범은 부록에 일괄 소개하고, 헤드폰 밑에 일련 숫자를 붙여 찾아보기 쉽게 했다.

힙합

블랙은
어떻게
세계를
점령했는가

김봉현

글항아리

한국에서 '힙합'이나 '랩'이란 단어는 이제 누구에게나 친숙한 말이 되었다. 아니, 그렇게 된 지 오래다. 누구도 힙합이 무슨 뜻인지, 랩이 무엇인지 되묻지 않는다. 그러나 한국에서 그 고유의 내용과 맥락이 제대로, 널리 알려져 있다고 말하기는 아직도 어렵다. 십수 년 전 기대했던 미래와는 다른, 당황스러운 현실이다.

힙합은 그 본질과 속성상 그 어떤 음악보다 자기 고유의 색깔과 개성이 강하다. 그런 만큼 힙합을 잘 모르거나 힙합에 관심 없는 사람들이 오해와 편견을 갖기 쉬운 음악이자 문화다. 다시 말해 마치 일반인이 헤비메탈 뮤지션의 패션이나 무대를 볼 때처럼, 힙합 '안'에서는 힙합 마니아끼리 자연스레 합의된 내용이 힙합 '밖'으로 나가면 이상해 보이고 이해가 잘 안 되는 일이 빈번하다. 나는 이것을 힙합이 패러디의 주요 소재가 되는 중요한 이유 중 하나로 본다.

엠넷에 연재한 글을 정리하고 보완한 이 책은 다른 음악/문화와 구별되는 힙합이라는 음악/문화의 고유한 특성과 멋, 매력을 다양한 관점에서 설명하고 논의한다. 앨범 리뷰 형식의 글이나 사운드에 관한 이야기는 되도록 하지 않고, 힙합을 둘러싼 사회·문화·정치적인 맥락과 힙합이 지닌 성향 및 태도에 대한 이야기를 주로 다루었다. 특히 힙합을 향한 '오해'나 '편견'과 관련한 내용을 주로 담았다. 다만 무조건 힙합의 편(?)을 들지는 않았다. 힙합이 부당하게 공격받는 부분은 적절한 근거를 들어 변호하는 한편 힙합이 받아들여야 하는 지적이 있다면 아프게 수용했다. 그것이 비평가이자 동시에 힙합을 아끼는 사람으로서 취해야 할 태도이기 때문이다.

또한 힙합을 잘 모르거나 큰 관심이 없는 일반인의 눈높이에서 쉽고 친근하고 재미있게, 그러나 전문성을 잃지 않고 풀어내기 위해 노력했다. 하지만 늘 그렇듯 결과물이 어떤지는 잘 모르겠다. 책의 좋은 점이 있다면 도와준 분들 덕택이고, 책의 부족한 점이 있다면 전적으로 내 탓이다.

누구나 한번쯤 래퍼들은 왜 자기 자랑을 그렇게 하는지, 왜 랩으로 서로 싸우는지, 왜 여성을 가리켜 'bitch'라고 부르는지, 왜 감옥에 드나들수록 더 인기가 올라가는지 등에 대해 궁금해 한 적이 있을 것이다. 이러한 의문에 대한 내 나름의 정리와 대답, 더 나아가 잘 알려져 있지 않은 힙합의 예술적 면모와 긍정적 에너지, 그리고 우리네 삶으로의 실질적인 확장 가능성까지 이 책에 담았다. 부디 이 책이 힙합이라는 음악이자 문화, 삶의 양식에 대해 알고 싶어질 때 가장 먼저 찾는 책이 되었으면 좋겠다.

열린 마음으로 원고를 받아준 글항아리에 감사를 전한다.

차례

AFRO-AMERICAN

[아프로-아메리칸:]

노예의 핏줄,
하지만
왕의 가슴

아프로-아메리칸Afro-American이라는 다소 어려워(?) 보이는 단어를 첫 번째 주제로 삼은 이유는 자명하다. 철저히 청각적인 관점으로 랩의 높낮이나 비트의 빠르기 등만을 논할 것이 아니라면, 즉 힙합을 사회, 문화, 정치 요소가 결합된 복합적인 음악이자 삶의 양식으로 인식한다면 그 출발선을 내어줄 수밖에 없는 개념이기 때문이다.

살펴보면 의외로 쉬운 단어다. 일단 아프로는 아프리칸African의 준말로서 '아프리카의'라는 뜻이다. 아메리칸은 말 그대로 '미국인'을 뜻한다. 종합하면 '아프리카의 혈통을 지닌 미국인'이라는 뜻이 된다. 더 쉽게 말하면 '미국에 살고 있는 (미국 시민권을 지닌) 흑인'이다.

외국에 나가본 우리나라 사람이라면 일본인이나 중국인으로 오해받은 경험이 한두 번은 있을 것이다. 황희 정승처럼 네 말도 옳고 내 말도 옳고 우리 모두가 옳다고 생각하는 심성의 소유자라면야 웃고 넘길 수도 있다. 그러나 넘치는 애국 프라이드의 소유자라면 몹시 불쾌한 상황이다. 꼭 같은 경우는 아니지만 비슷하다. 아시아인이 다 같은 아시아인이 아니듯 흑인도 다 같은 흑인이 아니다. 이런 맥락에서 힙합을 흑인의 문화이자 음악이라고 말하는 것은 절반 정도만 맞다. 더 정확해지려면 힙합은 아프로-아메리칸에 의해 탄생한 문화이자 음악이라고 해야 한다.

아프로-아메리칸, 즉 미국 흑인의 역사는 모두가 상식으로 알고 있듯 노예의 역사, 차별의 역사, 탄압의 역사다. 아프로-아메리칸은 오랫동안 인종적·계급적 차별을 받아왔으며 여전히 현재진행형이다. 역사적으로 재즈와 소울이 아프로-아메리칸을 대변하는 음악이었다면 오늘날 아프로-아메리칸의 정체성을 반영하는 가장 강력한 음악은 바로 힙합이다. 커먼Common의 네 번째 정규 앨범 「Like Water for Chocolate」(2000)을 기억할 것이다. 당시 커먼은 1950년대 미국의 한 흑인 여성이 '유색인종 전용Colored Only 식수대'에서 물을 마시고 있는 사진을 자신의 앨범 커버로 사용했다. 또 나스Nas의 「Stillmatic」(2001)을 듣다보면 이런 구절이 나온다. 'Blood of a slave, Heart of a King(노예의 핏줄, 하지만 왕의 가슴).' 내가 기억하는 나스의 랩가사 중 가장 벅찬 구절이다.

실제로 현대 랩의 기원을 아프로-아메리칸의 '라이밍 게임rhyming games'에서 찾는 시도도 있다. 흑인 노예들의 정치성을 띤 언어유희는 백인 지주의 감시와 통제에서 벗어나기 위해 필연적으로 은유와 상징을 동원할 수밖에 없었고 이런 요소들이 현대 랩의 체계와 표현 방식, 태도에 영향을 끼쳤다는 것이다.

이렇듯 본질적으로 힙합은 아프로-아메리칸의 뿌리와 저항을 반영한 음악이자 문화다. 그러나 모든 록 음악이 저항정신을 담고 있는 것은 아니듯 모든 힙합 음악이 저항을 표방하진 않는다. 힙합의 창시자로 일컬어지는 디제이 쿨 허크DJ Kool Herc

와 관련한 서적을 뒤적이다가 나는 이런 부분을 발견했다.

> When I started DJing back in the early 70's, it was just
> something that we were doing for fun.
> 1970년대에 내가 처음으로 디제잉을 시작했을 때, 그것은 단지 재
> 미를 위해 한 일이었다.

그런가 하면 이런 부분도 있다.

> I think hiphop has bridged the culture gap. It brings white
> kids together with black kids, brown kids with yellow kids.
> They all have something in common that they love.
> 힙합이 인종 간의 문화적 차이를 줄여줬다고 생각한다. 힙합으로
> 인해 백인 아이와 흑인 아이가 어울려 놀 수 있었고 다른 여러 인
> 종 역시 그렇다. 힙합은 그들 모두가 함께 좋아할 수 있는 무언가
> 를 주었다.

물론 이것 역시 쿨 허크 개인의 발언이자 생각일 수 있다. 그러나 힙합을 오로지 저항성과 정치성으로만 바라보고, 아프로-아메리칸을 언제든 갈등을 일으킬 태세가 되어 있는 대결적 자세로 가득한 단일 집단으로 여기는 시선은 확실히 바로잡을 필요가 있다. 역사적으로 형성된 아프로-아메리칸의 정체성은 힙합을 이해하는 데 중요한 요소이지만 그것이 전부는 아니며, '아프로-아메리칸=저항=힙합'이라는 단순한 공식화는 위험할 수 있다. 또 모든 예술, 모든 음악은 어디까지나 놀이로서

의 즐거움과 유희에서 오는 쾌감이 근간이라는 사실도 잊지 말아야 할 것이다.

이러한 균형잡힌 사고를 바탕으로 할 때, 아프로−아메리칸이라는 정체성을 음악에 좀더 직접적으로 반영하거나 그 개념을 확장한 몇 가지 사례를 살펴볼 수 있다. 먼저 푸지스Fugees다. 푸지스의 성공에 그들의 뛰어난 음악적 능력, 그리고 로린 힐Lauryn Hill의 매력이 작용했음을 부인할 수는 없다. 그러나 멤버 중 다수가 아이티 출신이었던 이들은 '아프로−아메리칸'이라는 개념을 넘어 '아프리카'라는 뿌리에 주목했고, 여기에 캐리비언Caribbean의 정체성을 더해 지역과 문화적 차이를 뛰어넘는 범흑인적 지지를 이끌어냈다.

모스 데프Mos Def와 탈립 콸리Talib Kweli 역시 아프리카에 주목했다. 중산층 이상의 가정에서 자란 교육받은 청년이었던 이들은 블랙 스타Black Star라는 팀을 결성해 활동하며 큰 반향과 지지를 이끌어냈다. '지적인' 혹은 '의식 있는' 등의 모호한 수식어로 표현되는 그들의 랩은, 범아프리카주의Pan-Africanism 운동가 마커스 가비Marcus Garvey가 고향이자 이상향으로서의 아프리카로 모든 흑인을 실어 나르겠다는 꿈을 가지고 설립한 선박 라인 이름에서 따온 팀명에서부터 예견된 것이었다.

이러한 맥락에서 최근 가장 주목할 만한 사례라면 역시 나스와 대미언 말리Damian Marley의 프로젝트 앨범 「Distant Relatives」를 꼽을 수 있다. 각각 재즈 뮤지션 올루 다라Olu Dara와 레게의 전설 밥 말리Bob Marley의 아들인 이들은 이미 각자의 분야에서 아버지의 명성을 뛰어넘거나 혹은 '부전자전'이라는 평가를 받고 있는 빼어난 아티스트들이기도 하다. 이미 전작

「Untitled」에서 아프로-아메리칸을 둘러싼 여러 화두를 제시했던 나스는 이 앨범의 이름을 아예 '먼 친척'이라고 지어버렸다. 먼 친척이 누구를 가리키는지는 앨범의 마지막 곡 'Africa Must Wake Up' 후반부에 흐르는 나스의 내레이션에서 밝혀진다.

001

We're all distant relatives, no matter where you from, where you live
How near or far
Africa, China, Japan, Afghanistan, Israel
우리는 모두 먼 친척입니다. 아프리카, 중국, 일본, 아프가니스탄, 이스라엘.
당신이 어디에서 왔든, 어디에 살든, 그곳이 얼마나 멀든 상관없습니다.

We're all fam, we're all distant relatives
So that's why we came together − one of the reasons
Why myself and Damian came together
Cause we all come from one place, and that's Africa
That's right, you too. And you
우리는 다 같은 형제이고 먼 친척입니다.
그것이 나와 대미언이 뭉친 이유입니다.
우리는 모두 아프리카라는 한곳에서 출발했고 당신 역시 마찬가지입니다.

The whole world!
We're all family, we're just spread out all over the place

So to all my distant relatives, let's take it back home!

우리는 그저 세상 여러 곳에 흩어져 있을 뿐,

내 먼 친척들이여, 이제 다시 고향으로 돌아갑시다.

그렇다. 힙합은 미국 흑인, 나아가 흑인의 역사적 정체성과 긴밀히 맞닿아 있는 음악이자 양식이다.

GHETTO

〔게토:〕

역경과
자긍심,
그 애증의
공간

이번에는 아프로-아메리칸의 공간 및 커뮤니티와 관련한 이야기다. 게토Ghetto는 아프로-아메리칸을 떠올릴 때 자연스레 연상되는 단어 중 하나다. 물리적 공간이기도 하고 상징적 이미지이기도 하며 복합적인 함의를 지닌 표현이기도 하다.

노파심에서 말하지만 게토라는 단어가 아프로-아메리칸의 전유물은 아니다. 게토의 사전적 의미는 '사회적·경제적으로 방치되어 있는 소수 인종·민족이 집단을 이루어 사는 도시의 빈민가'쯤 된다. 따라서 이러한 조건에 부합(?)하면 넓은 의미에서 세계 어디든 게토가 될 수 있다. 또 게토가 나치 시절의 독일이 유대인을 분리해 한곳에 모여 살게 한 '유대인 강제 집단거주 지역'에서도 유래했음을 우리는 이미 알고 있다.

게토에 관해 이야기하다보니 웃지 못할 일화가 생각난다. 지금으로부터 18년 전인 1995년, 한 라디오 방송('이문세의 별이 빛나는 밤에')에 서태지와아이들이 출연했을 때다. 당시 방송에서 서태지는 자신의 몇 가지 무지(?)를 드러내고 말았다. 그는 게토를 마치 하나의 고유 지역 이름처럼 설명한다거나, 이와 연관해 '게토 뮤직'이라는 단어를 마치 공인된 음악 장르 용어인 것처럼 사용한다거나, 자신의 랩은 갱스터 랩 스타일이고 양현석의 랩은 게토 랩 스타일이라는 식의 발언을 했다. 게토라는 단어에 대한 몰이해의 단적인 예다. 물론 당시의 환경과 상황을 감안하면 충분히 이해할 만한 일이지만.

노예와 이민의 역사 그리고 이주의 역사를 거쳐 아프로—아메리칸은 미국 곳곳에 게토를 형성했다. 앞서 말한 대로 아프로—아메리칸에게 게토의 의미란 복합적이다. 먼저 게토는 이들에게 '역경의 공간이자 탈출하고픈 공간'이다. 제이지^{Jay-Z}의 출생지로 알려진 브루클린의 공공주택단지 마시 프로젝트^{marcy projects} 역시 게토 중 한 곳이었다. 1980년대 활발한 마약 거래의 본고장이었던 이곳은 그 악명답게 치안이 불안했다. 제이지 노래의 한 구절에 따르면 '매일 목숨을 위협받는 전쟁터 같은 곳^{where niggas pull your card}(타인이 내 주민등록증을 말소해버리는 곳, 즉 죽임을 당할 수도 있는 곳)'이었다. 언제 죽을지 모르는데, 당연히 탈출하고 싶다.

게토의 적나라한 실상을 담은 노래는 셀 수 없을 정도다. 노토리어스 비아이지^{Notorious B.I.G.}의 'Can I Get Witcha'에는 이런 구절이 나온다.

002

Another day in the ghetto
게토의 또 다른 날이 밝았어
One look outside I'm already upset yo
바깥을 바라보는 순간 벌써 짜증이 나

·

·

Steps out it's the same old scene
문밖을 나서면 늘 똑같은 광경뿐이지

Dopefiend, crackfiend, eyewitness news team
마약중독자, 코카인중독자, 그리고 사건을 보도하는 기자들

그런가 하면 프리웨이^{Freeway}의 'Victim of the Ghetto'의 후렴
은 이렇다.

And I eat, sleep, buy, sell drugs
나는 먹고, 자고, 사고, 마약을 팔지
Cause I'm just another victim of the ghetto
나는 게토의 희생양
When I rob, steal, lie to get money, bust slugs(shots)
나는 협박하고, 훔치고, 돈을 위해 남을 속이고, 방아쇠를 당기지
Cause I'm just another product of the ghetto
나는 게토라는 시스템의 제조품

가사를 두어 구절 늘어놓고 보니 굳이 부연 설명은 필요하
지 않아 보인다. 아프로-아메리칸의 게토는 가난이 대물림되
고 범죄와 불법 마약거래가 일어나며 개인의 의지를 환경과 시
스템이 지배하는 위험하고 비극적인 공간이다. 'struggle'이나
'hardknock'이라는 표현이 랩 가사에 빈번히 등장하는 이유도
이 연장선상에서 볼 수 있다. 1991년 작으로 이미 고전이 된 영
화 「보이즈 앤 더 후드^{Boys N The Hood}」를 본 사람이라면 좀더 확
실히 이해가 가능하다. 또 나스가 자신의 노래 제목을 'Ghetto
Prisoners'라고 지은 데에는 이유가 있다. 게토 자체가 하나의 거
대한 감옥이고, 그 안에 많은 형제가 갇혀버렸다는 것이다.

게토 탈출의 욕망은 종종 게토의 아이들에 대한 걱정으로 이어진다. 말하자면 어른 입장에서 그들의 역경이 후손에게 대물림되지 않기를 바라는 마음이다. 닥터드레Dr. Dre, 우탱 클랜Wutang Clan을 비롯한 수많은 힙합 그룹에 의해 샘플링되었고, 루츠The Roots와 존 레전드John Legend 등이 다시 부르기도 했던 도니 하더웨이Donny Hathaway의 고전 'Little Ghetto Boy'의 가사 일부는 이렇다.

004

Little ghetto boy, playing in the ghetto street
게토의 거리에서 놀고 있는 게토의 소년이여
Whatcha' gonna do when you grow up And have to face
responsibility?
훗날 어른이 되어 스스로 책임을 져야 할 나이가 되었을 때 너는 어떻게 행
동할 텐가

　　알앤비 싱어 조Joe의 'Ghetto Child'는 한층 더 극적이다. 'Just because I'm a ghetto child/ I won't live down to your expectations(내가 게토에서 태어나 자랐다는 이유만으로/ 당신들이 예상하는 그런 삶을 살진 않겠어)'라는 후렴을 당사자인 '아이들'이 직접 부른다거나, 마지막에 나지막이 흐르는 'It's not where you're from, it's where you're gonna be(어디에서 왔는지보다는, 어디로 갈 것인가가 중요하지)' 같은 부분은 확실히 감동적이다. 음악에서 찾은 희망이다.

　　한편 게토는 '자긍심의 공간이자 유대의 공간'이기도 하다. 여기서 게토와 꼭 같지는 않지만 비슷하게 쓰이는 '후드Hood'라는 단어가 등장한다. 이웃을 뜻하는 네이버후드neighborhood의 은어로 통용

되기도 하는 후드는 아프로-아메리칸이 모여 사는 게토를 가리
킨다. 쉽게 말하면 '우리 동네' 정도의 뉘앙스랄까?

디제이 칼리드^{DJ Khaled}의 히트 싱글 'Welcome To My Hood'
를 보자. 이 노래는 후드와 관련한 여러 요소를 다채롭게 전시한
다. 마치 이 글을 위해 만들어진 노래 같다. 일단 뮤직 비디오부
터 빈민가의 상징(?)과도 같은 공동주택을 배경으로 삼고 있고,
가사는 범죄로 인한 가택연금('some are on house arrest')과 가난
으로 인한 자녀양육비 지원('some are on child support')을 언급
하거나 경찰에 대한 반감을 자극한다('Them boys will put you
down on your knees').

그러나 핵심은 유대와 자긍심이다. 흑인 이웃끼리는 모두
가 모두를 서로 알고 있고 내가 돈을 벌면 후드 전체가 돈을 버
는 것과 다름없으며('Everybody know everybody/ And if I got
it everybody got it'), 후드 출신이 아니면 우리 틈에 낄 생각은
하지 말라고 경고한다('If you ain't from the hood, bitch, than
stop impersonating us'). 이들에게 후드는 고통의 공간이기도
하지만 그 고통과 투쟁하면서 흘린 피와 땀이 서린 공간, 그리
고 무엇보다 같은 처지에 놓인 흑인들과의 교류와 유대로 가득
한 공간이다.

디제이 칼리드의 또 다른 싱글 'I'm From the Ghetto'를 보
자. 이 곡에서도 게토는 부정적이기보다는 긍정적으로 묘사된
다. 성공을 해 부자가 되어도 변할 수 없는 이유는('All the money
in the world couldn't change me') 후드에서 동고동락한 친구들
이 자신을 떠나버릴 것을 알기 때문이다('Cause my niggas in the
hood woulda left me'). 또한 스타가 되어 돈과 명성을 거머쥔 친

구가 변해버렸다 해도 게토에서 함께 자란 '우리'는 여전히 네가 잘되길 기원하며, 네가 죽거나 가난해져 아무도 널 찾지 않게 될 때에도 게토는 늘 변함없이 여기 있을 것이라고 말한다('When you dead or broke without a deal/ All the groupies cleared, the ghetto still be here'). 이 곡에서 게토는 성공해도 결코 저버릴 수 없는 친구들이 있는 곳, 그리고 내가 어떠한 잘못을 저질러도 다시 돌아갈 수 있는 고향 같은 곳이다.

결국 어쩌면 게토는 아프로-아메리칸에게 '애증의 공간'이다. 벗어나고 싶지만 내가 태어난 곳, 고통스럽지만 그 고통을 함께 겪어낸 이들이 있는 곳, 그리고 성공해서 다시 돌아가고 싶은 곳이 아프로-아메리칸의 게토이자 후드다.

하지만 경계해야 할 것이 있다. 바로 성급한 일반화 혹은 부분을 가지고 전체를 싸잡는 오류다. 예를 들어 게토에 사는 모든 아프로-아메리칸이 자기 동네에 대해 깊은 증오나 무한한 자긍심 둘 중 하나를 가지고 있다거나 둘 다를 가지고 있다고 할 수는 없다. 아마도 그곳에는 둘 중 어느 것과도 무관하게 살아가는 평범한(?) 사람이 더 많을 것이다.

자본의 논리와 (백인 주류) 미디어의 속성에 의해 부분은 전체로 확장되고, 이미지는 더욱 자극적이거나 드라마틱하게 포장되며, 특정 집단의 다원성은 구성원의 의사와는 무관하게 모두가 오직 하나의 가치에 복무하는 것처럼 왜곡된다. 게토에 들어서기만 하면 목숨이 위태로운 상황에 놓인다거나 모든 흑인은 늘 폭력적이며 불만에 가득 차 있다는 착각이자 편견은 이러한 환경에서 발생한다. 물론 없는 이야기를 허위로 지어낸 것은 아니지만 어디까지나 이러한 균형감각 위에서 이 글을 받아들이는 것이 좋다.

앞서 게토를 가리켜 '역경의 공간이자 탈출하고픈 공간'이라고 말했다. 실제로 수많은 아프로−아메리칸이 탈출을 시도해왔고 또 시도하고 있다. 그리고 그들의 꿈 가운데 무시 못 할 비중을 차지하는 것이 두 가지 있다. 바로 '랩 스타'와 'NBA 스타'다. 게토로부터의 탈출을 꿈꾸는 아프로−아메리칸에 대한 이야기가 이어진다.

003

RAP STAR

[랩 스타 :]

**랩 스타,
이건
새로운 직업**

'게토'는 흑인들에게 기본적으로 '역경의 공간이자 탈출하고 픈 공간'이다. 그러나 게토로부터의 탈출을 꿈꾸는 흑인들에게 주어진 선택지는 그리 많지 않았다. 실제로 그들이 택할 수 있는 것은 크게 두 가지로 좁혀진다. 바로 '랩 스타Rap Star'와 'NBA 스타'다. 랩 스타에 대해 먼저 살펴보자.

랩과 농구가 게토의 흑인들에게 유일한 꿈과도 같다는 말은 내가 지어낸 이야기도 아니고 억지주장도 아니다. 오히려 지금에 와서 돌이켜보면 식상한 감이 있을 정도로 오래전부터 회자되어온 개념이다. 그 근거로 힙합 역사상 가장 위대한 두 래퍼의 가사를 간단히 살펴보고 지나가자. 먼저 나스의 세 번째 정규 앨범 「I Am…」(1999)의 수록곡 'We Will Survive'다.

005

More than fifty percent of us endin up with holes through the chest through the head, through the gut it shows
우리 중 절반 이상이 가슴과 머리에 구멍이 뚫리고 내장이 드러난 채 죽음을 맞이하지

The future for us young shooters and old killers/ Who become rich as dope dealers?

어린 총잡이와 늙은 살인자인 우리의 미래/ 누가 마약을 팔아 부자가 되는가?

Nothing left for us but hoop dreams and hood tournaments/ Thug coaches with subs sittin on the bench; either that or rap/ We want the fast way outta this trap

우리에게 남은 것은 농구로 성공하는 꿈/ 아니면 랩뿐/ 우리가 빨리 이 덫에서 벗어날 수 있기를

다음은 노토리어스 비아이지의 'Things Done Changed'다.

006
If I wasn't in the rap game
I'd probably have a key knee-deep in the crack game
내가 만약 랩을 하지 않았다면 아마 난 마약을 팔고 있겠지

Because the streets is a short stop:
Either you're slinging crack rock or you got a wicked jump shot
이 거리에서 살아남으려면 넌 마약을 팔거나 농구를 해야만 하지

'랩을 하지 않았다면 마약을 팔고 있었을 것'이라고 말하지만 그들에게 마약판매상의 삶은 대체로 실패한 삶이다. 그것은 불법으로 얼룩진 뒷골목의 삶이고 게토에 영영 갇히는 길이다.

따라서 게토에서 벗어나려면 그들은 마이크를 잡거나 농구공을 던져야 한다.

랩은 소수 흑인의 음악적 도구이자 문화로 출발했지만 이제는 세계에서 가장 강력한 음악이자 문화로 성장했다. 전 세계적인 흑인 음악의 강세, 그리고 인종과 장르를 막론한 랩의 영향력은 일일이 설명할 필요가 없을 것이다.

중요한 점은 이러한 과정을 통해 래퍼들의 지위 역시 자연스레 상승했다는 사실이다. 랩 '스타'라는 단어에 이미 그 답이 숨어 있다. '랩'을 해도 이제 무비 스타, 팝 스타 못지않은, 아니 오히려 그를 능가하는 부와 명예를 거머쥘 수 있는 시대가 온 것이다. (미국) 사람들에게 래퍼는 더 이상 외곬이나 저항의 존재가 아니다. 그들에게 래퍼는 이제 선망의 대상이고 인생을 역전시킬 수 있는 꿈이다.

우리가 알고 있는 랩 스타들의 모습을 다시 떠올려보면 이해가 쉽다. 릭 로스Rick Ross나 루다크리스Ludacris는 전용기를 타고 이동한다. 전용기는 성룡 같은 무비 스타만 타고 다니는 것이 아니다. 또 트위터를 하는 사람이라면 잊을 만하면 올라오는 50센트의 돈 자랑 트윗을 기억할 것이다. 사진에서 50센트는 지폐 뭉치로 하트 모양을 만들거나 지폐 뭉치 위에서 카드놀이를 하고 있다. 한편 드레이크Drake는 한 스트립 클럽에서 하룻밤에 한화로 5000만 원 이상을 뿌렸다. '백만장자'는 그들에게 음악속 설정이 아니라 현실이다.

랩 스타들은 선망의 대상이 되는 자신들의 삶을 음악 안에서 적절히 팔기도 한다. 퍼기Fergie의 'Glamorous'에 참여한 루다크리스의 랩에는 이런 부분이 있다.

Lifestyles so Rich and Famous, Robin Leach'll get jealous

부자에다 유명인으로 살아가는 삶

Half a million for the +stones+

보석을 사는 데 50만 달러를 쓰고

Takin' trips from here to +Rome+

이곳에서 로마까지 일주를 하지

So if you ain't got no money, take yo' broke ass home

만약 네가 돈이 없다면 그냥 싸구려 집에 처박혀 있을 수밖에

그런가 하면 릴 웨인^{Lil Wayne}의 노래 'Rich As Fuck'의 후렴
은 이렇다.

Look at you, now look at us

네 자신을 본 다음, 우릴 좀 봐봐

All my niggas look rich as fuck

내 친구들은 다 존나 부자야

All my niggas live rich as fuck

내 친구들은 다 존나 부유하게 살지

All my niggas look rich as fuck

내 친구들은 다 존나 부자라고

물론 이 가사를 힙합 특유의 자기과시와 결부시켜 볼 수도

있다. 하지만 잊지 말아야 할 것은 릴 웨인과 이 노래에 참여한 투 체인즈2 Chainz가 실제로 미국 최고의 랩 스타이자 셀러브리티라는 사실이다.

MTV에서 랩 스타와 관련한 리얼리티 시리즈를 다루려고 했다거나 '랩 스타가 되는 법' 같은 기사를 영문 사이트에서 심심치 않게 찾아볼 수 있다는 점은 '랩 스타'의 지위를 더욱 뒷받침해준다. 랩 스타가 되기 위해 일단 지역에서 자신의 음악을 어떻게 효율적으로 홍보해야 하는지, 그리고 지역에서 명성을 얻으면 메이저 레이블과 어떤 방식으로 계약을 해야 하는지 등등에 대한 내용을 읽다보면 흡사 우리나라의 '연예인 되기 프로젝트'류의 책과 겹쳐진다.

게다가 '랩 스타처럼 자신 있게 행동하는 법' 같은 콘텐츠가 랩이나 힙합과 전혀 무관한 사이트에 걸려 있는 광경을 보면 '싸이처럼 성공하기' 같은 책이 떠오르기에 이른다. 돌이켜 볼 때 '엮임을 당하는' 쪽은 언제나 당시의 가장 뜨거운 화두였다.

이렇듯 성공의 아이콘 중 하나가 된 '랩 스타'라는 개념은 한국에서는 조금 더 특수한 함의를 지닌다. 일단 한국에서는 아직 랩 스타 자체가 나오지 않았다고 볼 수도 있다. 물론 랩이나 힙합을 추구한다고 알려진 뮤지션 중에서 상대적으로 더 유명하고 알려진 뮤지션들이 존재하는 건 맞다. 그리고 보기에 따라 그들을 랩 스타로 부를 수도 있을 것이다.

그러나 동시에 그들이 랩 스타가 아니라고 볼 수도 있다. 얼마 전 도끼Dok2가 발표한 'Rapstar'라는 노래를 보자. 이 노래에는 이런 구절들이 담겨 있다.

r.a.p star that's me 누구처럼 이쁜 표현들은 안 해

I'm a rap star no 연예인

난 가요 프로 방송국 빼곤 I'll be everywhere/ 가짜들은 가요 프로 방

송국 빼곤 never there

티브이에 나와 쓸데없는 짓 나는 안 해

대한민국에 유일한 rapstar 이건 새로운 직업/ 평가받아 오디션에 떨어

지면 호모처럼 눈물 흘리는 드라만 안 찍어

도끼의 이 가사들에는 사실 많은 맥락이 함축되어 있다. 다시 말해 도끼가 말하는 랩 스타란 수입된 음악이자 문화로서의 힙합이 한국에 정착해가는 과정 속에서 촉발되었던 '힙합의 대중화인가 대중화된 힙합인가' 하는 논쟁, '감성 힙합'과 '한국적 힙합'이라는 정체불명의 신조어로 대변되는 한국 주류 가요계의 (랩을 도구로 활용하는) 어떤 음악들, 그리고 한국 음악/연예 산업의 구조 및 관행 등과 긴밀한 관련성을 지닌다.

도끼가 스스로를 가리켜 '대한민국의 유일한 랩 스타'라고 칭하는 기저에는 '한국에서 힙합은 안 돼'라는 편견 속에서 음악적 타협 없이 힙합다운 힙합으로 자기 성공을 이루어냈다는 자부심이 있다. 현실 논리와 상황 논리로 타협하지 않고 힙합의 고유한 장르적 멋과 정수를 지키면서 예능 프로그램 출연이나 연예인 활동도 일체 하지 않고 성공을 일구어냈다는 것이다.

이 같은 도끼의 말을 받아들인다면 한국에서의 랩 스타라는 개념은 여러 한국적 특수성과 부딪치고 맞물리며 탄생한, 좀더 가치지향적인 개념이라고 보아도 큰 무리는 없을 듯하다. 앞으로 더 많은 논의가 생겨나야겠지만.

NBA STAR

[NBA 스타:]

마이크와
농구공의
아메리칸 드림

이미 이야기했듯 힙합과 농구는 게토에서 탈출하기 위한 흑인의 유일한 꿈으로 인식되어왔다. 본격적인 이야기로 들어가기 전에 잠시 생각을 되돌려보자. 우리가 아무렇지 않게 받아들이거나 당연하게 의문을 품었던 것들에 대해 말이다.

우리는 왜 '백인' 래퍼 에미넴Eminem의 성공을 놀라워했을까? 또 'NBA에는 흑인이 많은데 EPL 스타들은 왜 대부분 백인인가요?'라는 질문은 왜 잊을 만하면 올라오는 걸까? 답은 간단하다. 우리의 무의식에 힙합과 농구는 기본적으로 흑인의 전유물이라는 인식이 자리 잡고 있기 때문이다.

맞다. 힙합은 흑인의 대표적인 음악이고 농구는 흑인의 대표적인 스포츠다. 브라질의 아이들이 축구공에 자신의 인생을 건다면 미국의 흑인 아이들에게는 마이크와 농구공이 있다. 실제로 하와이 주립대학 농구부 출신이자 아마추어 힙합 뮤지션이기도 한 브랜든 제임스Brandon James는 힙합과 농구의 관계에 대해 이렇게 말한다.

Guys that played basketball are also into hip hop. And guys into hip hop played basketball. They went together.

농구를 하는 녀석들은 힙합에 빠져들었고, 힙합을 좋아하는 녀석들은 농구를 즐겼다. 힙합과 농구는 늘 함께였다.

부와 명예를 쥔 랩 스타가 알고 보면 지독하게 가난하고 위험한 게토 출신인 경우가 많듯 NBA 스타들 역시 빈민가 출신이 많다. 수없는 사례가 있겠지만 만화『슬램덩크』의 주인공 강백호의 모델이자 1990년대 시카고 불스의 전성기 주역인 '리바운드 왕', 무엇보다 김정은의 베스트 프렌드가 된 데니스 로드맨Dennis Rodman을 보자. 그는 뉴저지에서 태어났지만 유년 시절을 댈러스 지역 최악의 빈민가에서 보냈다. 그의 한 인터뷰에는 이런 내용이 있다.

"나의 리바운드란 아무 의미 없이 높이에 의지해 한 번 뛰어오르는 것이 아니다. 나의 리바운드는 내 심장과 열정의 크기로 몇 번이고 뛰어오르는 것이다. 나는 NBA에서 살아남기 위해서는 모든 리바운드를 잡아내야 한다고 마음을 단련시켜왔다. 만일 공을 잡아내지 못하면 댈러스의 그 지옥 같은 거리로 다시 돌아가게 될 것이라고 생각했다."

힙합이냐 농구냐의 차이는 있지만 기본 원리는 같다. 그들은 지옥 같은 게토에서 탈출하기 위해 자신들이 만들어낸 음악이자 문화를 선택하거나, 자신들의 우월한 신체 조건과 실력으로 정당하게 비교우위를 점할 수 있는 어떤 스포츠를 선택한다.

랩 스타와 NBA 스타 간의 '동료애'와 '동질의식'은 이 연장선상에서 이해 가능하다. 제이지와 르브론 제임스^{LeBron James}, 카니에 웨스트^{Kanye West}와 코비 브라이언트^{Kobe Bryant} 등 랩 스타와 NBA 스타가 스스럼없이 함께 어울리는 모습은 이제 우리에게는 아주 익숙한 광경이다.

물론 누군가는 '유명 인사'끼리의 단순한 교류라며 의미를 축소하려 할지도 모른다. 그러나 그들의 의식 기저에는 '인종'과 '계층'에 기반을 둔 연대의식이 자리하고 있다. 다시 말해 그들 사이에는 '우리는 가난하고 위험한 게토에서 태어나 차별받으며 그저그런 인생을 살 뻔 했지만 이제는 인종과 국경을 초월해 세계에서 가장 유명하고 부유한 삶을 사는, 모두의 롤모델인 성공한 흑인이 되었다'는 자기 정체성이 공유된다. 즉 그들의 관계는 스스로의 힘으로 자신의 운명을 바꾼 이들 간의 연대이며 그 바탕엔 서로를 향한 존중이 깔려 있다. 한마디로 "너도 해냈구나? 나도 해냈어"다.

흑인의 농구를 향한 꿈을 다룬 영화도 있었다. 1994년에 개봉해 비평적 찬사를 받았던 다큐멘터리 영화 「후프 드림^{Hoop Dreams}」이 그것이다. 이 영화는 농구에 소질 있는 두 흑인 소년 아서와 윌리엄의 성장 과정을 다룬다. 길거리에서 아무렇지 않게 마약을 거래하고 하루에도 몇 번씩 총성이 울리며 가스와 전기가 끊기기 다반사인 게토에서 벗어나기 위해 농구에 모든 것을 거는 두 소년과 가족의 모습이 그려지고, 감독은 이들을 통해 아메리칸 드림, 즉 기회의 땅인 미국에서 흑인은 어떠한 꿈을 품으며 그것이 어떻게 실현되고 좌절되는가를 적나라하게 드러낸다.

그런가 하면 지금으로부터 30여 년을 거슬러 올라가면 우리는 힙합과 농구의 관계를 다룬 최초의 랩 싱글과 마주하게 된다. 메이저 레이블과 최초로 계약한 래퍼 중 한 명이자 힙합 원로들을 언급할 때 빠뜨릴 수 없는 인물인 커티스 블로^{Kurtis Blow}가 그 주인공이다. 그는 1984년 발표한 앨범 「Ego Trip」에 'Basketball'이라는 싱글을 실었다. 잠시 가사를 살펴보자.

010

Basketball is my favorite sport

I like the way they dribble up and down the court

Just like I'm the King on the microphone so is Dr. J and Moses Malone

I like Slam dunks take me to the hoop

My favorite play is the alley oop

I like the pick-and-roll, I like the give-and-go,

Cause it's Basketball, uh, Mister Kurtis Blow

아주 쉬운 가사이기 때문에 굳이 해석을 하지 않아도 될 것 같다. 해석을 다는 행위가 오히려 독자들에 대한 모독일 듯하다. 닥터 제이와 모제스 말론이 위대한 NBA 선수였으며 '앨리 웁'이나 '픽-앤-롤' 등이 농구 용어라는 것만 안다면 말이다. 돌이켜보면 정말 깜찍한 가사가 아닐 수 없고, 뮤직 비디오는 앙증맞기까지 하다. 커티스 블로는 이 곡으로 NBA의 초청을 받았고 한동안 농구 경기가 끝난 후 코트에서 공연을 하기도 했다.

이 곡의 또 다른 가치는 바로 이 곡이 1984년에 발표되었다는 사실에 있다. NBA 애호가라면 누구나 알듯 1984년은 역사상 최고의 드래프트가 이루어진 해라고 평가받는다. 마이클 조던, 찰스 바클리, 하킴 올라주원, 존 스탁턴 등 역사에 남아 있는 슈퍼스타들이 모두 이해에 데뷔했다. 또 매직 존슨의 LA 레이커스와 래리 버드의 보스턴 셀틱스 간 라이벌 구도 속에 치러진 1984년 결승 7차전은 최고의 명승부로 정평이 나 있다.

이러한 맥락에서 어떤 이들은 1984년을 가리켜 NBA가 '과대평가된 흑인 약물 중독자들overpaid black drug addicts'의 리그에서 '세계적으로 인정받는 걸출한 리그로 거듭나게 된 시작점이라고 말하기도 한다. 이 같은 평가는 사실에 가까우며, NBA의 이러한 흐름을 힙합의 태동 및 발전과 엮어 젊은 흑인 남성들의 '뉴 아메리칸 드림'의 시작으로 해석하는 시각도 있다. 앞서 소개한 영화 '후프 드림'의 주인공들이 바로 이에 해당하는 인물들이라고 할 수 있다.

물론 아메리칸 드림의 의미는 다층적이고 복합적이다. 시간의 흐름에 따라 그 의미도 조금씩 변화해왔다. 그러나 흑인의 관점에서 본다면 아메리칸 드림이란 '이민 역사'의 맥락에서 '기회의 땅' 미국에서 행복한 삶을 이루어낼 수 있으리라는 전통적인 개념일 텐데, NBA의 발전과 힙합의 태동이 젊은 흑인 남성들에게 바로 이 같은 맥락의 꿈과 희망을 심어주었다는 것이다.

1980년대 매직 존슨과 래리 버드의 라이벌 구도는 NBA의 빠른 성장을 불러왔다. 특히 흑인인 매직 존슨의 인종을 초월한 인기는 NBA를 부도 위기에서 구해냈다고 해도 과언이 아니다. 하지만 역시 결정타(?)는 마이클 조던이었다. 마이클 조던에 대해서는 다각도의 맥락에서 늘어놓을 이야기가 많지만 우선 여기서는 그가 (그전에는 쉽게 상상할 수 없었던 일인) 백인 소녀들이 자기 방에 흑인 농구선수의 사진을 걸게 하고, 젊은 흑인 남성들로 하여금 백만장자 슈퍼스타의 꿈을 품게 만들었다는 이야기 정도만 해두자.

아, 유니폼 이야기는 해야겠다. 1990년대 이전의 NBA 경기 영상을 보노라면 지금과는 사뭇 다른 점을 발견할 수 있을 것이다. 바로 선수들의 하의가 굉장히 타이트하다는 사실이다. 변화는 대략 1990년대를 지나며 일어났다. 대표적으로 마이클 조던 같은 선수가 헐렁하고 기장이 긴 하의를 입고 경기에 나오기 시작했다. 마이클 조던의 커리어 초기와 그 후의 사진을 비교해보면 알 수 있는데, 이 같은 변화는 점차 대세가 되어 NBA 유니폼 스타일을 전반적으로 변화시켰다. 예외가 있었다면 동료인 칼 말론에게 매일 택배를 배달하던 유타 재즈의 (백인 선수) 존 스탁턴 정도만이 여전히 딱 달라붙는 유니폼을 고

수했다. 미국의 비평가들은 이를 가리켜 힙합 문화의 영향이었다고 해석한다.

한편, 마이클 조던이 역사상 가장 위대한 농구선수임에는 의심의 여지가 없지만 '힙합과 농구'라는 키워드를 대변하는 단 한 명을 골라야 한다면 역시 앨런 아이버슨^{Allen Iverson}을 거론하지 않을 수 없다. 1975년생인 아이버슨은 우리가 흔히 말하는 힙합의 '황금기'를 사춘기에 경험한 인물이다. 이를 다시 말하면 단지 음악으로서가 아닌 삶의 양식이자 태도로서의 힙합을 청소년 시절에 체득했다는 의미가 된다.

실제로 아이버슨의 등장은 센세이셔널했다. 배기팬츠 스타일의 헐렁한 유니폼은 물론이요 콘-로 헤어에 몸에는 타투가 가득했고, 래퍼들에게서 자주 찾아볼 수 있는 금목걸이를 주렁주렁 매달고 다녔으며, 경기장 밖에서는 팀버랜드 부츠를 신고 듀렉이나 뉴에라를 쓰고 다녔다.

그러나 패션보다 더 중요한 것은 그의 직설적인 화법과 반항적 태도, 그리고 문제아 기질이었다.

I don't wanna be Jordan, I don't wanna be Magic, I dont wanna be Bird or Isiah, I don't wanna be any of those guys… when my career's over, I want to look in the mirror and say I did it my way.

나는 마이클 조던이 되고 싶지도 않고 매직 존슨이 되고 싶지도 않다. 래리 버드나 아이재이아 토머스도 물론이다. 나는 그들 중 누구도 되고 싶지 않다. 그저 난 내 커리어가 끝났을 때 거울을 보며 내 방식대로 잘해왔다고 스스로에게 말하고 싶다.

'건방진 신인' 논란을 일으켰던 데뷔 시절의 이 인터뷰는 흡사 래퍼들의 자신만만한 태도를 연상시킨다. 또 연습 불참 논란과 관련한 반복되는 기자의 질문에 더는 못 참겠다는 듯 '연습practice'이란 단어를 22.5번이나 반복하며 마치 랩을 하는 것처럼 익살맞은 독설을 늘어놓은 그의 인터뷰 영상은 유명하다.

그의 이러한 기질을 '난 신경 안 써. 될 대로 되라고 해!I Don't Give a Fuck' 같은 개념으로 대변되는 힙합 고유의 거칠 것 없는 태도에 빗대도 큰 무리가 없을 것이다. 이와 같은 모습은 그 이전의 슈퍼스타들에게서는 찾아보기 어려운 것이었다. 한마디로 앨런 아이버슨은 리그 최고의 실력을 지녔지만 통제받길 거부하는, NBA 역사상 최고의 '힙합–농구 스타'이자 아이콘이었다.

또 한 가지 흥미로운 것이 있다. 마이클 조던의 시카고 불스가 1990년대를 제패하기 전에 그들을 번번이 가로막았던 디트로이트 피스톤스에 관한 것이다. 당시의 피스톤스는 아이재이아 토머스, 데니스 로드맨 등을 위시한 흑인 선수들이 주축을 이루고 있었고 거친 플레이와 매너로 악명이 자자했다. 실제 그들의 닉네임 역시 '배드 보이스

Bad Boys'였다.

배드 보이스의 전성기는 대략 1980년대 후반에서 1990년대 초반이었는데, 흥미로운 사실은 그들의 전성기가 갱스터 랩gangster rap의 부흥기와 일치한다는 점이다. 배드 보이스의 공격적이고 위협적인 플레이는 흡사 갱스터 랩의 폭력성을 연상시켰고, 당시 그들을 지휘했던 감독 척 데일리는 누아르 무비의 갱스터를 떠올리게 하는 말끔한 정장 차림을 자주 하고 나와 선수들에게 'Daddy Rich'라는 애칭으로 불렸다.

또한 배드 보이스 가운데 몇 안 되는 백인 선수였던 빌 레임비어는 비록(?) 하얀 피부색의 소유자였지만 오히려 어떤 흑인 선수보다도 더 거칠고 격렬한 플레이로 이름을 떨쳤다. 이분법으로 재단하려는 것은 아니지만 래리 버드가 '흑인의 게임인 NBA에서 우뚝 선 백인 신사'였다면 빌 레임비어는 '흑인의 게임인 NBA에서 흑인 선수보다 더 강한 흑인스러움blackness을 지닌 선수'였다.

한편 힙합과 농구에 대해 이야기할 때 빼놓을 수 없는 인물이 있다. 바로 NBA 총재 데이비드 스턴David Stern이다. 2014년에 은퇴를 앞두고 있는 그는 1984년에 총재직에 부임했으니 꼭 30년간 NBA 총재로서 일을 하고 물러나는 셈이 된다. 30년이라. 가족오락관의 첫 방송으로부터 지금까지의 세월이니 확실히 범상한 인물은 아니다.

앞서 NBA가 '과대평가된 흑인 약물 중독자들의 리그'라는 평가를 받았던 시절이 있었다고 이야기한 바 있다. 실제로 그랬다. 데이비드 스턴이 총재에 부임하기 전 NBA는 아이스하키와 비슷한 수준의 낮은 인기를 얻는 데에 그치며 파산 위기에 직면해 있었다. 시시껄렁하고 불량한 녀석들이 주로 선수로 뛰는 리그라는 이미지도 있었다.

그러나 1980년대 들어 스턴은 NBA의 많은 것을 개선한다. 그는 약물복용 검사 제도를 도입했고 샐러리캡 제도를 만들었으며 몇몇 구단의 연고지를 바꾸거나 새 구단을 창단함으로써 리그의 발전을 도모했다(이외에도 그의 업적은 꽤 많지만 생략하자. 힙합에 호의적이지 않았던 그의 업적을 여기서 자세히 소개할 이유가 없다). 여기에 매직 존슨이나 마이클 조던 같은 슈퍼스타들이 나오면서 NBA는 지금과 같은 최고의 인기를 누리는 스포츠로 등극하게 된다. 물론 그간의 과정에서 흥망성쇠가 있었고 지금도 그 연속선상에 있지만 말이다.

핵심은 스턴의 모든 행보가 '모범'이라는 키워드에 맞춰져 있다는 점에 있다. 그는 NBA가 사회의 모범이 될 수 있는 스포츠 리그가 되길 바랐고 특히 청소년들의 사랑을 얻길 바랐다. 때문에 스턴은 필연적(?)으로 힙합과 갈등을 일으킬 수밖에 없었다. 다시 말해 힙합과 NBA가 비슷한 시기에 부흥해 서로 영향을 주고받으며 발전해온 역사 가운데 스턴은 자주 악역을 떠맡고는 했다.

NBA 유니폼이 1990년대를 지나며 마치 힙합 패션을 연상시키는 다소 헐렁하고 큰 스타일로 변모했다고 말한 바 있다. 아니 리그의 모범적인 이미지를 유지하려고 했던 NBA 총재 데이비드 스턴에게 이 같은 변화가 불편했음은 당연했다. 1997년 그는 드레스코드를 만들

어 유니폼의 단정한 착용을 지시했고 이를 어긴 선수들과 해당 구단
은 수천 달러에서 수만 달러에 이르는 벌금을 물어야 했다.

이 같은 드레스코드는 2005년에 이르러 한층 더 강력해졌다. 스턴
은 선수들의 경기장 밖 패션에 대해서도 제재를 가하기 시작했다. 경
기장 밖이더라도 NBA와 관련한 자리에는 정장 등의 단정한 복장 착
용을 지시한 것이다. 그는 경기장 밖에서 듀렉, 뉴에라, 배기 팬츠, 금
목걸이, 팀버랜드 부츠 등을 착용하고 다니는 선수들의 패션에 불만
을 품고 있었다.

이런 맥락에서 앨런 아이버슨은 우리에게 최고의 힙합-농구 스타
이지만 스턴에게는 가장 눈엣가시 같은 존재였다. 실제로 스턴은 아이
버슨의 패션을 가리켜 '사회에 나쁜 영향을 미치고 있다'고 비판하기
도 했으며, 아이버슨이 랩 앨범을 발표하려고 했을 때 가사를 문제 삼
아 앨범의 발매를 막기도 했다. 그는 말썽 부리지 않는 '모범생' 흑인
선수들, 예를 들어 샌안토니오 스퍼스의 데이비드 로빈슨 같은 이들
에 대해서는 공개 칭찬하는 한편 힙합과 엮인 '문제아'들은 철저히 통
제하려고 애썼다.

물론 아이버슨도 가만히 있지 않았다. 아이버슨은 스턴에게 '어떤
스타일의 옷을 입는지가 그 사람의 성격까지 규정하진 않는다'며 '힙
합 스타일의 옷을 입는다고 해서 폭력 범죄, 약물과 같은 부정적인 이
미지를 함께 연상하는 건 인종차별적이다'라고 강력하게 항의했다. 스
테판 잭슨, 폴 피어스 등 다른 동료 선수들도 의견을 같이했다.

그러나 스턴이 힙합에 무조건적으로 적대적인 것은 아니었다. 그는 자신의 목표에 힙합이 도움이 된다면 적절히 이용하는 모습도 보였다. 예를 들어 NBA 경기 전반전이 끝나면 우리는 장내에서 공식적으로 흘러나오는 힙합 음악을 손쉽게 들을 수 있다. 비디오게임을 비롯한 다각도의 각종 마케팅에서 NBA가 힙합 음악과 함께하는 사례역시 무수하다. 또한 올스타전만 보더라도 흑인 음악 뮤지션이 직접공연하거나 래퍼들이 선수로 뛰며 특별시합을 갖는다.

한마디로 데이비드 스턴은 힙합이 지니고 있는 영향력은 최대한이용하되 힙합의 부정적인 여파는 최소화하는 전략을 구사했다. 힙합입장에서 보면 백인 꼰대에 간사한 여우를 얹은 모양새이지만 굳이이 말을 입 밖에 내지는 않겠다.

이제 화제를 바꿔 랩을 한 농구선수에 대해 이야기해보자. 가장먼저 떠오르는 인물은 역시 샤킬 오닐이다. 그는 엄연히 여러 장의정규 앨범을 낸 래퍼다. NBA에 데뷔하기가 무섭게 래퍼로서의 커리어도 동시에 시작한 그는 1990년대 후반까지 4장의 정규 앨범을 발표했다.

주목할 점은 그가 농구계에서 일류이듯 힙합 신의 일류 뮤지션들이 그의 앨범에 대거 참여했다는 사실이다. 대표적으로 우탱 클랜의 르자^Rza가 프로듀싱하고 메소드맨^Method Man이 참여한 'No Hook'과 워렌 지가 프로듀싱하고 참여한 'My Dear'는 그들의 정규 앨범에수록되었어도 전혀 어색하지 않은 수작이다. 물론 이들의 커넥션에는 고도의 비즈니스가 개입했을 수도 있지만 기본적으로 '성공한 흑인' 간의 유대감이 작용했음을 부인할 수는 없다. 뭐, 덕분에 언론과 팬들로부터 '랩할 시간에 자유투 연습이나 하라'는 비판을 듣기도 했지만(그의 자유투를 기억하는 이라면 공감할 것이다).

1994년에는 농구선수들이 모여 최초의 랩 컴필레이션 앨범 『B-Ball's Best Kept Secret』을 발표하기도 했다. 이 앨범에는 앞서 언급한 샤킬 오닐을 비롯해 제이슨 키드, 다나 바로스, 게리 페이튼, 세드릭 세발로스 등 1990년대 NBA 팬들에게 반가운 인물들이 참여해 '랩'을 하고 있다. 이 앨범에도 역시 워렌 지를 비롯해 웨스트코스트 베테랑 프로듀서 앤트 뱅크스, 투팍의 'To Live & Die in L.A.'를 프로듀싱해 잘 알려진 QDIII, 그리고 노토리어스 비아이지와 라킴의 프로듀서였던 클락 켄트, 그리고 D.I.T.C.의 일원이자 이스트코스트의 베테랑 프로듀서인 벅와일드 등 내로라하는 뮤지션들이 참여했다.

한편 크리스 웨버는 1999년 C. Webb.이라는 예명으로 웨스트코스트 힙합 듀오 도그 파운드의 래퍼 커럽트를 대동해 'Gangsta! Gangsta!(How U Do It)'란 곡을 발표했다. 웨버와 관련해 흥미로운 점 하나는 그가 훗날 나스의 2006년 작 『Hiphop is Dead』에 프로듀서로서 이름을 올린다는 사실이다.

이밖에도 '래퍼가 된 농구선수'는 많다. 우리의 앨런 아이버슨을 필두로 론 아테스트, 토니 파커, 최근에는 스테판 잭슨까지. 코비 브라이언트는 또 어떤가. 그는 카니에 웨스트의 싱글 'Power'의 리믹스 작업에 참여하지 않았던가.

　한편 농구선수가 되고 싶어한 래퍼도 있었다. 지금은 쇠락했지만 한 때 부흥했던 레이블 노 리밋을 이끌었던 마스터 피는 샬럿 호네츠와 토론토 랩터스 입단에 도전해 시범경기에는 출전했지만 정규 시즌에는 출전하지 못했다. 대신 그는 CBA와 ABA에서 뛰었다. 또 일급 라임 메이커 캠론은 고교 시절 전도 유망한 농구선수로 이름을 떨쳤다. 실제로 그는 듀크, 노스캐롤라이나 등의 대학에서 농구 장학생 제안을 받았으나 그의 낮은 성적 때문에 진학하지 못했다.

　래퍼들의 가사 속에도 농구와 관련한 표현은 빈번하게 등장한다. 거의 일상적이라고 봐도 좋다. 단적으로 ABA에서 뛰었던 농구선수 로니 린의 아들이기도 한 래퍼 커먼의 'Nuthin' To Do'에는 이런 구절이 나온다.

011
We use to hoop in my yard but now I dribble the rhyme
우리는 앞마당에서 농구시합을 벌이곤 했지만 이제 나는 라임을 드리블하지

　또한 제이지는 자신을 지속적으로 '힙합 신의 마이클 조던'으로 비유해 쏠쏠한 재미를 봤다. 그리고 최근 그가 참여한 켄드릭 라마 Kendrick Lamar의 싱글 'Bitch, Don't Kill My Vibe(Remix)'의 공식 커버가 마이클 조던과 코비 브라이언트의 '투 샷'이라는 사실은 더욱 흥미롭다. 제이지와 켄드릭 라마의 관계를 조던과 코비의 관계에 빗댄 것이다. '현재의 왕'과 '다음의 왕'이라는 설정이다.

래퍼들은 자신들의 세를 과시하기 위해 특정 NBA 팀의 전성기를 비유의 소재로 동원하기도 한다. 릭 로스가 'Self made'에서 자신의 레이블 메이백 뮤직 그룹^{Maybach Music Group}을 가리켜 '1993년도의 시카고 불스'('We the 93 chicago bulls') 같다고 한 것, 국내에서는 더콰이엇^{The Quiett}이 'Profile'에서 자신의 레이블 일리네어^{Illinaiore}를 가리켜 '1990년대 불스 같다'고 비유한 것이 괜한 우연이 아닐 것이다.

힙합과 농구가 만나는 경로는 비단 이뿐이 아니다. 지난 2010년, NBA 우승 트로피가 LA 레이커스에 돌아가자 서부 출신 래퍼들이 모여 'Lakers Anthem 2010'이라는 축가를 만들었다. 로이드 뱅스^{Lloyd Banks}의 히트 싱글 'Beamer, Benz Or Bentley'를 활용해 만든 이 노래에서 그들은 보스턴 셀틱스와 클리블랜드 캐벌리어스, 그리고 래리 버드와 르브론 제임스를 언급하며 자축과 조롱을 동시에 행했다. 래퍼들에게 자신의 연고팀의 우승은 남의 일이 아니다.

힙합과 농구의 조우가 음악의 창의성을 배가시키는 경우도 있다. 리복에서 제작한 앨런 아이버슨의 시그니처 슈즈 광고 영상을 보면 한 비트 위에 래퍼 재다키스^{Jadakiss}가 랩을 하는 모습이 나온다(물론 아이버슨도 옆에 있다). 그런데 비트를 자세히 들어보면 드럼 및 리듬이 경기장에서 신발이 바닥과 마찰하는 소리, 농구공이 골대 안으로 들어갈 때 나는 그물 소리 등으로 이루어져 있음을 알아챌 수 있다. 비디오 게임 'NBA Live 2003'에 삽입되었던 'Let's Go' 역시 마찬가지다.

평소 비디오 게임 광으로 알려져 있는 프로듀서 저스트 블레이즈^Just ^Blaze가 만든 이 곡은 앞서 언급한 소리들은 물론 심판의 호각소리까지 사운드의 한 부분으로 활용했다.

　힙합과 농구라는 키워드로 국내로 눈을 돌리면 대표적으로 래퍼 주석이 시야에 잡힌다. 실제로도 농구를 즐겨하는 것으로 알려진 그는 자신의 세 번째 앨범 「Superior Vol.1 – This Iz My Life」(2003)에 농구를 소재로 한 'Ballin' 2K3'를 이현도와 함께 작업해 수록했고, 길거리 농구 온라인 게임 '프리스타일' 주제곡 'Neva Lose'를 맡아 부르기도 했다. 이렇듯 힙합과 농구의 떼려야 뗄 수 없는 관계는 지금까지도 이어져오고 있다.

SELFMADE

[자수성가]

**밑바닥에서
시작해
정상에
올라왔지**

Started from the bottom now we're here

밑바닥에서 시작해 우린 여기까지 왔어

Started from the bottom now my whole team fucking here

밑바닥에서 시작해 이제 우린 여기에서 놀지

드레이크Drake의 싱글 'Started From The Bottom'의 가사 일부다. 나 역시 즐겨 들었던 곡인데, 노래에 끌려 계속 듣다보니 문득 이 노래가 주는 감흥의 본질은 무엇일까 궁금해졌다. 이 구절을 노래의 처음부터 끝까지 313번 반복하는 것이 인상적이긴 하지만 그것이 본질은 아닐 터다. 결국 고민 끝에 내가 내린 결론은 '자수성가'라는 네 글자였다. 그렇다. 답은 자수성가였다.

게토를 탈출하기 위한 흑인의 대표적인 두 가지 꿈으로 '랩스타'와 'NBA 스타'가 있다고 앞서 이야기했다. 이 둘은 '성공한 흑인'이라는 정체성을 공유하는데, 이 지점에서 발생하는 개념이 바로 자수성가Self-made다. 자수성가 혹은 셀프메이드. 자신의 운명을 스스로의 힘으로 개척했다는 것.

물론 자수성가가 힙합에서 발생했다거나 힙합에서만 통용되는 개념은 아니다. 우리는 어릴 때부터 각종 뉴스와 기사를 통해 '개천에서 용 난' 사례를 수없이 보아왔다. 소년 가장이 판사가 되었다거나 고아가 백만장자가 되었다거나 하는 스토리 말이다. '빈손으로 시작해 대단한 무엇이 되었다'는 이야기 구조가 안기는 드라마는 늘 익숙하지만 그럼에도 늘 매력적이다. 심지어 어떤 드라마에서는 등장인물의 소개 글을 이렇게 작성하기도 했다. '기존 일진 짱. 타고난 주먹으로 일진 자리를 꿰찬 것이 아니라 빵셔틀부터 시작해 일진 똘마니를 차근차근 거친 자수성가형 일진.' 자수성가의 가장 창의적(?)인 적용이다.

　　힙합에서의 자수성가를 논하기 위해서는 먼저 '아메리칸 드림'에 대해 짚어볼 필요가 있다. 기회의 땅인 미국에서 성공을 이루어내 행복한 삶을 누린다는 이 전통적인 개념은 분명 힙합에서 자주 등장하는 자수성가 문법과 겹치는 부분이 있다. 그러나 동시에 힙합만의 특수성이라고 봐도 좋을 맥락 역시 존재한다.

　　혹자는 자수성가 문법이 힙합의 고유한 멋 중 하나로 자리 잡게 된 계기를 시대상에서 불러온다. 힙합이 음악이자 문화로 뻗어나가기 시작했던 1980년대 미국은 당시 대통령이었던 로널드 레이건의 경제정책, 일명 '레이거노믹스'가 지배하던 시기였다. 시장 중심, 친기업, 반노동, 보수강경 등의 단어로 대변되던 레이거노믹스는 그 야심찬 시작과는 다르게 빈부 차를 더 심화시켰고 그 결과 도시 빈민들은 더욱 궁지에 몰렸다. 또 대기업과 부유층의 소득이 증가하면 더 많은 투자가 이루어져 결과적으로 저소득층에도 그 이익이 돌아간다는 '낙수 효과'는 공허한 구호가 되어버렸다.

레이거노믹스와 함께 1980년대 미국에서 벌어진 또 하나의 사건은 '크랙 에피데믹crack epidemic'이었다. 쉽게 말해 '미국 약물파동'쯤 되는 이 사건은 1984년경부터 1990년경까지 미국 전역의 대도시를 중심으로 벌어진 마약 공급의 급증을 가리킨다 (이 중심에는 기존 마약과 달리 담배처럼 피워 연기를 마실 수 있는 신종 마약 '크랙'이 있었다). 이로 인해 마약은 더욱 싸고 쉽게 구할 수 있는 것이 되었고 당연히 마약 소비 역시 증가했다. 그러나 가장 중요한 것은 크랙 에피데믹으로 인해 마약을 비롯한 각종 '불법 사업'이 미국 내에 본격적으로 창궐하기 시작했다는 사실이다.

레이거노믹스와 크랙 에피데믹은 미국 내 인구 중에서도 특히 게토 흑인의 삶에 지대한 (악)영향을 끼쳤다. 가난과 마약에 찌들어 삶은 피폐해졌고 랩은 이러한 현실이 얼마나 고통스럽고 비참한가에 대해 말하기 시작했다. 아이러니하게도 현실이 비참할수록 그것을 제대로 표현해내기 위해 더 고도의 기술과 다양한 장치를 동원해야 했고 그럴수록 더 강렬한 작품이 탄생했다.

평소에 쉽게 꺼내지 못할 말도 자기 고백적 특성을 지닌 힙합과 만나면 랩의 형태로서 그 해방구를 찾을 수 있었다. "우리 집은 너무 가난하고, 아빠는 마약에 중독되었고, 엄마는 행방불명이지. 나는 이 게토의 삶이 너무 지긋지긋해." 래퍼들은 자기가 겪고 지켜본 고통스러운 현실에 대해 랩을 했고 그 고통스러운 현실에 실제로 놓인 사람들은 그들의 랩을 듣는 것만으로 위로를 얻을 수 있었다.

요즘 시쳇말로 하면 일종의 '힐링'이었다. 힐링은 꼭 현실의 문제가 실제로 해결되거나 누군가 희망을 손에 쥐여주어야만 얻을 수 있는 것이 아니다. 어떨 때는 공감만으로 충분할 때가 있다. 고통을 겪고 있는 이들에게 랩이란 단지 현실의 지루한 나열이 아니라 리듬, 비트, 라임, 플로, 비유, 상징 등이 결합되어 감흥을 주고 공감을 일으키는 예술이었다.

이렇듯 '가난하고 불우하지만 그것을 드러내길 수치스러워하지 않았던' 래퍼들은 게토 탈출과 성공에 대한 열망 역시 자신의 음악에 녹여내기 시작했다. 그 결과 힙합은 문학, 영화 등 이야기를 지닌 모든 예술작품에 전통적으로 통용되어온 'rags to riches(가난뱅이에서 부자로)'라는 서사 구조를 빌려와 그 위에 자신의 특수성을 덧입혀 매혹적인 고유의 문법을 탄생시켰다.

이를테면 그것은 '미국이라는 나라에서 인종적, 계급적으로 비교열위에 놓여 있는 아프로-아메리칸으로 태어났지만 랩과 힙합이라는, 우리가 만들어낸 음악과 예술을 통해 나는 가난뱅이 신세에서 벗어나 부자가 되었고 이것은 곧 나의 운명을 내 힘으로 바꾸어놓은 것'이라는 자기증명식 화법이었다.

서두에 언급한 드레이크의 가사 구절처럼 '밑바닥에서 시작해 정상에 올라왔다'는 힙합의 이러한 문법은 같은/비슷한 상황에 놓인 사람들에게는, 물론 그렇지 않은 이들에게도 강렬한 매력을 발휘했다. 더 자세히 말하면 '빈손으로 시작했기 때문에 올라가야 할 목표가 있고, 그 목표를 온전히 자신의 힘으로 고

군분투해 달성해야 하며, 그렇기 때문에 늘 쉬지 않으며 도전적이고 열정적인' 그들의 삶의 태도는 '빈손과는 무관한' 사람들에게도 삶의 에너지이자 동기부여로 작용했다. 나는 이것이 힙합이 중산층 이상의 백인을 사로잡은 중요한 요인이라고 생각한다. 힙합이 그들에게 대리만족의 카타르시스를 안겨주었던 것이다.

힙합 속 자수성가의 대표 인물을 꼽으라면 역시 제이지가 가장 먼저 떠오른다. 제이지는 자신을 마이클 조던의 힙합 버전으로 비유하는 한편 뒷골목 마약상에서 랩 스타로 우뚝 선 자신의 이야기를 극적으로 포장하는 데에 가장 능한 인물이기도 했다. 그의 가장 성공한 히트 싱글 중 하나인 'Hard Knock Life(Ghetto Anthem)'(1998)는 이와 관련해 빠뜨릴 수 없는 곡이다. 브로드웨이 뮤지컬 '애니Annie'에서 후렴구를 샘플링한 이 곡은 역경의 연속인 게토의 삶에 대한 묘사를 기본으로 하면서 '거리에서 마약을 파는 신세로부터 뉴욕에서 가장 비싼 차를 몰기까지'의 자전적 스토리를 내세운다. 역사적으로 볼 때 이 곡의 세계적인 히트는 힙합의 자수성가 문법이 널리 알려지게 된 중요한 계기였다.

제이지의 의류 브랜드 로카웨어Rocawear의 최근 광고 영상에서도 자수성가 문법의 흔적을 발견할 수 있다. 'From Marcy to Barclays'라는 제목이 이미 모든 걸 말해준다. 마시는 제이지의 출생지로 알려진 브루클린의 공공주택단지 마시 프로젝트marcy projects를 뜻하고 바클레이는 제이지가 공동 소유주로 있는 NBA 팀 브루클린 네츠Brooklyn Nets의 새로운 홈 경기장 바클레이 센터$^{Barclays\ Center}$를 가리킨다. 제이지는 이 곳에서 몇 차례의 공연을 열었고 개관 시즌에는 지하철을 타고 센터로 가는 퍼포먼스를 보여주었다.

실제로 제이지는 미국 경제 전문지『포브스』가 지난 2010년 선정한 '고등학교 중퇴 학력으로 자수성가한 7인'에 오르기도 했다. 제이지와 함께 리스트에 오른 인물로는 세계 복싱 헤비급 전 챔피언 조지 포먼, 프로듀서이자 '아메리칸 아이돌'의 심사위원으로 유명한 사이먼 코웰, 브라질 출신의 슈퍼모델 지젤 번천 등이 있었다.

잠시 2003년으로 돌아가보자. 내 기억이 틀리지 않다면 2003년 힙합 신의 가장 큰 화제 중 하나는 50센트^{50Cent}의 메이저 데뷔 앨범 발표였다. 결과적으로 엄청난 히트를 기록하며 닥터 드레의 건재와 50센트의 재능을 알린 이 앨범의 타이틀은 다름 아닌「Get Rich or Die Tryin'」이다. 우리말로 해석하면 '부자가 되거나 죽도록 노력하거나' 정도가 될 것이다. 언뜻 천박하게 느껴지거나 물질만능주의의 발로로 비칠 수도 있지만 힙합의 자수성가 문법을 둘러싼 행간을 읽어낸다면 오히려 남는 건 '절박함' 혹은 '절실함'이다. 뉴욕의 게토에서 태어나 마약을 팔며 전전하다가 총알 9발을 맞고도 기적적으로 살아난 그의 삶의 궤적을 알고 있다면 더더욱 그렇다.

'I Don't Like'로 큰 인기를 얻은 치프 키프$^{Chief\ Keef}$의 메이저 데뷔 앨범 타이틀「Finally Rich」 또한 비슷한 맥락에서 볼 수 있다. 마침내 부자가 되었다니. 어찌 보면 황당한 제목이다. 그러나 '마침내 부자가 된 것'은 이들에게 단지 통장의 동그라미

개수가 늘어났음을 의미하는 것이 아니다. 그것은 게토로부터의 해방이며 인생이 역전되었음을 뜻한다.

이러한 맥락에서 릭 로스의 메이백 뮤직 그룹은 힙합의 자수성가 문법을 논하기에 가장 좋은 예 중 하나다. 카니에 웨스트^{Kanye West}의 굿 뮤직^{GOOD Music}, 릴 웨인^{Lil Wayne}의 영 머니^{Young Money}와 함께 최근 주류 힙합계를 삼등분하고 있는 이 레이블은 현재까지 두 장의 레이블 컴필레이션 앨범을 발표했는데, 바로 이 컴필레이션 앨범 시리즈의 타이틀이 'Self Made'다. '자수성가'를 자신들의 콘셉트로 아예 대놓고 내세운 것이다. 마침 첫 번째 컴필레이션 앨범의 첫 번째 트랙 'Self Made'의 도입부부터 우리는 이런 가사를 들을 수 있다.

013

From the projects to the penthouse
공공주택촌에서 태어났지만 이제는 펜트하우스에서 살지
Our vision never changed, we self made
우리의 신념은 결코 흔들리지 않아, 우리는 자수성가한 녀석들

더 깊숙이 들어간다면, 메이백 뮤직 그룹의 소속 뮤지션 중 믹밀^{Meek Mill}이야말로 최근 몇 년간의 힙합 신을 통틀어 가장 강력한 '자수성가의 아이콘'이다. 필라델피아에서 태어나 프리스타일 랩과 랩 배틀을 즐기며 언더그라운드 커리어를 쌓아오다 릭 로스의 눈에 띄어 메이백 뮤직 그룹에 입성하게 된 그는 자신을 가리켜 '꿈을 현실로 이룬 존재'로 포장하기에 주저하지 않는다. 그의 믹스테이프 시리즈 타이틀은 'Dreamchasers'이고 그가 설립한 독립 레이블 이름 역시 'Dream Chasers Records' 이며 그의 공연 투어 이름은 'Dreams Come True Tour'다. 이 러한 포장을 통해 믹밀은 사람들에게 '어릴 적부터 포기하지 않 고 노력해 랩으로 성공하는 꿈을 결국에는 자신의 힘으로 이루 어내고 만 가장 촉망받는 젊은 래퍼'로 각인된다.

　그의 메이저 데뷔 앨범 「Dreams and Nightmares」 수록곡 'Maybach Curtains'은 이 모든 것의 결정판이다. 존 레전드가 부르는 후렴구의 가사를 보자.

014

Look how far we came
참으로 먼 길을 달려왔지
Through the fire, I stood knowing we would reign
불길을 뚫고 올라와 마침내 정상에 서 있어
Feels like yesterday when all this was a dream
지난 모든 나날이 마치 꿈처럼 느껴지네
Through these Maybach curtains I see how life has changed
이 커튼을 바라보며 난 내 인생이 바뀌었음을 실감하지

　메이백 자동차 안에서 창문에 달린 커튼을 바라보며 독백 하는 믹밀의 모습이 자연스레 연상되는 가사다. 자신의 성공을 가장 극적으로 포장하고 있는 것이다.

　한국으로 눈을 돌리면 더콰이엇The Quiett이 무료 공개한 믹스 테이프 「AMBITIQN」이 레이더에 포착된다. 믹밀과 마찬가지로 메이백 뮤직 그룹의 일원인 왈레Wale의 두 번째 정규 앨범 타이틀과 동명인 이 앨범은 그 내용물이 지향하는 바 역시 왈레의 해당 앨범에 수록된 동명의 곡 'Ambition'과 크게 다르지 않다.

콰이엇은 도끼와 함께 일리네어 레코드를 세운 뒤 승승장구하는 자신의 현재를 이야기하기 위해 이 앨범을 통째로 할애한다. 앨범을 관통하는 것은 자수성가를 이루어냈다는 자부심과 더 큰 성공을 향한 야망이다. 성공한 미국 래퍼들의 화법이 대체로 그렇듯 콰이엇은 약간의 과장과 포장, 극적인 연출을 실제에 더해 랩 스타로서의 자신을 캐릭터와 콘셉트를 지닌 주인공으로 만들어낸다. 말하자면 2011년 발표한 싱글 'Came from the Bottom'이 자수성가의 전초전이었다면 이 앨범은 그 거대한 확장판인 셈이다.

이렇듯 자수성가 문법은 힙합 고유의 맥락 중 하나다. 이별을 노래하는 발라드를 들을 때 슬픈 정서를 느끼며 동화되듯 자신의 성공을 드라마틱하게 포장하고 당당하게 드러내는 힙합의 자수성가 문법은 듣는 이에게 대리만족과 삶의 에너지를 동시에 안긴다. 그리고 자수성가와 연결지어 생각해볼 수 있는 개념이 바로 '허슬Hustle'이다.

006

HUSTLE

〔허슬:〕

이 험난한 거리에서
우리가
살아가는 법

　단어의 의미란 가변적이다. 시대의 흐름이나 사회의 변화 등에 따라 새로운 의미가 추가되기도 하고 때로는 의미 자체가 바뀌기도 한다. 예를 들어 망나니란 원래 사형을 집행할 때 죄인의 목을 베던 사람이었지만 이제는 행실이 바르지 못하거나 막돼먹은 사람을 가리키는 단어로 흔히 쓰인다. 왜 망나니란 단어가 가장 먼저 생각났는지는 모르겠지만 어쨌든 그렇다.

　국어교과서에나 나올 법한 이야기를 글의 서두에 늘어놓은 이유는 이번 글의 키워드인 '허슬Hustle'이라는 영단어 역시 여러 의미를 동시에 지니고 있기 때문이다. 물론 힙합에 익숙한 이라면 전혀 놀랄 일은 아니다. 힙합 슬랭slang의 세계야말로 무궁무진한 창의력의 왕국이니까. 뭐, 그런 만큼 힙합 가사를 해석하는 일에는 꽤나 수고로움이 뒤따르기는 하지만 말이다.

　힙합에 특별한 관심이 없는 사람이라면 허슬, 혹은 허슬러라는 단어를 듣고 곧바로 어떤 성인 잡지를 떠올릴 것이다. 한편 네이버사전에서 허슬러라는 단어를 검색하면 '사기꾼'이라는 뜻이 나온다. 또 한국에서는 어느 분야의 매체든 허슬러라는 단어를 '난봉꾼'으로 번역하는 광경을 심심치 않게 목격할 수 있다. 그리고 그 난봉꾼을 사전에서 다시 검색하면 '허랑방탕한

짓을 일삼는 사람'이라는 뜻이 모니터에 펼쳐진다.

나는 지금 특정한 연상이나 해석이 틀렸다거나, 이것만이 맞는 뜻이라고 주장하려는 것이 아니다. 오히려 이미 존재하는 하나의 우리말 단어로는 허슬이라는 단어를 온전히 정의할 수 없음을 말하려고 했던 것이다. 번역을 하다보면 한국의 어떠한 특정 단어와도 등가 개념으로 꼭 들어맞지 않는 영단어와 종종 맞닥뜨리게 되는데 허슬 역시 그런 단어라고 할 수 있겠다.

앞서 말한 대로 허슬은 중요한 힙합 슬랭 중 하나다. 그리고 이 허슬이라는 단어가 힙합 음악/문화권에서 통용되는 사례는 몇 가지 시각으로 나누어 살펴볼 수 있다. 먼저 힙합에서 허슬은 주로 '거리의 삶'과 연관된다. 다시 말해 돈이 된다면 그것이 불법이든 합법이든 개의치 않는 자세로 어떤 일이든 생계를 위해 돈벌이를 하는 삶의 방식을 가리켜 '허슬'이라고 하고, 그러한 삶의 방식으로 살아가는 사람을 '허슬러'라고 지칭한다.

여기서 초점은 허슬이 하나의 '라이프 스타일'이라는 사실이다. 제이지의 데뷔 앨범 「Reasonable Doubt」 수록곡 'Can't Knock The Hustle'을 예로 들어보자.

015

Last seen out of state where I drop my sling
가지고 있던 마약을 다 팔고 다른 주로 이동해
I'm deep in the South kicking up top game
남부에서도 나의 탁월한 수완을 발휘하지
Bouncing on the highway switching four lanes
4차선 도로를 무법자처럼 달리다가
Screaming through the sunroof, money ain't a thang

차 지붕을 열고 크게 소리쳐, 돈 같은 건 이제 문제도 아니라고

이 노래는 비싼 차를 몰고 매력적인 여자와 동침하며 법을 두려워하지 않는 대신 한탕을 노리는 거리의 젊은 야심가가 살아가는 방식을 늘어놓는다. 실제로도 마약판매상 출신인 제이지는 데뷔 시절 이러한 이미지로 큰 호응을 얻었다(그러나 이 같은 허슬러의 이미지는 커리어가 지속되고 상업적인 성공을 거둘수록 족쇄로도 작용했기 때문에 그럴 때마다 제이지는 자신이 여전히 거리에 대한 충성심을 가지고 있음을 팬들에게 확인시켜주어야 했다).

실은 이 노래에서는 제목이 가장 중요하다. 'Can't Knock The Hustle'이라는 제목을 해석한다면 대략 '허슬을 비웃지 마' '허슬을 얕보지 마' 정도가 될 것이다. 즉 이 말 속에는 두 가지 함의가 있다. 첫째로, 허슬이란 단순한 말장난이나 일시적인 상태가 아니라 특정한 환경과 상황, 문화에 기반을 둔 삶의 방식 중 하나라는 것. 둘째로, 보편적인 기준으로 보았을 때 허슬은 다른 평균적인 삶의 방식에 비해 위험하고 불안정하며 불법 요소가 많지만 그것을 자신의 의지와 무관하거나 상반된 불가피한 선택으로 여기는 것이 아니라 오히려 자랑스럽게 생각하며 자부심을 가지고 있다는 것.

삶의 방식으로서의 허슬을 흑인들이 부끄러워하지 않는 흔적은 다른 힙합 음악에서도 종종 발견할 수 있다. 예를 들어 갱스타Gangstarr의 'Code of the Streets'는 제목 그대로 '거리의 법칙'에 대해 논한다. 이 거리의 법칙에 따르면, 늘 무언가를 갈구하지만 늘 가지지 못하는 가난한 상태를 벗어나기 위해 그것이 범법이라도 상관없이 무엇이든 할 수 있다. 이들에게 경찰은 무능한 존재이며 경찰이 상징하는 법의 보편성은 중요하지 않다. 그렇다고 질서 자체가 없는 것은 아니다. 거리에는 거리만의 냉혹한 법칙이 있으며 이들에게는 이것이 더욱 중요하다. 이들은 이러한 거리의 삶에 자부심을 느끼며 거리를 배신하는 일은 쉽게 상상할 수 없다('fuck turning my back to the street scene').

한편 허슬은 때때로 '마약을 파는 행위'라는 더 좁고 직접적인 의미로 쓰이기도 한다. 흑인들이 불법이든 합법이든 개의치 않고 거리에서 돈을 버는 행위 중 하나가 바로 마약을 파는 일이기 때문이다. 앞서 '랩 스타' 편에서 인용한 노토리어스 비아이지의 'Things Done Changed' 중 한 구절을 다시 떠올리면 이해하기 쉽다.

🎧 내가 만약 랩을 하지 않았다면 아마 난 마약을 팔고 있겠지
이 거리에서 살아남으려면 넌 마약을 팔거나 농구를 해야만 하지

릭 로스의 데뷔 싱글 'Hustlin''을 보면 이러한 면모가 한층 더 자세하게 나타난다. 1980년대 초반 미국에서 마약 밀매로 악명을 떨쳤던 실제 인물 리키 로스^{Ricky Ross}와 같은 이름을 쓰는 만큼 그는 자신의 데뷔 싱글을 마약에 대한 내용으로 정했다. 가사를 면밀히 들여다보면 이 노래에서 허슬은 곧 마약 판매와 동의어로 쓰였음을 알 수 있다. 릭 로스는 이 노래에서 매일 마약을 팔며 열심히 살고, 쪼잔하게 굴기보다는 통 크게 놀며, 언제든 매력적인 여자와 함께 밤을 보낼 수 있는 허슬러로 분한다.

I caught a charge, I caught a charge

난 체포되었어, 난 체포되었지

Whip it real hard, whip it, whip it, real hard

그래도 난 열심히 마약을 만들어, 더 열심히 마약을 만들지

특히 위와 같은 구절이 인상적인데, 삶의 방식으로서의 허슬이 법의 잣대와 무관함을 단적으로 드러내기 때문이다. 덧붙이자면 마약은 '코카인 랩Cocaine Rap'이라는 랩의 한 카테고리가 관용적으로 실존할 만큼 랩의 역사와 뗄 수 없는 무엇이다.

그런가 하면 허슬은 '수완'이라는 의미로 통용되기도 한다. 이때의 허슬은 거리, 마약, 불법 등의 단어보다는 생존 '기술'에 좀더 초점이 맞춰진다. 허슬은 본래 '힘들다'는 의미를 내포하고 있다. 불법을 감수하고 생계를 위해 돈벌이를 해야 하는 거리의 삶은 쉽고 안락하기보다는 역시 어렵고 위험한 법이다. 법망을 빠져나가는 기술, 그리고 돈을 가진 것 이상으로 최대한 얻어내는 기술 등이 있어야 훌륭한 허슬러가 될 수 있다. 한마디로 여기서는 스트리트-스마트Street-Smart, 즉 세상 물정에 밝은 '영악함'이라는 개념이 대두된다. 허슬러를 사전에서 검색하면 '사기꾼'이라고 정의되어 있는 이유도 아마 이 같은 맥락에서가 아닐까 생각한다.

역사상 가장 강한 배틀 래퍼 중 한 명이자 싸이의 '강남스타일'을 패러디한 'Condom Style'로 화제를 모은 캐시디Cassidy의 히트 싱글 'I'm a Hustla'를 보자. 첫 벌스verse 마지막에 이런 구절이 나온다.

Cause I could sell Raid to a bug

017

나는 살충제를 벌레에게도 팔아먹을 수 있지

I'm a hustler: I can sell salt to a slug

나는 허슬러야, 지렁이에게 소금도 팔아먹을 수 있다구

달팽이나 지렁이가 소금에 닿아 죽게 되는 과학적 원리에 대해서는 건너뛰기로 하자. 포인트는 캐시디가 자신을 허슬러라고 당당히 내세우기 위해 제시하는 근거의 속성이다. 캐시디에게 허슬러란 벌레에게 살충제를 팔아먹고 지렁이에게 소금을 팔아먹을 수 있을 정도로 수완이 좋은 사람이다. 그리고 그 수완이 적용되는 곳은 마약 판매를 위시한 '거리의 일'들이다.

또한 허슬은 '분투'의 의미로도 쓰인다. 영단어로 말하면 'struggle'이나 'hard fighting' 정도 되는 이 맥락은 앞서 말한 것처럼 '분투' 혹은 '고생' '열심히 사는 태도' 등의 표현으로 나타낼 수 있다. 허슬이란 기본적으로 힘든 것이고, 힘든 만큼 자연스레 더욱 기운을 내 열심히 살게 되는 것, 또는 그렇게 살아야 하는 것이라고 이해하면 쉽다.

에이스 후드^{Ace Hood}의 2011년 히트 싱글 'Hustle Hard'는 더없이 좋은 예다. 제목부터 '빡세게, 고군분투해'쯤 되는 이 노래의 후렴구를 보자.

Same old shit, just a different day

018

매일 똑같고 지겨운 날들

Out here tryna get it, each and every way

수단과 방법을 가리지 않고 돈을 벌기 위해 노력해

Momma need a house

엄마에겐 집을 사줘야 하고

Baby need some shoes

내 아이에겐 신발이 필요하지

Times are getting hard

상황은 갈수록 힘들어지고

Guess what I'mma do

내가 무엇을 해야 하는지 생각해봐

Hustle hustle, hustle hustle, hustle hustle, hard

더욱 빡세게, 열심히 살아야겠어

Hustle hustle, hustle hustle, hustle hustle, hard

더욱 빡세게, 열심히 살아야겠어

Hustle hustle, hustle hustle, hustle hustle, hard

더욱 빡세게, 열심히 살아야겠어

Closed mouths don't get fed on this boulevard

행동하는 자만이 원하는 것을 얻는 법이지

이 노래는 후드에 사는 젊은 흑인 남성의 사고방식^{young nigga} mentality을 전형적으로 드러낸다. 이들은 가난하게 태어나 돈, 성공, 여자에 대한 욕망을 품고 있지만 가족을 부양하고 집안을 일으켜 세워야 한다는 가장으로서의 책임감 역시 지니고 있다. 후드에서 볼 수 있는 갖가지 광경을 가사에 맞춰 날씨와 계절의 변화에 따라 에이스 후드의 양옆으로 교차 전시하는 이 노래의 뮤직 비디오는 그래서 더욱 적나라하고 직설적으로 다가온다.

즉 이 노래에서 울려 퍼지는 '더욱 빡세게, 열심히 살자'는 구호는 도덕교과서에 실린 추상적인 교훈으로서가 아니라 후드의 흑인들이 처한 사회경제적 요인에 기반을 둔 '삶과 직결되는 실천적인 행동 양식'으로서 존재한다. 또 이것은 '자수성가'의 맥락과 연결지을 수 있는데, 쉽게 말해 성공으로의 지름길이 바로 허슬이다. 가난에서 탈출하기 위해서는 '허슬 하드'해야 하는 것이다.

이러한 태도가 주는 매혹적인 에너지는 후드의 흑인들이 아닌 다른 이들에게도 강렬하게 전파되었다. 예를 들어 도끼의 정규 앨범 타이틀은 「Hustle Real Hard」다. 비록 인종적·환경적 특수성은 다를지 몰라도 도끼는 컨테이너 박스에서 살다가 연봉 2억의 랩 스타가 된 자신의 성공 비결을 '허슬 하드'에서 찾는 듯하다. 실제로 도끼는 늘 래퍼의 부지런함을 강조하는 것으로 알려져 있고, 그 자신부터가 '끊임없는 다작'으로 유명하다.

마지막으로, 농담 반 진담 반이지만 힙합의 고유한 태도 중 하나인 '허슬 하드'를 자기계발과 연관지을 수도 있지 않을까. 상상을 넘어서는 괴상망측한 자기계발서가 여기저기 널려 있는 마당에 나는 이것이 말이 안 된다고 생각하지 않는다. 내 주변에서는 이미 고생을 하거나 야근 등을 하는 경우에 '허슬하고 있다'는 표현을 우스갯소리로 하니 말이다. 우탱 클랜의 래퍼 즈자Gza가 만든 과학과 기술, 공학과 수학에 관한 랩이 뉴욕의 여러 고등학교 수업에서 교육적으로 활용되고 있듯 힙합이 다른 분야와 만난다는 측면에서 충분히 고민해볼 여지가 있지 않나 싶다.

007

SWAGGER

〔 스웨거: 〕

벼는
익을수록
고개를
빳빳하게

에피소드 1

트위터를 열심히 하는 편이다. 퍼거슨은 트위터를 가리켜 '인생의 낭비'라 했지만 트위터로 잃은 것보다 얻은 것이 더 많다고 생각한다. 또 '유명인은 트위터로 망한다'는 (어느 정도 사실에 근거한) 우스갯소리도 나돌지만 내가 비록 이름을 걸고 활동하나 지나치게 유명한 사람은 아니므로 망해도 크게 망할 일은 없을 것이라고 믿으며 나는 오늘도 트윗을 한다.

트위터를 하다보면 힙합 팬들의 멘션을 자주 받는다. 미국 힙합의 팬도 있고 한국 힙합의 팬도 있다. 시비를 걸거나 비아냥거리는 사람도 있고 감사와 존중을 표하는 사람도 있다. 갑자기 트위터 이야기를 하는 이유는 얼마 전 우연히 보게 된 한 트위터 유저의 프로필 때문이다. 한국 힙합을 좋아하는 10대 여성 팬으로 보이는 그녀의 프로필에는 이런 구절이 쓰여 있었다.

너네들의 스케일은 귀여워

빈지노의 데뷔 앨범 「24:26」 수록곡 'Profile'의 후렴을 인용한 듯 보였다. 누군가는 그냥 지나칠지 몰라도 나에게는 나름 인상 깊은 순간이었다. 트위터 프로필에 저 구절만 달랑 써놓았다는 것은 저 구절이 어떤 방면으로든 자신에게 '와닿았다'는 것인데, 나는 이 광경으로부터 한국 힙합의 주요 팬층인 어린 여성들이 힙합의 어떤 부분에 매력을 느끼고 있는지 대략 실마리를 잡을 수 있었다.

에피소드 2

> '빌보드 스타가 우리의 팝 스타'로 환영받던 시대는 이젠 끝났다. 전자 음향으로 주조된 흑인 음악이 권력을 휘두르는 시대가 낳은 폐해다. 그렇다보니 언제부턴가 귀에 잘 접속되는 '달콤한 팝송'을 만나보기란 참으로 어렵게 됐다. 얼마 전 빌보드 차트 1위를 차지한 남부 랩 가수 T.I.(클리포드 해리스)의 노래가 반갑지 않은 이유도 여기가 그 출발선이 아닐까 싶다. (…) 음악 잘하는 팝 음악계의 여러 왕을 두고 데뷔한 지 고작 몇 년 되지 않은 래퍼가 신보를 '킹^{king}'이라고 한 것도 귀에 거슬린다.

한 음악 웹진에 실린 티아이의 「King」 앨범 리뷰 중 일부다. 몇 년 전 글이지만 아직까지 기억하고 있다. 글 전체에 힙합(혹은 흑인 음악)에 대한 무지와 편견이 덕지덕지 붙어 있기 때문이다.

특히 마지막 구절은 힙합에 대한 지식과 애정이 없는 사람들이 힙합에 대해 일반적으로 가지고 있는 (무지에서 비롯된) 편견을 상징적으로 보여주는 좋은 예다. 힙합을 좋아하지 않거나 싫어하는 것은 저마다의 자유이지만 전문성이 전제되어야 하는 비평 글에서 특정 음악/문화에 대한 몰이해를 기반으로 자신의 호불호를 용감하게 드러내는 것은 또 다른 문제다. 오랜만에 다시 읽어봐도 나쁜 글이다.

결론적으로 나는 이 두 사례가 일맥상통한다고 생각한다. 그리고 그 중심에는 힙합에서 쓰이는 '스웨거^{Swagger}'란 단어가 지닌 함의가 연결고리로 작동하고 있다. 전자는 스웨거에 매력을 느껴 빠져들었고, 후자는 스웨거(의 개념이 무엇인지도 모르고 있지만 어찌되었든 힙합이 지닌 그런 요소)에 강한 거부감을 표시하고 있다. 이쯤에서 서문을 돌이켜보자. 나는 서문에 이렇게 쓴 적이 있다.

> 힙합은 그 본질과 속성상 그 어떤 음악보다 자기 고유의 색깔과 개성이 강하고, 그런 만큼 힙합을 잘 모르거나 힙합에 관심 없는 사람들이 오해와 편견을 갖기 쉬운 음악이자 문화라고 생각한다. 다시 말해 마치 일반인이 헤비메탈 뮤지션의 패션이나 무대를 볼 때처럼, 힙합 '안'에서는 힙합 마니아끼리 자연스레 합의된 내용이 힙합 '밖'으로 나가면 이상해 보이고 이해가 잘 안 되는 경우가 빈번하다.

이 생각에는 변함이 없다. 그리고 언급한 것처럼 힙합 '밖' 사람들이 힙합에 대해 갖는 오해와 편견 중 가장 큰 지분(?)을 차지하는 힙합의 요소 중 하나가 바로 스웨거일 것이다. 이런 맥락에서 본다면 '에피소드 2'의 주인공이 힙합에 편견을 갖기까지의 과정 그 자체는 이해할 수 있다. 물론 앞서 말했듯 그것을 해당 음악/문화를 이해하려는 노력 없이 전문적인 비평 글에서 과감하게 드러낸 행위는 또 다른 문제이지만 말이다.

그렇다면 스웨거란 단어는 정확히 어떤 뜻일까. 먼저 그 기원에는 몇 가지 설이 있다. 혹자는 스웨거가 스코틀랜드에서 유래되었다고 말한다. 스코틀랜드 지방의 일부 사람들이 흔들거리며 걷는 모습을 가리키는 표현이 스웨거였는데 그 뜻이 변형되어 힙합에서 쓰였고, 스웨거라는 단어를 힙합 식의 슬랭으로 축약한 단어가 '스웩Swag'이라는 것이다.

한편 어떤 이는 또 다른 주장을 펼친다. 스웩이 스웨거를 축약한 단어라는 건 잘못 알려진 사실이며 스웩이란 단어는 이미 오래전부터 별개로 존재해왔다는 의견이다. 실제로 스웩이란 단어는 1500년대에 '억제력controlling influence'이라는 뜻으로 쓰였고 그전에는 '약탈품'이나 '전리품' 등의 의미로 통용되어왔다고 한다.

개인적인 견해로는 전자인 스코틀랜드 유래설이 힙합에서 쓰이는 스웨거의 의미와 더 자연스럽게 통하지 않나 싶다. 후자의 해석은 동음이의어를 설명하는 듯하다. 또 다른 해석으로 스웩이 'Secretly We Are Gay'의 약자라는 말이 있지만 이것은 진지한 설이라기보다는 스웩이라는 단어가 유행한 후에 만들어진 우스갯소리에 가깝다.

그 기원이 어찌되었든 힙합에서 스웨거 혹은 스웩이라는 단어는 '자신을 스스로 드러내는 방식'과 긴밀히 맞닿아 있다. 거칠게 해석하자면 '으스대다' '뽐내다' 정도의 단어로 표현할 수도 있을 것이다. 스웨거의 대상도 다양해서 어떤 이는 자신의 부와 명예를, 어떤 이는 자신의 외양(패션)을, 또 다른 이는 자신의 태도를 스웨거의 소재로 삼는다.

사실 스웨거는 한마디로 정의할 수 없는 개념이라고 보는 편이 맞다. 스웨거를 단순히 '잘난 척'이나 '허세' '돈 자랑' 정도로 정의하면 그 의미가 한없이 좁아진다. 굳이 정의하자면 힙합에서의 스웨거란 자신의 외적/내적 면모를 스스로 자신감 있게 드러낼 때 발생하는 일종의 복합적인 '멋' 혹은 '아우라'에 가깝다. 그리고 이러한 맥락에서 스웨거는 힙합의 자수성가 화법, 겸손이라는 윤리적 태도, 은유와 상징이라는 가사의 기술, 자기 증명의 근거와 진실성 같은 명제들과 긴밀히 화합하거나 격렬히 충돌한다.

스웨거라는 단어가 힙합에서만 쓰인다거나 힙합이 만들어 낸 말은 아니지만 힙합이라는 음악과 문화 안에서 자주 쓰이며 그 맥락을 통해 고유의 의미를 갖게 된 것은 사실이다. 그러나 힙합에서 스웨거라는 단어가 널리 쓰이기 전까지 그 의미를 엇비슷하게 대체한 단어들은 이미 존재했다. 아니, 그 단어들을 나중에 스웨거가 대체했다는 표현이 더 정확할 것이다.

실제로 힙합은 이미 1980년대부터 '프레시fresh'라는 단어를 가지고 있었다. 프레시는 야채시장에서 배추가 신선하다는 의미로 쓰이기도 하지만 힙합에서는 '새삥의' '쌔끈한' '멋진' '간지 나는' 등의 의미로 통용되어왔다. 한 예로 1980년대를 대표하는 힙합 그룹 런 디엠씨Run DMC는 자신들의 아디다스 재킷과 신발, 금목걸이, 선글라스 등을 프레시라는 단어로 포장했고 그들의 음악 다수에서도 프레시라는 단어를 활용한 스크래치를 발견할 수 있다.

플라이^{fly}, 도프^{dope} 등의 단어도 비슷한 맥락으로 볼 수 있는데, 이렇듯 꼭 같은 의미는 아니더라도 스웨거의 DNA는 스웨거의 출현 이전에도 기성의 단어들을 통해 이어져오고 있었다. 단지 시대의 흐름과 유행에 따라 단어도 흥망성쇠하기 마련이라 최근의 몇 년이 스웨거의 시즌이었을 뿐이다. 물론 스웨거라는 단어는 앞선 단어들보다 더 복합적이고 넓은 의미를 가지고 있으며, 한때의 유행이라고 하기에는 더 무거운 함의로 역사에 기록되어야겠지만 말이다.

그렇다면 스웨거라는 단어를 처음으로 사용한 힙합 뮤지션은 누구일까. 제이지와 카니에 웨스트의 합작 「Watch The Throne」(2011)의 수록곡 'Otis'에는 이런 구절이 나온다. 제이지의 가사다.

I invented swag, poppin bottles, putting supermodels in the cab

Proof, I guess I got my swagger back, truth

한마디로 스웨거라는 단어를 자신이 가장 먼저 사용(발명)했다는 제이지의 주장이다. 2001년에 발표한 앨범 「The Blueprint」 수록곡 'All I Need'에서 'I guess I got my swagger back'이라는 구절을 자신이 쓴 적이 있고 이것이 힙합에서 스웨거라는 단어가 최초로 사용된 사례라는 것이다.

또한 제이지는 그로부터 2년 뒤 발표한 「The Black Album」에서도 몇 차례 스웨거라는 단어를 사용했다. 'Public Service Announcement'에서는 'Check out my swag, yo/ I walk like a ballplayer'라는 구절이, 'December 4'에는 'My self-esteem went through the roof, man/ I got my swag'이라는 구절이 있었다.

그러나 제이지를 머쓱하게 만드는 일이 발생했다. 그로부터 20여 년 전의 힙합 트랙에서 스웨거라는 단어가 발견된 것이다. 브랜드 누비언Brand Nubian의 1990년 작 「One for All」에 수록된 'Slow Down'에는 이미 'Used to walk with a swagger/ now you simply stagger'라는 구절이 있었다. 우리나라 노태우 정권 때 이미 힙합 뮤지션의 음악에 스웨거라는 단어가 쓰였던 것이었다.

이와 관련한 재미있는 일화가 있다. 『롤링스톤 매거진』의 한 에디터와 제이지 사이의 이야기다. 'Otis'가 세상에 나오기 전, 제이지는 뮤직 비디오 촬영 현장에서 자신이 'All I Need'에서 스웨거라는 단어를 처음으로 사용했음을 말하고 있었다. 그러자 에디터가 제이지에게 자신이 만약 그전의 힙합 음악에서 스웨거라는 단어를 찾아내면 무엇을 줄 것인지를 물었고 제이지는 대답했다. "저 포르셰Porsche 중 한 대나 이 큐번 시가Cuban cigar 중 하나를 줄게. 뭘 선택할지 결정해."

에디터는 브랜드 누비언의 노래를 찾아냈고 일주일 뒤 제이지에게 전화를 걸어 이 사실을 전했다. 그러자 제이지는 이렇게 말했다고 한다. "이런 제길! 하하. 당신이 맞았어. 고마워. 앞으로 다른 사람들에게 내가 최초라고 말하지 않을게." 그러나 그로부터 넉 달 후, 'Otis'가 세상에 발표되었다는, 뭐 그런 이야기다.

하지만 그렇다고 해서 스웨거와 관련한 제이지의 공로(?)가

전부 빛이 바래는 건 아니다. 제이지는 분명 스웨거라는 단어를 본격적으로 쓰기 시작한 최초의 힙합 뮤지션 중 한 명이었다. 그가 가진 거대한 영향력이 스웨거라는 단어가 힙합 신에서 본격적으로 유행한 계기 중 하나였다고 말해도 큰 무리는 아닐 것이다.

실제로 스웨거의 폭발적 유행에 일조한 티아이의 2008년도 싱글 'Swagga Like Us'에도 제이지는 있었다. 티아이, 제이지, 카니에 웨스트, 릴 웨인^{Lil Wayne}이 저마다 자신의 '스웩'을 늘어놓는 이 노래의 MVP는 다름 아닌 제이지였다. 제이지의 벌스 일부를 보자.

020

Can't wear skinny jeans cause my knots don't fit
내 돈이 다 안 들어가서 스키니 진은 입을 수 없지

.

.

You can learn how to dress just by jocking my fresh
내 간지를 베끼는 것만으로도 넌 옷을 어떻게 입는지는 배울 수 있어

.

.

But I can't teach you my swag
하지만 내 스웩만큼은 나도 너에게 가르쳐줄 도리가 없지
You can pay for school but you can't buy class
학교에 수업료를 내도 클래스는 살 수 없을걸
School of hard knocks: I'm a grad
나는 '역경의 학교'를 졸업했고

And that all-blue Yankee is my graduation cap
학사모는 바로 이 양키스 캡이지

 힙합에서의 스웨거를 설명하기에 가장 좋은 구절이 아닐까 싶다. 한마디로 이 구절은 훌륭한 스웨거가 갖춰야 할 요소를 두루 지니고 있다. 다시 말해 제이지는 1)자신이 실제로 이루어낸 것을 2)은유와 재치를 통해 3)자신감 있게 드러내고 있다. '스키니 진' 라인의 재치, '겉만 번지르르한 멋'과 '무엇을 실제로 이루어낸 사람에게서 풍기는 멋'의 차이, 클래스^{class}라는 단어로 '수업'과 '수준'이라는 동음이의를 활용한 언어 유희 등을 차례로 접하며 우리는 한 인물의 자기 증명이 라임으로서 그리고 문학으로서 발산하는 복합적인 카타르시스를 경험하게 되는 것이다.

 한편 2000년대 중후반을 넘어서면서 팽배하는 스웨거 열풍에는 제이지, 티아이 외에도 빼놓을 수 없는 인물이 한 명 더 있었으니, 바로 솔자보이^{Souljaboy}다. 지금에 와 돌이켜보면 아마 스웩이란 단어에 솔자보이만큼이나 집착(?)하는 래퍼도 없었을 것이다. 단적으로 'Turn My Swag On' 'Pretty Boy Swag' 'Swag' 'Swisher Sweet Swag' 'Swag Daddy' 'Cheat Code Swag' 등 솔자보이의 노래 중 제목에 스웩이란 단어가 들어간 노래만 열거해도 꽤 시간이 소요될 정도다(참고로 'Swag'은 정식으로 발표한 곡은 아니지만 곡을 들어보면 처음부터 끝까지 스웩이란 단어를 200번 이상 외치는 괴이한 상황에 맞닥뜨린다).

 그중에서도 'Turn My Swag On'은 상징적이다. 두 번째 앨범 「iSouljaBoyTellem」(2008)의 수록곡이었던 이 노래는 큰 히트를 치며 리믹스 열풍을 낳았다. 재다키스Jadakiss, 패볼루스Fabolous, 영 지지Young Jeezy 등 래퍼들은 물론 알 켈리R. Kelly, 케리 힐슨Keri Hilson 같은 알앤비 싱어들도 이 리믹스 열풍에 가세했다. 하나의 현상이 된 것이다.

더 정확히 말하면 'Turn My Swag On'의 뮤직 비디오가 상징적이다.

Hopped up out the bed, turn my swag on
021
침대를 박차고 일어나 내 스웩의 스위치를 켜지
Took a look in the mirror, said what's up
거울 속의 나를 보고 인사를 날려
Yeeeaaah, I'm gettin' money, ohhhhh
예~~ 난 오늘도 돈 번ㄷ ㅏ~~~~~~

이 곡의 후렴은 이 정도로 해석할 수 있는데, 뮤직 비디오 역시 이에 걸맞은 영상을 담고 있다. 10대에 백만장자가 된 솔자보이는 모든 것이 행복하다. 큰 집, 큰 방, 수많은 종류의 모자, 티셔츠, 금목걸이, 시계 등등 모든 것이 자랑의 대상이고 모든 것이 '스웩'이다. 솔자보이는 사람들이 자기를 왜 싫어하는지 이유도 모를뿐더러 관심도 없다. 그냥 자기 멋대로 음악을 만들고 그 돈으로 비싼 차를 타고 다니거나 친구와 비디오 게임을 하면서 삶을 즐길 뿐이다. 실제로 솔자보이는 뮤직 비디오에서 돈다발을 들고 뿌리거나 지폐를 모자 사이에 끼우고 춤을 추고 앉아 있다. 한마디로 솔자보이는 어리고 부자이며 무엇보다 '쿨^{cool}'하다. 아니, 그런 것처럼 비친다.

　꼭 솔자보이 한 명 때문은 아니겠지만 솔자보이의 이러한 면모로 상징되는 '어떤 태도'는 빠르게 확산되었다. 음악적으로는 힙합을 벗어나 퍼져나갔고 세대로는 특히 10대들에게 엄청난 영향을 미쳤다. 10대들은 스웩이란 단어를 자신의 외적/내적 쿨함 (비스무리한 것)을 드러내는 유행어이자 말버릇으로 엄청나게 소비하기 시작했다. 예를 들면 이런 것이다.

>　　"오늘 에어조던 새로 샀음. 스웩."
>
>　　"내 여친 이쁘냐? 스웩."
>
>　　"오늘 내 머리 스타일 완전 스웩인데 ㅋ"
>
>　　"방금 일어났음. 스웩."
>
>　　"오늘 퇴학당함. 스웩."

　과장이 아니다. 지금 트위터에 해시태그로 스웩을 입력하고 검색해보라. 각종 진기한 풍경을 만나볼 수 있을 것이다. 그렇기 때문일까, 스웩을 가리켜 '단어 사용자의 90퍼센트는 멍청한 10대들이고, 10퍼센트는 쿨해 보이려고 안달난 놈들'이라는 우스갯소리도 나돌았다.

　힙합이 아닌 데서 그리고 10대가 스웩이란 단어를 사용했다는 점에서 화룡점정은 역시 '초통령' 저스틴 비버^{Justin Bieber}였다. 평소 '해시태그 스웩^{#swag}'을 애용하는 트위터 유저이기도 했던 저스틴 비버는 끝내 자신의 음악에 스웩이란 단어를 사용하고 말았다. 2012년에 발표한 세 번째 정규 앨범 「Believe」의 수록곡 'Boyfriend'에서 솔자보이가 서러울 정도로 스웩이란 단어를 수십 번이나 속삭인 것이다.

스웩의 남용과 오용을 안타까워하던 일부 힙합 팬들은 이 사건(?)을 일종의 스웩의 '사망 선고'로 받아들였다. 이미 힙합 신에서는 스웩이란 단어에 대한 피로감을 많은 래퍼가 인터뷰나 자신의 음악을 통해 밝힌 상황이었고, 『컴플렉스^{complex} 매거진』에서는 '2013년에는 사라져야 할 것들 25가지'에 스웩이란 단어와 그것과 관련한 모든 사고방식을 포함시켰다. 지나치게 많이 쓰이며 문제를 일으키고 있다는 이유였다. 하긴, 힙합 신 최고의 거물이자 부자 중 한 명인 디디^{Diddy}가 일주일간 자신의 이름을 스웩으로 바꾸겠다고 선언한 해프닝도 있었으니 말 다 했다.

말하자면, 스웩은 '헐'이 되어 있었다. 헐이 그렇듯 스웩은 어떠한 말에도 갖다 붙일 수 있는 단어가 되어버렸다. 뽐내고 싶을 때도, 잘난 척하고 싶을 때도, 놀랐을 때도, 아빠한테 맞았을 때도, 길 가다가 맨홀구멍에 빠졌을 때도 우리는 스웩을 외칠 수 있었다. 그러나 그와 동시에 스웩의 생명이 끝나가는 줄은 아무도 몰랐다. 나만 알았다. 스웩.

이리하여 지금, 스웩이란 단어의 효용은 정점을 찍고 내려오는 중이다. 이미 다 내려왔을지도 모른다. 유행은 돌고 도는 것이기에 언제 또 '스웩 시즌'이 들이닥칠지 모르지만 아마 당분간은 그럴 일이 없을 것이다. 그리고 스웨거와 연관지어 생각해볼 키워드가 있다. 바로 '자수성가', 즉 셀프메이드다. 셀프메이드에 대해서는 이미 이야기한 바 있다. '밑바닥에서 시작해 정상에 올라왔고, 스스로의 힘으로 운명을 바꾸었다'는 래퍼들 특유의 화법이자 태도 말이다.

결론적으로 나는 셀프메이드와 스웨거가 한 세트라고 생각한다. 빅맥을 버거만 단품으로 살 수도 있지만 세트로 먹어야 제 맛이듯 셀프메이드와 스웨거는 함께 있을 때 더 빛을 발한다는 느낌을 준다. 쉽게 말해 셀프메이드는 스웨거의 전제다. 셀프메이드를 이루어내면 스웨거를 부릴 수 있다.

50센트의 히트 싱글 중 'I Get Money'란 곡이 있다. 2007년에 발표한 세 번째 정규 앨범 「Curtis」에 수록되었던 곡이다. 여느 힙합 히트 싱글이 그렇듯 이 곡 역시 리믹스 버전이 나왔고, 디디와 제이지가 참여했다. 여기서 중요한 것은 공식 리믹스 버전의 명칭이다. 'I Get Money'의 공식 리믹스 명칭은 바로 'Forbes 1-2-3 Billion Dollar Remix'였다.

『포브스』는 미국의 출판 및 미디어 기업으로 미국 부자 명단the Forbes 400과 백만장자 명단list of billionaires을 발표하는 것으로 유명하다. 따라서 위의 리믹스 명칭을 풀이하면 다음과 같다. '『포브스』에서 선정한 부자 명단에서 힙합 뮤지션 중 1위, 2위, 3위를 한 래퍼들이 참여한 리믹스.'

이러한 맥락에서 'Forbes 1-2-3 Billion Dollar Remix'라는 문구를 보고 가장 먼저 드는 생각은 역시 '스웩'이다. 말 그대로 자신들의 재력을 뽐내고 있지 않은가. 그러나 한 번 더 파보면 그 안에 들어 있는 것은 바로 셀프메이드라는 행간이다.

50센트, 디디, 제이지 세 명 모두 힙합계의 제일가는 부자들이자 성공한 뮤지션이지만 동시에 그들은 힙합계의 내로라하는 자수성가의 아이콘이기도 하다. 이미 이야기한 바 있지만 50센트는 뉴욕의 게토에서 태어나 마약을 팔며 전전하다 총알 9발을 맞고도 기적적으로 살아나 지금의 성공을 이루었고, 제이지는 브루클린의 공공주택단지 마시 프로젝트에서 태어났지만 이제는 브루클린 네츠의 공동 소유주가 되었다. 디디는 설명할 것도 없이 이 둘보다 더 일찍, 이미 1990년대부터 부자였다.

다시 말해 그들의 스웩은 그들의 셀프메이드 위에서 성립된다. 우리는 그들이 자수성가한 인물임을 알 때 비로소 그들의 스웩을 더 의미 있게 받아들일 수 있다. 자신의 손으로 직접 이루어낸 것을 말할 때가 그렇지 않을 때보다 더 진실함은 자명하다.

하지만 그렇다고 해서 모든 스웩이 '진실'에 기반해야 할까? 인터넷 커뮤니티에서 종종 이런 글을 본다.

> "아직 이룬 것도 하나 없으면서 스웩 가사 쓰는 건 안 된다고 봐요."
> "실제로는 버스 타고 다니면서 벤츠 얘기하는 건 거짓말이잖아요."

일리 있는 말이다. 그러나 '언행일치'를 내세워 '문학적 가능성' 자체를 원천봉쇄해버리는 것이 과연 옳은 일일까? 물론 힙합이라는 음악/문화에서 진실함이란 다른 어떤 음악/문화보다 중요하고 민감한 화두이긴 하다. 자신의 음악에서 자신의 (주로 거리와 범죄에 관한) 경력을 부풀리거나 허위로 말했다가 후에 들통 나 곤욕을 치르는 힙합 뮤지션을 우리는 여럿 봐왔다.

그러나 스웨거의 언행일치 문제는 '허용과 금지'가 아니라 '감흥의 차등' 관점에서 접근해야 한다. 래퍼라면 누구나 스웩을 부릴 수 있다. 그것은 개인의 자유다. 하지만 모든 스웩이 동등한 감흥으로 와닿는 것은 아니다. 그리고 상대적으로 더 감흥 깊게 와닿는 스웩은 대체로 자신이 직접 이룬 것에 기반한 경우가 많을 것이다. 리얼리티에 따른 감정이입은 인간의 당연한 섭리(?)다. 반대로 아직 이룬 것이 없는 래퍼가 부리는 스웩은 위의 글처럼 자연스럽게 감흥보다는 비판을 받을 공산이 크다.

이렇듯, 좀 웃기는 표현이지만, 모두에게 스웩을 부릴 수 있는 자유와 기회는 열려 있어야 한다. 그중에서 더 좋은 것과 아닌 것을 각자의 기준으로 감별하면 된다. 그 기준의 핵심 가운데 하나가 언행일치 여부일 뿐이다.

여기서 중요한 것은, 아무것도 이룬 것이 없는 래퍼일지라도 '표현의 예술성' 면에서 훌륭한 스웩을 해낼 수 있다는 사실이다. 물론 아무리 뛰어난 비유와 라임, 재치로 가득한 랩 가사라도 그것이 래퍼의 삶에 기반하지 않으면 모두 거짓이자 가짜라고 생각하는 이들은 계속 그렇게 생각하면 된다. 그것 역시 개인의 자유다.

그러나 도덕과 윤리로서의 관점 대신 기술과 문화로서의 관점이 작용해야 하는 힙합이라는 음악/문화, 그중에서도 겸손이라는 미덕을 박살내버리는 힙합의 가장 고유한 멋인 스웨거라는 어법은, 언행일치와 진실성이라는 프레임 외에도 철저히 랩의 기술적 완성도와 예술성만으로도 조명할 수 있다. 뽐내고 으스대고 싶은 사람이라면, 성공하지 않았더라도 누구나 이 힙합의 어법을 빌려 발언할 수 있는 것이다.

비록 이렇게 말을 하면서도 나는 여전히, 무엇을 직접 이루어내지 못한 래퍼가 훌륭한 스웩을 부릴 가능성은 그리 높지 않다고 생각한다. 하지만 그러한 일이 혹시라도 실제 일어났을 때, 상상력으로 쌓아올린 훌륭한 스웩이 주는 문학적 카타르시스를 경험할 기회를 나는 잃고 싶지 않다. 언행일치와 진실성 못지않게 중요한 것이 스웨거라는 어법 자체가 지니고 있는 고유의 언어적·정서적 쾌감이기 때문이다.

008

STREET CREDIBILITY

【 스트리트 크레디빌리티: 】

누가
거리의 신뢰를
얻는가

2010년으로 돌아가보자. 미국 케이블 티브이 토크 쇼 '첼시 레이틀리Chelsea Lately'에 래퍼 티아이가 출연한 적이 있다. 첼시 레이틀리는 래퍼 50센트와 잠시 사귀기도 했던 미국의 백인 엔터테이너 첼시 핸들러Chelsea Handler가 진행하는 프로그램으로, 우리나라로 치면 '백지연의 피플인사이드'쯤 되는 프로그램이다.

당시 감옥에서 출소한 지 몇 개월이 채 되지 않았던 티아이에게 첼시는 이렇게 첫 인사를 건넨다. "감옥은 좀 어땠나요How was prison?" 그러자 티아이는 첫 질문 (겸 안부 인사)가 그것이라는 점에 대해서는 0.5초 정도 주춤한 듯했지만 이내 능숙하고 아무렇지 않게 감옥생활에 대한 이야기를 첼시와 주고받기 시작한다. 프로그램 공식 유튜브 채널의 티아이 편 설명도 다음과 같다. "티아이와 첼시가 감옥생활에 대해 이야기를 나눕니다.The rapper and Chelsea chat about the prison life."

이 영상은 여러모로 나에게 인상 깊었기 때문에 따로 자물쇠가 달린 비밀 수첩에 메모해두었다. 앞서 말했듯 티아이는 감옥에서 출소한 지 몇 개월 되지 않은 터였다. 단순 비교하기에는 조금 무리가 있지만 우리나라였다면 평생 방송에 출연하지 못하거나 최소한 몇 년의 '자숙' 기간이 필요하다. 그러나 티아이는 곧바로 방송에 나왔고, 감옥생활에 대해 방송에서 아무렇지 않게 이야기를 나누었다. 반대로 말하면 방송사 입장에서 출소한 티아이는 '핫 아이템'이었다.

미국과 우리나라의 정서적·문화적 차이만을 논할 것이었다면 아예 이야기를 꺼내지도 않았을 것이다. 여기에는 힙합과 조금 더 밀접한 또 다른 개념이 하나 더 얽혀 있다. 일단 말이 나왔으니 티아이의 수감 역사(?)를 살펴보자.

티아이는 2007년 10월 애틀랜타 조지아에서 경찰에게 체포되었다. 불법 총기 구입 및 무허가 기관총 소지 혐의였다. 티아이는 자신의 보디가드를 통해 브로커에게 이미 돈을 지불한 불법 총기 등을 이날 직접 전해 받으려 했고 그 과정에서 경찰에게 적발되었다.

티아이는 여느 흑인과 마찬가지로 마약을 팔며 십대 시절을 보냈고 1998년에 총기 거래 혐의로 체포되어 7년간의 보호감찰을 받은 전과가 있다. 그리고 불행하게도 이 전력이 티아이의 발목을 잡았다. 미국에서 전과자가 다른 사람을 통해 총기를 구입하는 것은 중범으로 간주되기 때문이다.

이 사건으로 인해 티아이는 커리어에 위기를 맞는다. 사건 당일 열린 BET 힙합 시상식에 참가하지 못했음은 물론이고 계속된 법정 공방 끝에 다시 교도소에 들어가 적지 않은 시간을 복역해야 했다(영광스러운 일은 아니지만 티아이는 MTV가 선정한 '2007년 체포되었던 유명 인사' 부문 1위에 오르기도 했다). 티아이는 2009년 5월 아칸소 주 교도소에 수감되었고 약 7개월간의 복역 후 그해 12월에 출소한다. 그 후 아틀랜틱 레코드의 전 회장 케빈 라일스^{Kevin Liles}에게 부지런하다는 공개 칭찬을 들을 만큼 곧

바로 새 앨범 작업에 착수하며 몇 개의 싱글을 발표하지만 그의 앞에는 또 다른 시련이 기다리고 있었다.

2010년 9월 티아이는 아내와 함께 LA에서 마약 소지 혐의로 또다시 체포된다. 티아이는 보호감찰 기간에 놓여 있었고 이는 곧 그 규정 위반을 뜻했기에 불행히도 그는 2010년 10월부터 약 11개월간의 감옥행을 선고받는다. 그리고 다시 감옥에 들어간 후 2011년 9월에 출소한다.

이렇듯 최근 몇 년간 감옥을 두 번이나 드나든 티아이를 보며 먼저 드는 생각은 '안타까움'이다. 커리어의 절정에서 감옥을 두 번이나 다녀왔으니 그만큼 시간을 허비했다고 볼 만하다. 그러나 결과론적이긴 하나 두 번의 수감 경력이 티아이에게 꼭 손해만 끼쳤을까? 티아이가 공무원이나 회사원, 아니 음악 밖으로 갈 것도 없이 발라드 가수나 포크 싱어였다면 그랬을지도 모른다. 하지만 래퍼이자 힙합 뮤지션인 티아이는 두 번의 수감 경력에서 얻은 것이 있다.

다시 말해 티아이는 '진정성'을 획득했다. 본의든 본의가 아니든 자신이 '가짜'가 아님을 직접 증명한 것이다. 그에게 '첼시 레이틀리'란 우리나라에서 잘못을 저지른 연예인이 토크쇼에 나와 참회의 눈물을 흘리는 것 같은 전적인 속죄의 자리가 아니었다.

이해가 잘 가지 않는 이들에게 설명할 단어가 있다. 바로 '스트리트 크레디빌리티Street Credibility'라는 단어다. '거리의 신뢰' '거리의 신용도'쯤으로 번역할 수 있는 이 단어는 내가 지어낸 단어가 아니라 이미 존재하는, 보편적으로 많이 쓰이는 말이다. 흔히 줄여서 스트리트 크레드Street Cred라고 한다.

래퍼들은 '거리의 삶'에 대해 자주 이야기한다. 총, 마약, 범죄, 의리 등은 래퍼들의 단골 소재다. 가난하고 위험한 환경에서 태어난 흑인이 래퍼로 성공하기까지의 과정에서 엿볼 수 있는 여러 맥락은 이미 게토, 셀프메이드, 허슬 등의 주제를 통해 상세히 늘어놓은 바 있다.

한마디로 스트리트 크레드는 거리의 삶을 자신의 음악에서 내뱉는 래퍼들이 진짜배기인지 아닌지 감별하는 기준으로 중요하게 작용한다. 정말 자신이 겪은 이야기를 하고 있는지, 저런 이야기를 늘어놓을 최소한의 자격이 해당 래퍼에게 있는지 판가름하는 것이다.

여기서 중요한 것은 일종의 '윤리적 아이러니'다. 언행일치의 대상 자체가 '거리의 삶'이다보니 래퍼들의 진정성은 합법과 도덕, 그리고 보편과 상식에서 멀어질수록 오히려 더 높아진다. 이야기를 되돌려보자. 티아이는 두 번의 수감으로 많은 것을 잃었을지 모른다. 그러나 본의든 본의가 아니든 그 후로 티아이의 음악이 지닌 진정성을 의심하는 사람들은 사라졌다. 그는 자신의 음악에서 늘어놓았던 것처럼 실제 생활에서도 적으로부터 자신을 보호하기 위해 몇 종류의 총을 차 트렁크에 싣고 다니던 사람이었다(혹은 그렇게 비쳤다). 결과적으로 그는 두 번의 수감으로 더 많은 스트리트 크레드를 얻었다. '거리의 신뢰'를 획득한 것이다. 래퍼들이 거리의 삶을 얼마나 직접, 충실하게 살아왔는가를 감별하고 그 결과로 존중받을지 아닐지가 결정되는 것이 스트리트 크레드의 핵심이다.

티아이에 이어 또 하나의 사례를 보자. 스트리트 크레드와 관련해 주목할 만한 사례가 있다. 바로 투체인즈^{2 Chainz}를 주인공으로 한 이야기다.

투체인즈는 요 몇 년 사이 가장 높은 인기를 구가하고 있는 래퍼다. 그는 카니에 웨스트의 레이블 굿뮤직의 컴필레이션 앨범에 참여하거나 저스틴 비버와 작업하는 등 몇 년 전부터 인생 절정의 전성기를 누리고 있다. 원래 그는 2007년에 플레이야즈 서클Playaz Circle이라는 듀오의 일원으로 데뷔했다. 그때는 이름도 달라서 투체인즈 대신 티리보이Tity Boi라는 랩네임을 썼다. 플레이야즈 서클은 루다크리스Ludacris의 지원을 받으며 두 장의 앨범을 발표했지만 큰 반응은 얻지 못했다. 나 역시 당시에 그들의 앨범을 크게 즐겨 듣지는 않았다.

그러나 티리보이는 투체인즈가 되어 맹활약을 펼쳤다. 여기서 투체인즈가 어떠한 음악을 추구하는 래퍼인지 대략 짚고 넘어갈 필요가 있다. 한마디로 투체인즈는 힙합에 관심이 없거나 힙합을 잘 모르는 사람들이 도덕과 윤리로 힙합을 바라볼 때 그들에게 힙합에 대한 가장 부정적인 인식을 심어줄 최적의 인물이다. 만약 당신이 래퍼가 되고 싶은데 부모님을 설득해야 한다면 투체인즈의 앨범을 가사 해석집과 함께 선물하라. 다음 날부터 당신은 공무원 시험 준비를 하게 된다.

자신의 음악을 통해 마약을 얼마나 능숙하게 다루는지, 돈이 얼마나 많은지, 여성을 얼마나 차별적으로 다루는지 등에 대해 이야기하는 투체인즈는 2013년 2월 대마초 소지 혐의로 체포된 적이 있다. 몇 명의 동승자와 밴을 타고 이동 중이던 그는 그 즉시 경찰서로 잡혀갔는데, 재미있는 것은 경찰서로 그를 잡아온 경찰들이 투체인즈에게 기념사진 촬영을 제의했고 그 사진이 인터넷에 공개되었다는 사실이다. 공무에 충실하면서도 유명인과의 사진 촬영 역시 잊지 않는 경찰들의 유연한 마인드를 엿볼 수 있는 대목이다.

결국 그는 4월에 무죄 판결을 받았다. 그러나 법적 잣대와 별개로 스트리트 크레드의 측면에서 본다면 대마초 소지 혐의로 체포된 것 자체는 래퍼 투체인즈에게 마냥 나쁜 일만은 아니다. 티아이가 그랬던 것처럼 '거리의 삶'이 음악 속 연기가 아니라 실제의 삶이라는 것을 증명해 보이는 사건이 될 수 있기 때문이다. 누군가는 체포된 그의 모습에 실망했겠지만 또 다른 누군가는 이번 사건으로 그에게 더 강한 '거리의 신뢰'를 품었을 수도 있다는 말이다.

여기까지는 좋았다. 하지만 사건이 터지고 만다. 6월 10일경, 투체인즈가 샌프란시스코에서 강도를 당했다는 뉴스가 보도된다. 동료들과 길을 가던 중 총을 들고 달려든 강도에게 투체인즈가 지갑과 휴대전화를 빼앗겼다는 소식이었다. 이 뉴스가 보도된 후 투체인즈는 자신의 트위터를 통해 이 사실을 정면 반박했다. 대략 이런 내용이었다.

Rule #1. 래퍼가 강도를 당했다면 강도는 자신이 훔친 지갑이나 시계, 돈 같은 물건을 인터넷에 올리기 마련이다. 이 질문에 답해봐라. Rule #2. 래퍼가 총에 맞았다면 지금쯤 죽었거나 병원에 있을 것이다.

즉 자신은 강도를 당하지도, 총에 맞지도 않았다는 주장이었다. 그러나 투체인즈의 거짓말은 머지않아 들통 나고 만다. CCTV가 공개된 것이다. 영상에는 총을 들고 달려드는 강도를 보고 0.02초 만에 재빠르게 뛰어서 도망가는 투체인즈의 모습이 담겨 있었다. 숙련된 움직임이었다. 설상가상으로 투체인즈의 뻔뻔한 거짓말에 열을 받았던지 강도가 직접 자신의 인스타그램에 투체인즈의 신용카드와 운전면허증을 찍은 사진을 올렸다. 증거물을 공개한 것이다.

물론 투체인즈를 비아냥거릴 생각은 없다. 강도가 총을 들고 달려든다면 재빨리 피해 목숨을 보전하는 게 맞다. 그는 정말 신속히 잘 대처했다. 그러나 이와 별개로 투체인즈의 스트리트 크레드는 심각한 상처를 입고 말았다. 그렇다. 이것은 개인의 체면 문제를 떠나 래퍼 투체인즈의 스트리트 크레드에 관한 문제다.

다시 말해 '나는 험난한 거리에서 태어나 자랐고, 모든 고난과 위험을 극복한 수완과 담대함을 지니고 있으며, 너희 겁쟁이들과는 차원이 다른 거리의 왕이야'라는 식의 가사를 랩으로 내뱉어온 래퍼가 현실에서는 길거리를 가다가 강도를 보자마자 0.02초 만에 도망치는 모습을 보였다는 것은 보기에 따라 정말 심각한 문제다. 더군다나 투체인즈의 싱글 'Feds Watching'의 후렴은 다음과 같다.

022

I'mma be fresh as hell if the Feds watching

경찰이 감시하고 있어도 난 늘 죽여주는 모습을 유지하지

즉 불행하게도 투체인즈는 자신의 노래에서 내세운 모습과 가장 상반된 모습을 현실에서 보여주고 만 것이다. 물론 음악이 실제와 완벽히 일치해야 한다는 당위는 당연히 없다. 하지만 다른 어떤 장르보다 자기고백적인 특성을 지닌 힙합에서는 그 '진실성'과 '언행일치' 여부가 더욱 중요한 화두가 되는 것 또한 사실이다. 강도 사건으로 인해 투체인즈는 이러한 덫에 걸려버렸다.

그러나 이야기는 여기서 끝나지 않는다. 더 있다. 투체인즈는 강도를 당한 바로 다음 날, LA 공항에서 또다시 마리화나 소지 혐의로 체포된다. 앞서 말했듯 투체인즈는 2월에도 똑같은 혐의로 체포된 적이 있다. 하지만 이번에는 달랐다. 곳곳에서 의심의 눈초리가 모였고 강도 사건과 연계한 해석이 등장했다. 강도를 당해 잃어버린 스트리트 크레드를 회복하기 위한 의도된 '수작'이 아니냐는 것이었다.

정말로 그런 것이라면 발 빠른 대처다. 다음 날 바로 실행했으니 말이다. 하지만 동시에 아이러니하기도 하다. 래퍼가 자신의 정체성과 관련한 대중의 신뢰를 회복하기 위해 해야 했던 일이 일부러 경찰에 체포되는 것이었다니, 정말로 흔치 않은 광경이 아닌가.

그렇다면 구체적으로 어떻게 해야 '거리의 신뢰'를 높일 수 있는 걸까? 그래서 준비했다. 나열 들어간다.

> 가난한 집안 출생, 편모 혹은 편부 아래에서의 성장, 마약 판매 전력, 총을 능숙히 다루는 솜씨, 총에 맞아본 경험, 실제 갱단의 멤버 경력, 잦은 수감, 몸의 부위를 가리지 않는 문신, 퇴학 혹은 중퇴……

한마디로 이러한 역경과 고난을 직접 몸으로 부딪히며 헤쳐

온 인물일수록 스트리트 크레드가 올라간다. 만약 이름은 'MC Kill-a-lot'인데 실제로는 부잣집에서 곱게 자란 도련님이라면 거리의 신뢰를 받을 수 없는 것이다.

스트리트 크레드에 관한 채점표도 있다. 누군가가 장난 반으로 만든 것이겠지만 핵심은 들어 있다. 일단 살펴보자.

5 point- Born black

흑인으로 태어나면 +5점

5 point- Born in a single parent home

편부 혹은 편모 아래에서 태어나면 +5점

10 points- Born poor

가난하게 태어나면 +10점

50 points- Sold 'Hard' drugs… crack, cocaine, Heroin

각종 마약 판매 경험이 있다면 +50점

65 points- Been shot and survived

총 맞고 살아난 경험이 있다면 +65점

75 points- Been shot multiple times and survived

총 맞고 살아난 경험이 여러 번 있다면 +75점

70 points- Gang member of crips or bloods

갱단 멤버 경력이 있다면 +70점

65 points- Been to prison

수감 경험이 있다면 +65점

20 points- Have at least 10 tattoos

타투가 최소 10개 이상 있다면 +20점

20 points- Kicked out of high school or dropped out

학교 중퇴 혹은 퇴학 경험이 있다면 +20점

20 points- 16 years old and have a baby mama

10대에 이미 자식과 애 엄마가 있다면 +20점

-75 Points- Born rich

부잣집에서 태어났다면 -75점

-50 Points- Speak proper English

영어를 정확하게 구사하면 -50점

-60 Points- Have white friends

백인 친구가 있다면 -60점

-5 Points- Born white

백인으로 태어났다면 -5점

-95 Points- Born in a safe neighborhood

안전한 동네에서 태어났다면 -95점

-100 Points- No criminal record

범죄 전과가 없다면 -100점

-40 Points- Live with both parents

양친과 함께 산다면 -40점

-35 Points- Smile when someone takes your photo

사진 찍을 때 인상 안 쓰고 미소 지으면 -35점

-60 Points- Straight A student

A학점만 맞은 학생이었다면 -60점

-2000 Points- Born in Utah, Maine, New Hampshire, Montana or Arizona.

유타, 메인, 뉴햄프셔, 몬태나 혹은 애리조나에서 태어났다면 -2000점

꼼꼼히 읽어봤다면 대략 감을 잡으리라 믿는다. 아무래도 맨 마지막이 가장 눈에 띄는데, 점수도 점수지만 여느 항목과는 달리 배경 지식이 필요하기 때문이다. 단적으로, 위키피디아에 따르면 유타 주는 몰몬교도를 중심으로 발전한 까닭에 주민 대부분(93.8퍼센트, 2005년)이 백인이며 절반 이상(62.4퍼센트, 2006년)이 몰몬교인이다. 애리조나 역시 흑인이 거의 없는 대신 백인 비율이 압도적으로 높다. −2000점은 이런 맥락으로 이해가 가능하다. 앞서 말했듯 위트와 과장이 섞여 있지만 그냥 지나칠 수는 없는 내용이다.

스트리트 크레드와 관련한 뮤지션의 일화는 몇 가지 더 있다. 먼저 다시 티아이 이야기를 해보자. 티아이가 두 번째로 감옥에서 출소한 후 갓 행한 일 중 하나는 바로 테일러 스위프트Taylor Swift의 투어에 참여하는 일이었다. 테일러 스위프트는 자신의 콘서트에서 티아이의 히트 싱글 'Live Your Life'를 부르길 원했다. 원곡에서 리한나Rihanna가 담당했던 후렴이 그녀의 몫이었다. 그리고 실제로 티아이는 테일러 스위프트의 콘서트에 깜짝 출연해 그녀와 'Live Your Life' 퍼포먼스를 선보였다.

문제는 테일러 스위프트가 가장 미국적인 음악이자 백인의 음악인 컨트리 가수인 동시에 10대에게 절대적인 인기를 얻고 있는 백인 여성 팝 스타라는 점이었다. 일부 힙합 팬은 티아이가 이런 그녀와 어울리는 것에 불만을 품었고 이 일로 인해 티아이의 스트리트 크레드가 하락했다고 수군거렸다.

릭 로스도 하마터면 역사의 뒤안길로 사라질 뻔한 적이 있다. 래퍼 데뷔 이전에 교도관으로 근무했던 경력이 공개돼 논란에 휩싸인 것이다. 물론 직업에 귀천은 없고 그전에 어떤 일을 했든 누구나 래퍼가 될 수 있다. 여담이지만 고등학교 때 한문 선생은 공부 안 할 거면 나가서 배추장사나 하라고 했다. 지금에 와 돌이켜보면 그만큼 폭력적인 말이 없었다. 그 선생은 대머리였다.

앞서 '그전에 어떤 일을 했든 누구나 래퍼가 될 수 있다'고 했지만 사실 교도관은 경우가 조금 다르다. 특히 래퍼로서의 정체성을 '거리의 일에 능한 허슬러' 정도로 잡은 래퍼라면 문제가 더욱 심각해진다. 릭 로스가 바로 그런 경우였다. 릭 로스라는 예명부터가 일단 1980년대 초반 미국에서 마약 밀매로 악명을 떨쳤던 실제 인물 리키 로스를 연상케 하는 이름이고, 자신의 음악 안에서 릭 로스는 언제나 마약 전문가이자 거리의 왕으로 분했다.

랩의 역사에서 경찰이나 교도관은 거의 늘 '주적'으로 간주되어왔다. 흑인들은 자신을 탄압하거나 감시하고 어떨 땐 죄를 뒤집어씌우기도 하는 백인 경찰과 교도관에 대한 불만과 항의를 랩으로 표현했다. 예를 들어 아주 유명한 N.W.A.의 'Fuck The Police'는 제목 그대로의 과격한 내용이고, 고스트페이스 킬라 Ghostface Killah의 'Run'은 마약을 팔다 경찰에게 쫓기는 상황을 묘사한 곡이다. 그런가 하면 50센트의 자전적인 영화 「Get Rich or Die Tryin'」 사운드트랙에 수록된 'I Don't Know Officer'는 범죄를 저지른 것으로 의심받는 흑인들과 그들을 심문하는 'officer' 간의 대질을 랩으로 옮겼다. "네가 했지?" "전 아무것도 몰라요. 제가 안 했어요."

이러한 전통(?)이 뿌리 깊게 박혀 있는 힙합 신에서, 가장 각광받고 있는 래퍼의 과거가 교도관으로 밝혀진다면? 이것은 배신이고 배반이다. 투체인즈의 경우처럼 개인의 체면을 떠나 래퍼의 스트리트 크레드 문제인 것이다. 이 점을 위의 채점표에 추가한다면 아마 −5000점 정도는 되지 않을까 싶다. 하지만 다행히 릭 로스는 아직까지 건재하다. 그런 의미에서, 즉 고난과 역경을 뚫고 나왔다는 의미에서 다시 +5000점 쏜다.

래퍼는 아니지만 에이콘Akon 역시 스트리트 크레드 논란에 휘말린 적이 있다. 에이콘은 세네갈 출신의 싱어로 주로 힙합 뮤지션들과 협업하며 2000년대 중반에서 후반 사이에 활발한 활동을 했다. 마치 헬륨가스를 들이마신 듯한 독특한 음색의 보컬과 'Lonely' 'Smack That' 'I Wanna Love You' 등의 히트곡을 한번쯤은 들어보았을 것이다.

물론 에이콘이 그동안 누린 엄청난 인기의 요인으로 그의 재능을 간과할 수 없다. 하지만 수많은 실력자 가운데 그를 돋보이게 만들었던 건 그의 '드라마'였다. 그는 자신의 매력적인 스토리를 보유하고 있었다. 그의 말에 따르면 사실 그는 악명 높은 차량 절도단의 두목이었다. 훔친 차량의 부품을 분해해 불법적으로 판매하는 가게를 운영하기도 했다. 그러나 돈의 분배에 불만을 품은 한 조직원의 배신으로 인해 결국 경찰에 붙잡혀 감옥살이를 했다.

감옥에 들어간 에이콘은 매일같이 다른 수감자들과 싸움을 했다. 그는 신체의 어느 부위를 때리면 상대방이 쓰러지는지 잘 알고 있었기 때문에 곧 교도소 싸움 짱이 되었다. 또한 투팍이 그랬듯 그 역시 감옥에서 노래를 만들었다. 교도관들은 그에게 그 노래를 불러달라고 부탁하기도 했다. 그는 한때 75년형을 선고받기도 했으며 도합 4년 반의 수감생활을 했다.

출소한 그는 감옥에서 만든 노래를 정식으로 녹음했다. 'Locked Up'이란 제목의 이 노래에는 아래와 같은 후렴이 있다.

023

I'm locked up

나는 갇혀버렸어

They won't let me out

그들은 날 꺼내주지 않을 거야

They won't let me out

그들은 날 꺼내주지 않을 거야

말 그대로 자신의 수감 경력을 적극 활용(?)한 노래였다. 이 노래의 뮤직 비디오에서도 그는 죄수복을 입고 있다. 에이콘은 음악활동을 하면서 자신의 수감 경력을 최대한 활용했다. 자신의 레이블 이름을 컨빅트 뮤직Konvict Music으로 하는 한편 2006년에 발표한 두 번째 정규 앨범 제목을 「Konvicted」라고 지었다('konvict'는 '유죄 선고'라는 뜻을 지닌 단어 'convict'의 슬랭이다). 또 자신이 참여한 노래에는 언제나 자신을 나타내는 트레이드마크로 쇠창살이 닫히는 효과음을 삽입했다. 감옥을 뜻하는 사운드였다. 이렇듯 몇 년간 에이콘은 앨범을 수백만 장씩 팔면서 승승장구했다. 결과론적이긴 하지만 그를 둘러싼 범죄와 감옥 스토리가 없었다면 과연 가능했을까? 다시 말해 그가 스트리트 크레드를 가지고 있지 않았다면?

하지만 에이콘의 시대도 오래가지 않았다. 음악 산업에서 영원한 강자는 존재하지 않는다는 사실은 모두가 알고 있는 진리이지만 에이콘은 조금 달랐다. 그는 재능의 소진이나 게으름 때문이 아니라 '거짓말'로 인해 커리어에 타격을 받았다. 한마디로 그가 각종 인터뷰를 통해 풀어놓은 자신의 데뷔 전 이야기는 거짓이거나 과장이 심한 것이 대부분이었다. 그는 75년형을 선고받은 사실이 없으며 4년 반 동안 감옥살이를 하지도 않았다. 그는 악명 높은 차량 절도단의 두목도 아니었으며 따라서 배신한 조직원도 존재하지 않았다. 다만 그는 총기 소지나 훔친 BMW의 소지 혐의 등으로 3년의 보호관찰을 받거나 몇 달 정도의 수감생활을 한 적은 있었다. 죄를 부풀리고 수감 기간을 늘렸으며 극적인 드라마를 가공해 첨가했던 것이다.

이러한 사실은 2008년에 밝혀졌고 에이콘은 2008년에 발표한 세 번째 정규 앨범 이후 현재까지 앨범을 발표하지 않고 있다. 그의 활동이 최근 몇 년간 뜸한 것을 모두 거짓 스트리트 크레드가 밝혀진 결과라고 할 수는 없다. 그러나 누군가가 양자는 무관하다고 말한다면 그것은 확실한 오류라고 말할 수 있다. 'Akon'은 이제 'Fakon'이 되었다.

한편 부와 명예를 모두 얻은 성공한 래퍼가 스트리트 크레드의 유지 및 관리에 신경 쓰는 모습은 이제 익숙한 광경이다. 외국 포럼을 돌아다니다보면 이런 질문을 자주 접할 수 있다.

Can you go mainstream and still have street cred?
성공한 후에도 스트리트 크레드를 유지하는 게 가능한가요?

Name 3 rappers that blew up but still managed to keep it real.
성공한 후에도 여전히 '진짜'인 래퍼를 3명씩 말해보아요.

How do you keep the hunger when you can lunch with your agent in your own restaurant?

자신이 소유하고 있는 개인 레스토랑에서 에이전트와 함께 점심을 먹을 수 있는 래퍼가 과연 예전의 헝그리 정신을 계속 지니고 있을 수 있을까요?

이러한 맥락에서 제이지의 'So Ghetto'는 상징적이다. 1999년에 발표한 네 번째 앨범 「Vol. 3··· Life and Times of S. Carter」에 수록된 이 곡은 우리에게 엠넷의 힙합 프로그램 '힙합 더 바이브'의 로고송으로, 또 디제이 프리미어^{DJ Premier}의 가장 훌륭한 비트 중 하나로 잘 알려져 있다. 그러나 스트리트 크레드의 맥락에서 보자면 이 곡에는 제이지의 '회심'이 들어 있다고 할 수 있다.

이분법을 동원하자면, 제이지는 1996년에 발표한 데뷔 앨범 「Reasonable Doubt」로 거리의 찬사를 받았다. 그리고 두 번째 앨범과 세 번째 앨범으로 상업적 성공을 거둔다. '(Always Be My) Sunshine' 'Hard Knock Life(Ghetto Anthem)' 등을 히트시키며 막 500만 장씩을 팔았다. 하지만 동시에 비판과 우려도 쏟아졌다. '제이지가 변했다' '제이지가 거리를 버렸다' '성공한 제이지는 이제 우리 곁을 떠났다' 등의 반응이 나오기 시작한 것이다.

'So Ghetto'에는 이에 대한 제이지의 답이 들어 있다. 제목부터가 일단 '나는 여전히 너무 게토야' 정도로 해석할 수 있다. 제이지는 이 노래에서 자신은 성공한 후 고향을 등지는 여느 사람들과는 다르다고 말한다('We all from the ghetto, only difference, we go back'). 또 그래미 어워드 후보로 올라도 여전히 총을 가지고 다니며('We tote guns to the Grammys'), 여전히 자신은 옛날의 자신과 똑같은 사람이라고 말한다('Guess I'm just the same old Shawn'). 아래와 같은 구절은 더욱 재미있다.

I'm fuckin with the model chicks Friday night at Life

금요일 밤에 나는 모델 여자애들이랑 놀고 있었지

So I'm cruisin in the car with this bourgeois broad

한창 차를 몰고 달리고 있는데 그녀가 말했어

She said, "Jigga-Man you rich, take the doo-rag off"

"제이지, 넌 이제 부자잖아, 두랙을 벗어"

Hit a U-turn; ma I'm droppin you back off

나는 그 즉시 유턴을 해서 걔를 차에서 내리게 했지

Front of the club, "Jigga why you do that for?"

"제이지, 너 대체 왜 그러는 거야?"

Thug nigga til the end, tell a friend bitch

이년아 나는 죽을 때까지 거리의 허슬러야, 가서 친구들한테 전해

Won't change for no paper plus I been rich

부자가 되어도 나는 결코 변하지 않아

성공한 제이지가 실제로 거리를 등졌든 아니든 그 사실은 크게 중요하지 않다. 발표한 노래와 제이지의 속마음은 어쩌면 다를지 모른다. 중요한 것은 제이지가 자신의 앨범을 할애해 이 같은 입장 표명(?)을 할 만큼 스트리트 크레드가 힙합에서 중요한 개념으로 인지되고 있다는 사실이다. 부와 명예를 얻었음에도 여

전히 자신이 거리와 함께임을 대중에게 각인시켜줄 필요가 있는 것이다. 이야기는 '랩 배틀Rap Battle'로 넘어간다.

RAP BATTLE

[랩 배틀]

**역사상
가장 매력적인
언어 전쟁**

영화 「8마일」이 개봉한 지도 벌써 10년이 넘었다. 2002년 미국에서 먼저 개봉한 다음 한국에서는 2003년에 개봉했던 이 영화는 에미넴의 자전적 이야기를 바탕으로 했고 에미넴이 직접 주인공으로 출연했다. 영화 자체에 대한 평가가 나쁘지 않았고 에미넴의 연기 역시 준수하다는 평을 받았던 것으로 기억한다.

나는 당시 신촌의 한 극장에서 이 영화를 봤다. 좋아하던 동기 여자애에게 고백한 후 친구로 지내자는 말을 들은 지 얼마 되지 않은 때였다. 랩 '맞짱'이라는 번역은 아직도 기억이 난다. 카메오로 출연한 래퍼도 몇 있었다. 하지만 무엇보다 이 영화의 백미는 '랩 배틀' 장면 자체에 있다. 「8마일」은 에미넴의 엄청난 인기에 힘입어 흥행에도 성공했기 때문에 혹자는 랩 배틀의 '대중화'에 이 영화가 엄청난 공헌을 했다고 말하기도 한다. 실제로 힙합에 별 관심이 없는 내 지인들도 이 영화를 통해 랩 배틀에 잠시 흥미를 가졌었다.

영화의 마지막 랩 배틀 장면에서 에미넴이 토해냈던 가사를 복기하면 대략 다음과 같다.

Now while he stands tough

이 자식은 터프한 척 여기에 서서

Notice that this man did not have his hands up

손도 안 들고 개폼을 잡고 있지

.

.

This guy ain't no mother-fuckin MC

이 자식은 사실 래퍼도 아니야

I know everything he's got to say against me

나는 이 자식이 나에 대해 무얼 지껄일지 이미 다 알고 있지

I am white, I am a fuckin bum, I do live in a trailer with my mom

나는 백인에다, 병신이고, 트레일러에서 엄마랑 같이 살지

.

.

I'm still standin here screamin "FUCK THE FREE WORLD!"

나는 여전히 여기에 서서 프리월드는 엿먹으라고 외쳐

And never try and judge me dude

나에 대해 함부로 판단하려고 들지 마

You don't know what the fuck I've been through

내가 어떻게 살아왔는지 넌 아무것도 몰라

But I know something about you

하지만 난 너에 대해 조금 알고 있지

You went to CRANBROOK, thats a private school

넌 크랜브루크를 나왔잖아, 거긴 사립학교지

Whats the matter dawg, you embarrased?

왜 그래, 당황했어?

This guy's a gangsta?

이 자식이 갱스터라구?

His real name's Clarence

이 자식의 진짜 이름은 클래런스야

And Clarence lives at home with both parents

클래런스는 부모님과 함께 살지

And Clarence's parents have a real good marriage

그리고 클래런스의 부모님은 사이가 아주 좋아

.

.

Fuck y'all if you doubt me

날 의심하는 놈들은 모두 엿이나 먹어

I'm a piece of fuckin white trash I say it proudly

난 백인 쓰레기지만 그걸 자랑스럽게 외친다

Fuck this battle I don't wanna win, I'm outtie

이 배틀에서 이기는 거 따윈 관심 없어

Here — tell these people something they dont know about me

자 이제 사람들이 모를 만한 내 얘기를 한번 해봐

이 가사는 랩 배틀이 무엇인지 상징적으로 드러낸다. 랩 배틀이란 말 그대로 랩으로 싸움을 벌이는 행위를 의미한다. 기본적으로 두 명의 래퍼가, 서로의 얼굴을 마주 보고 서서, 일정한 규칙 아래 랩으로 상대방을 제압하려는 행위를 우리는 랩 배틀이라고 부른다. 랩 배틀에 임하는 래퍼는 상대방을 이기기 위해 다양한 비유와 때로는 직설을 동원하며 그것들은 주로 자신의 강점과 상대의 약점에 기반을 둔다.

예를 들어 위 가사에서 에미넴이 주로 타깃으로 삼는 것은 상대의 스트리트 크레드다. 에미넴에 따르면 그동안 랩 배틀의 왕으로 군림하던 파파독Papa Doc은 사실 부터 나는 사립학교 출신이었다. 문제가 많고 결핍이 깊을수록 더 '리얼'해지고 더 '존중'받는 힙합의 세계에서 사립학교 출신은 −500점 정도에 해당된다.

더군다나 파파독은 금슬 좋은 부모와 함께 살고 있다. 그에 반해 에미넴은 어머니와 단 둘이 트레일러에서 겨우 먹고살고 있다. 아버지는 집을 나간 지 오래다. 에미넴은 반문한다. 비록 나는 백인으로 태어났지만 과연 누가 더 '리얼'하냐고.

스웨거와 마찬가지로 랩 배틀 역시 힙합이 뒤집어쓴 누명, 오해, 편견 중 가장 많은 지분을 차지하고 있을 가능성이 높다. 기본적으로 '싸움'은 올바른 것이 아니기 때문이다. 우리는 평화가 좋은 것이며 모두가 사이좋게 지내야 한다고 배워왔다. 그러니 욕설과 온갖 비아냥을 동반한 랩 배틀이 좋게 보일 리가 없다.

'SNL 코리아'(2013년 7월 20일 방영분)는 바로 이 지점을 간파한다. 개그맨 김민교와 박재범의 랩 배틀이 펼쳐지고, 김민교는 박재범을 향해 이렇게 공격한다.

지금 너는 완전 빡세게 긴장되지

병신같이 마이크에 꿀꿀대는 돼지

빌빌대는 니가 쪽팔린 니 파더

오줌지린 니 기저귀 가는 니 마더

　　랩 배틀에서 흔히 볼 수 있다면 볼 수 있는 공격이다. 문제는 그다음이다. 김민교의 공격을 받은 박재범은 배틀을 중단시킨 후 사실 자신의 부모님은 하늘나라에 계시다며 무릎을 꿇고 울기 시작한다. 김민교는 당황하고 관중은 김민교에게 야유를 보낸다. 김슬기는 김민교를 가리켜 쓰레기라고 한다. 결국 김민교는 미안하다며 자신이 진 것으로 하겠다고 말한다.

　　힙합을 둘러싼 대부분의 것은 도덕과 윤리로 접근하면 더이상 나아가지 못한다. 랩 배틀은 특히 더 그렇다. 겸손하지 않을수록, 상대방의 약점을 물고늘어질수록 승리할 가능성이 높고 더욱 흥미를 자아내는 랩 배틀은 도덕과 윤리의 측면에서는 아예 존재하지 않아야 할, 사라져야 할 대상이다. 이렇듯 'SNL 코리아'는 힙합에 무지하거나 관심이 없는 일반인의 시선에서, 그들이 도덕과 윤리로 랩 배틀을 접할 때 의문이나 거부감이 들었을 법한 지점을 패러디의 핵심으로 활용한다. 좋은 포인트였다.

　　그러나 그렇기 때문에 나는 랩 배틀을 도덕과 윤리로서가 아닌 문화와 예술로서 바라봐야 한다고 역설한다. 이를테면 박찬욱의 영화에서 욕설이 나오거나 사람을 죽여도 그것을 아무도 도덕적으로 비난하지 않는 것과 비슷한 관점을 나는 요청한다(물론 둘은 미세한 지점에서 다르기는 하다).

　말하자면 랩 배틀 역시 스포츠와 비슷하다. '규칙' 아래 '경쟁'하고 누군가는 '승리'한다. 랩 배틀을 문화와 예술로서 복합적으로 들여다볼 때 우리는 비로소 랩 배틀이 힙합을 둘러싼 요소 가운데 가장 방대하고 가장 매력적인 것들을 품고 있음을 알게 된다. 단언컨대 랩 배틀은 역사상 가장 매력적인 언어 전쟁이다.

　이제부터는 랩 배틀의 기원에 대해 짚어보자. 노파심에서 먼저 말해둘 것이 있는데, 절대적인 '정답'은 없다는 사실이다. 다만 랩 배틀의 기원과 연결고리가 있어 보이거나 관련해서 고민해볼 여러 가지를 알아볼 작정이다. 그럼으로써 랩 배틀이 지닌 고유한 속성과 특징이 홀로 동떨어져 있거나 갑자기 생겨난 것이 아니라는 점을 밝히는 것이 목표라면 목표다.

　이야기는 그리스로 거슬러 올라간다. 고대 그리스에는 일종의 '시 배틀'이 있었다. 'capping'이라고 불렸던 이 경연에서 그리스인들은 일대일, 혹은 집단 대 집단으로 특정 주제에 관한 시 구절을 주고받으며 경쟁을 펼쳤다. 참여자들은 주제에 관한 자신의 이야기를 즉흥적으로 토해냈고 이 과정에서 다양한 언어 유희와 비유, 때로는 조롱까지 나왔다.

　흥미로운 것은 당시의 시 배틀이 격앙될 경우 물리적인 폭력으로까지 이어졌다는 점이다. 심지어 시 배틀 중의 싸움으로 인한 사망자가 나왔다는 기록도 있다. 이렇듯 고대 그리스의 시 배틀은 단순히 시와 랩의 언어적인 불가분 관계뿐만 아니라 그 경쟁적 면모 및 공격성과 관련해서도 랩 배틀과의 연결고리를 지니고 있었다. 역시 대부분의 분야가 그렇듯 세상의 모든 것은 고대 그리스가 가장 먼저 다해먹었다.

플라이팅flyting 역시 랩 배틀과 연관지을 수 있다. 플라이팅은 다툼 혹은 싸움이라는 뜻의 고대 영어 'flītan'에서 나온 단어로, 주로 15~16세기 당시 스코틀랜드에서 벌어졌던 '시적 언쟁poetic insults'을 가리킨다. 이 언쟁에 참여하는 사람들은 'Makars'라고 불렸고 이들은 언쟁 중에 도발, 위협, 성적 모욕까지도 서슴지 않았다.

특이한 점은 스코틀랜드 왕들이 '궁중 플라이팅'을 장려(?)했다는 사실이다. 실제로 제임스 4세와 제임스 5세가 즉위했던 15~16세기 당시의 궁중 플라이팅 광경이 기록으로 남아 있으며, 제임스 5세는 자신의 플라이팅에 대한 응답으로 참여자에게 자신을 향한 모욕적 언사를 직접 요구하기도 했다. 'shit'이란 단어가 모욕의 의미로 쓰인 것이 이 당시가 최초라는 말도 있다.

일부 학자는 스코틀랜드의 플라이팅이 랩 배틀의 직접적인 기원이라는 좀더 적극적인 주장을 펼치기도 한다. 스코틀랜드에서 흑인 노예를 부리던 노예주들이 미국으로 이주하는 과정에서 노예 인구 사이로 플라이팅이 자연스럽게 전파되었고, 그것이 미국 흑인의 음악이자 문화인 힙합에도 연결되어 랩 배틀의 시초가 되었다는 것이다.

하지만 랩 배틀의 기원과 관련해 무엇보다 빠뜨리지 말아야 할 것은 미국 흑인사회 내에서 볼 수 있는 몇 가지 설화와 구술 전통African-American folktales: storytelling and oral history이다. 미국 흑인사회에는 시그니파잉^{signifying}이라고 불리는 오랜 전통이 있다. 우리말로 번역하자면 '설전舌戰' 혹은 '악담하기' 정도로 불릴 시그니파잉은 아프로-아메리칸의 음악이자 문화인 힙합이 지니고 있는 특유의 공격성, 더 나아가 랩 배틀의 발생과 형성 과정에 얽힌 실마리를 제공한다.

시그니파잉의 대표적인 예로 '도즌^{the dozens}'이라는 게임이 있다. 두 명의 참가자가 마주 보고 서로를 향한 악담을 번갈아 퍼부으며 한쪽이 포기할 때까지 지속되는 이 게임에서는 외모, 부, 지위, 지능에 관한 폄하, 비아냥, 조소 등이 난무한다. 도즌의 청중은 참가자의 더 자극적이고 더 공격적인 언사를 유도하며, 참가자의 목소리가 격앙되고 얼굴이 붉어질수록 열광한다. 때문에 게임은 성적인 소재를 포함해 자주 지저분한 쪽으로 흐르고, 이를 가리켜 더티 도즌^{dirty dozens}이라고 부르기도 한다.

도즌에 대한 유래로는 나이지리아와 가나에서 일찍이 이와 비슷한 게임이 존재했다는 기록이 있다. 아프리카로부터 유래된 셈이다. 또한 도즌의 발생 경위와 발달 과정에 대해서는 아무래도 흑인들의 열등한 처지에서 그 단서를 찾는 경우가 많다. 경제적·사회적·계급적으로 열등한 처지에 있는 흑인들이 자신들의 울분과 공격성을 이러한 방식을 통해 건강(?)하게 분출하고 해소해왔다는 것이다.

혹자는 도즌의 유래를 뉴올리언스에서 횡행한 흑인 노예 거래에서 좀더 직접적으로 찾기도 한다. 당시의 흑인 노예 중에서도 몸이 성치 않거나 어딘가 하자가 있는 노예는 온전히 혼자서

팔리지 못하고 '도즌(12개짜리 한 묶음)'의 일부로서 '떨이'로 팔렸다. 그 과정 중 도즌의 일부로서 당하는 압박과 폭력에 대한 자기방어적인 대응, 그리고 흑인 노예 간에 (비극적으로) 벌어지는 생존을 위한 사투 등이 도즌 게임의 기원이라는 설명이다. 어느 쪽이든 피지배-지배 구도가 낳은 결과물이라면 결과물이다.

도즌과 비슷한 맥락에서 '요 마마 조크yo mama jokes' 역시 살펴볼 수 있다. 'your mother'의 슬랭쯤 되는 'yo mama' 조크는 말 그대로 상대방의 어머니와 관련한 공격적인 농담을 주고받는 미국 흑인사회의 전통이다. 예를 들면 이렇다.

 Yo mama is so fat that she gets group insurance.
니 엄마는 너무 뚱뚱해서 혼자 그룹보험 듦.

Yo mama is so ugly that she makes blind children cry.
니 엄마는 너무 못생겨서 눈이 먼 애들까지 울게 만듦.

Yo mama is so stupid that she tripped over a cordless phone.
니 엄마는 너무 멍청해서 무선 전화기 줄에 자빠짐.

Yo mama is so old that she has an autographed bible.
니 엄마는 너무 늙어서 집에 친필사인 받은 성경책 있음.

도즌 게임의 핵심 요소이기도 한 요 마마 조크는 우리 식으로 치면 '니미' 정도가 되지 않을까. 물론 나는 도덕적으로 올바른 사람이기 때문에 이런 농담을 태어나서 한 번도 해본 적이 없다.

아빠도 삼촌도 옆집 아줌마도 아닌 하필 '엄마'인 까닭으로 미국 흑인사회 내에서 '어머니'라는 위치와 역할이 지닌 위상을 드는 이들도 있다. 위험한 빈민가에 살고 있는 흑인 가족이 그 공동체를 온전하게 보존해나가기 위해서는 어머니의 헌신과 희생이 필수적이다. 그렇기 때문에 흑인사회 내의 '모성'이란 일반적으로 신성하고 위대하며 존중받아 마땅한 것으로 자리매김 해왔다.

요 마마 조크는 바로 이 지점을 건드린다. 가장 신성한 것에 대한 모욕. 상대방이 가장 열받아 마땅한 것 말이다. 당연한 말이지만 '기원'에 대한 이야기일 뿐, '조크'라는 표현에서 이미 알 수 있듯 요 마마 조크는 텔레비전 시리즈 쇼가 존재할 만큼 이제는 대중화된 일종의 엔터테인먼트가 되었다.

요 마마 조크를 다룬 랩 트랙도 있었다. 한 예로 트라이브 콜드 퀘스트A Tribe Called Quest, 데 라 소울De La Soul 등과 함께 기억해야 할 올드스쿨 힙합 팀 중 하나인 파사이드The Pharcyde는 자신들의 데뷔 앨범 「Bizarre Ride II the Pharcyde」(1992)의 데뷔 싱글로 'Ya Mama'를 발표했다.

랩 배틀과 관련지을 수 있는 또 하나가 있다면 바로 랩의 '1인칭 시점first person'이다. 물론 래퍼들이 늘 자신의 이야기를 뱉는 것은 아니다. 랩은 내밀한 자기 고백과 허구의 스토리텔링을 다각도의 시점에서 동시에 품으며 성장해왔다.

그러나 랩의 출발로 거슬러 올라갈 때 '자기 자신myself'과 만나게 됨을 부인할 수는 없다. '자수성가self-made'를 이야기할 때 이미 언급했듯 실제로 힙합이 본격적으로 태동하던 1980년대 시절, 래퍼들은 자기가 겪고 지켜본 고통스러운 현실에 대해 랩을 했다. 즉 '자신의 이야기를 하는 것'은 랩의 전부는 아니지만 랩의 주요한 특성 중 하나라고 할 수 있다. 흔히 말하는 랩의 자기 고백적 특성, 진실함에 대한 강박, 언행일치에 대한 시시비비 등은 모두 이러한 맥락(을 바탕으로 더 다채로운 관점)을 통해 살펴볼 수 있다.

1인칭 시점에서 자신의 이야기를 랩을 통해 뱉는 행위는 자기 치유와 대리만족으로 이어지는 한편, 어떨 때는 나르시시즘narcissism으로 연결되기도 했다. 래퍼들은 자신의 실제 삶보다 더 큰 것을 랩 안에서 그렸다. 단적으로 사회와 가정에서 자기 존재를 부정당하던 흑인 남성들은 랩 안에서만큼은 얼마든지 자신의 위대함에 도취될 수 있었다. 일종의 자기 항변이요 자기 방어적 행태였다. 이렇듯 랩 배틀의 기원과 관련한 연결고리를 논할 때, 1인칭에 기반을 둔 '나는 위대하고 너는 형편없지'라는 랩의 전통적인 나르시시즘을 빼놓을 수 없다.

화제를 전환하자. 형식과 내용이 조금씩 다를 수는 있겠지만 '말싸움'은 어느 시대, 어느 분야에나 존재해왔다. 예를 들어 『삼국지』를 읽다보면 제갈량의 북벌 부분에서 말싸움이 등장한다. 촉나라와 위나라의 군대가 대치한 가운데 각 진영의 보스격인 제갈량과 왕랑王朗이 일대일로 만나 면전에서 설전을 벌이는 것이다. 내용은 대략 다음과 같다.

왕랑: 와룡이라 불리는 선생께서 어찌 하늘의 뜻을 모르고 전쟁하러 나오셨나?

제갈량: 난 한나라의 승상으로서 역적을 토벌하러 왔는데 어찌 하늘의 뜻을 모른다는 말인가?

왕랑: 우리 무 황제께서는 원소 등과 같은 버러지들을 쳐서 나라를 평안하게 만들고, 문 황제께서는 망해가는 한나라의 제위를 물려받아서 신위를 떨치셨다. 게다가 오나라도 우리에게 숙이고 들어오려는 판국이니, 항복하는 수밖에 없지 않냐!

제갈량: 어찌 그런 썩은 말만 하는가? 이제 잘 들어보아라. 조조와 조비가 세운 공이 많다 한들 조조는 한실을 유명무실하게 만들고 조비는 황좌를 찬탈하는 역적질을 저질렀다. 왕 사도, 그대는 효렴에 뽑혀서 한나라를 섬겼는데 위나라의 벼슬을 받더니 조비의 역적질을 돕지 않았나. 이 머리 허연 하찮은 것아, 늙은 수염의 도적이여! 그러고서 죽은 뒤에 어찌 한나라의 스물네 황제를 뵙겠는가. 늙은 도적은 썩 물러가고 역적이나 불러내서 나와 승부를 가리게 하라.

제갈량의 호통에 분노한 왕랑이 피를 토하며 그대로 말에서 떨어져 즉사한 것은 『삼국지』를 읽은 사람이라면 누구나 안다. 물론 이 사건은 『삼국지』 대부분의 강렬한 일화들이 그렇듯 나관중이 지어낸 연의에서의 허구다. 그러나 여기서 중요한 것은 따로 있다. 바로 당시의 전쟁에서 지휘관 격인 인물들이 대표로 앞에 나와 언쟁을 벌이는 관습이 실제로 존재했다는 사실이다.

그로부터 2000여 년이 흐른 지금, 가장 뜨거운 말싸움은 역시 랩 배틀이다. 이미 랩 배틀은 힙합 음악이나 힙합 문화와 분리해 설명할 수 있을 정도로 외연을 확장했고 그 자체로 거대한 산업이 되어버렸다.

이와 관련해서는 나중에 이야기하기로 하고, 먼저 랩 배틀에 흔히 얽히는 '어떤 오해'에 대해 이야기해보도록 하자. 일리네어 레코드의 래퍼 도끼에 대해 리스너들이 자주 하는 말 중에는 이런 게 있다.

> "도끼는 왜 헤이터^{hater}도 없는데 자기 노래에 헤이터를 욕하는 가사를 많이 쓸까요?"

이 말을 더 쉽게 풀이하면 이렇다.

> "도끼는 왜 자기랑 특별히 싸우고 있는 사람도 없는데 자기 노래에서 가상의 누군가를 욕하나요?"

도끼의 노래 'Iongivafvck'의 가사를 들여다보자.

 내 키는 너보다 작어
내 몸은 너보다 얇어
늘 내키는 대로만 살어도

지금 오늘까진 잘 왔고

몸엔 타투가 넘 많아

따지자면 천만 원?

벌어놓은 돈을 다 박어

여행 옷 차 사기 바뻐

I don't see u motha fucka

I'm a boss I don't need u motha fuckaz

니들이 걸어간 그 길 안 따라 걷고

니 가르침 따윈 내 귀엔 안 담아 적어

　

여기서 도끼가 지칭하는 '너'나 '너희'가 누구인지는 알려진 바가 없다. 내 생각에는 심지어 도끼 자신도 모르고 있을 확률이 높다. 그리고 이것은 전혀 문제가 되지 않는다. 지극히 정상적인 상황이라는 이야기다.

한마디로 이것은 '배틀 랩'이라는 랩의 양식 중 하나로 설명 가능하다. 랩 배틀이 아니라 배틀 랩이다. 단어의 순서만 바꾼 말장난 같겠지만 엄연한 차이가 있다. 전자가 복수의 래퍼가 랩으로 싸우는 일종의 '이벤트'를 지칭한다면 후자는 갱스터 랩 gangster rap, 컨셔스 랩conscious rap, 코크 랩coke rap 등과 동일선상에 놓고 볼 수 있는 랩의 한 '사조'를 가리킨다.

다시 말해 갱스터리즘에 입각한 갱스터 랩, 정치와 사회에 관한 올바름을 논하는 컨셔스 랩, 마약에 대해 이야기하는 코크 랩 등과 마찬가지로 배틀 랩이란 '갈등을 지향(지양이 아니다) 하고 대결적 요소를 내포한 랩의 한 갈래'를 일컫는다. 당연한 말이지만 배틀 랩의 주요 서사는 '내가 너보다 뛰어남'을 증명하는 것이다.

배틀 랩에는 특정한 상대가 굳이 필요하지 않다. 배틀 랩의 목적은 특정한 상대를 제압하는 데에 있는 것이 아니라 상대를 제압하는 과정에서 발생하는 쾌감을 맛보는 데에 있다. 한마디로 배틀 랩은 배틀의 카타르시스를 위해 가상의 상대를 설정하는 '섀도우 복싱shadow boxing'과 같다. 실제로 우탱 클랜의 멤버 즈자의 앨범이자 힙합 명반으로 손꼽히는 「Liquid Swords」(1995)에는 'Shadowboxin''이라는 트랙이 있다. 이 노래에서 즈자와 메소드맨은 역사에 남을 '(랩) 싸움의 기술'을 들려준다.

배틀 랩에 대한 이야기를 조금 더 이어가보자. 배틀 랩의 전통은 힙합의 시작과 함께했다. 랩을 언어예술의 경지로 끌어올린 인물 라킴Rakim의 초창기 결과물을 살펴보자. 1987년에 발표한 'I Ain't No Joke'에는 이런 구절이 있다.

025

I treat you like a child, then you're gonna be named

너를 애 다루듯 대하고 이름을 붙여줄게

Another enemy, not even a friend of me

내 친구이기는커녕 또 다른 적일 뿐이지

Cause you'll get fried in the end, when you pretend to be

나와 경쟁하는 척해도 넌 결국 구워지고 말겠지

competing, cause I just put your mind on pause

내가 니 마음을 멈춰버렸거든

And I complete when, you compare my rhyme with yours

그리고 니가 내 라임을 니 라임과 비교할 때 내 임무는 완료돼

I wake you up and as I stare in your face you seem stunned

널 깨워놓고 니 얼굴을 보니 좀 멍해 보이는군

Remember me? The one you got your idea from

기억해? 니가 훔친 아이디어의 주인

But soon you start to suffer, the tune'll get rougher

하지만 곧 넌 고통을 겪게 되고 음악은 더 거칠어지지

When you start to stutter, that's when you had enough of

랩을 더듬기 시작할 때가 바로 니가 베끼는 걸 그만두어야 할 시점

biting it'll make you choke, you can't provoke

목이 막혀 넌 도발도 할 수 없지

You can't cope, you shoulda broke, because I Ain't no joke

넌 나한텐 안 돼, 병신 되는 수밖에 없어, 나 지금 장난하는 거 아니거든

에릭 비 앤드 라킴Eric B and Rakim 시절의 라킴이 존경받아야 한다는 사실에는 의심의 여지가 없다. 아무도 이의를 제기하지 않는다. 그리고 대부분 그 이유로 그의 선구적인 단어 선택과 라임 배열, 지금 들어도 전혀 촌스럽지 않은 플로 등을 제시한다. 물론 맞는 말이다. 역시 동감한다.

그러나 그와 동시에 평가받아야 할 것이 하나 더 있다면 위 가사에서 알 수 있듯 바로 그가 힙합 초창기에 '배틀 랩을 어떻게 쓰는지 본보기를 보인 인물' 중 한 명이라는 사실이다. 이렇듯 가상의, 혹은 실존하지만 특정한 개인이 아닌 불특정 다수의 '얼간이 래퍼Sucker MC'를 겨냥한 배틀 랩이 힙합의 시작과 함

께 존재해왔다는 사실은 랩의 DNA에 본래부터 그 특유의 경쟁적 면모와 공격적 태도가 들어 있음을 증명한다.

실제로 랩의 경쟁적 면모와 공격적 태도를 드러내는 노래는 힙합의 역사에서 수없이 많다. 그리고 그중에서도 빅펀$^{Big Pun}$의 데뷔 앨범 「Capital Punishment」의 수록곡 'Super Lyrical'은 가장 적절한 예라고 할 수 있다. 이 노래는 마치 오로지 경쟁과 공격만을 위해 존재하는 것 같다. 일단 제목부터가 '최고의 가사를 쓰는' 혹은 '가사로 짱 먹는' 정도로 해석된다. 노래에 특정한 주제나 이야기가 있는 게 아니라 '내가 얼마나 가사를 잘 쓰는지' 자체가 노래의 주제인 셈이다.

이 노래에서 빅펀과 루츠$^{The Roots}$의 멤버 블랙 소트$^{Black Thought}$는 자신의 위대함을 얼간이 래퍼들에게 설파하는 배틀 랩을 각자 번갈아가며 선보인다. 그러나 경쟁과 공격은 불특정 다수의 얼간이 래퍼에게만 향해 있지 않다. 이 노래의 제작 노트를 읽다보면 재미있는 대목이 나온다. 먼저 앨범의 주인인 빅펀은 블랙 소트가 평소에 과소평가 받고 있다고 생각해 그를 자신의 앨범에 참여시켜 모든 사람이 블랙 소트의 진면목을 알게 되기를 바랐다고 한다.

그러나 여기서 중요한 것은 빅펀의 가장 가까운 동료였던 래퍼 팻조$^{Fat Joe}$의 증언이다. 팻조는 빅펀이 실은 블랙 소트를 자신의 노래에 초대한 다음 그를 꺾어버리고 싶어했다고 이야기한다. 블랙 소트의 실력을 존중하지만 동시에 그보다 자신이 더 훌륭함을 증명하려고 했다는 것이다. 나는 지금 이것이 잘못이거나 모순이라고 말하지 않는다. 나는 오히려 이것이 랩의 세계

에서는 지극히 자연스러운 현상이며 래퍼들의 전통적인 태도라
는 것을 말하고 싶을 뿐이다.

한마디로 'Super Lyrical'은 참여 래퍼들과 불특정 다수의
얼간이 래퍼 사이에서뿐만 아니라 참여 래퍼들끼리도 공격하고
경쟁하는 노래다. 영화 '록키 4'에서 샘플링한 이 노래의 후반부
는 랩의 이러한 '배틀 마인드'를 더욱 극대화한다. 실제 영화 대
사들 앞에 'lyrically'라는 단어를 살짝 붙여준 센스가 빛나는
부분이기도 하다.

Lyrically… It's suicide

가사적으로… 그건 자살 행위야

Lyrically… You've seen him, you know how strong he is

가사적으로… 너 그놈 본 적 있잖아, 그놈이 얼마나 강한지 알잖아

Lyrically… You can't win

가사적으로… 넌 못 이겨

Lyrically… You will lose

가사적으로… 넌 질 거야

Lyrically… I must break you

가사적으로… 널 쓰러뜨리고 말겠어

국내에도 비슷한 맥락의 노래가 있다. 스윙스의 'Punch
Line 놀이'가 그것이다. 'Punch Line 놀이'는 'Super Lyrical'과
마찬가지로 다른 특정한 주제나 이야기를 담고 있지 않다. 스윙
스, 버벌진트, 더콰이엇, 웜맨, 딥플로가 노래에 참여해 랩의 기

술 중 하나인 '펀치라인'을 '누가누가 더 잘 쓰나' 경쟁하는 것이 전부다. 곡의 처음부터 스윙스는 이 점을 분명히 하고 랩을 시작한다. "펀치라인 놀이? 이건 내 게임인데. 절대 난 못 이기지 형들."

그러나 그 경쟁이 궁극적으로 랩의 차별화된 고유성과 쾌감은 물론 '기술과 표현의 진화 및 확장'을 만들어낸다. 단적으로 이 노래에서 래퍼들은 다른 래퍼들보다 더 돋보이고 더 잘하기 위해 저마다 노력했을 것이다. 지기 위해 경쟁에 참여하는 사람은 없다. 그리고 자신이 이기기 위한 그 경쟁 과정에서 기존의 것보다 더 훌륭한 기술과 표현이 등장할 가능성이 높다는 건 자연스러운 이치다. 즉 랩의 경쟁적 면모와 공격적 태도는 랩이라는 예술 스스로의 발전에 기여하는 속성을 지니고 있다.

본격적으로 랩 배틀에 대한 이야기를 해보자. 평소에 말하는 것보다 더 빠르게 말한다고 다 랩이 되는 것이 아니듯 무작정 분노를 토해낸다고 다 좋은 랩 배틀이 되는 것은 아니다. 형식적으로는 당연히 '랩'이기에 라임을 사용해야 하고, 내용상으로는 자신의 목적을 달성하기 위해 가장 효과적인 포인트를 찾아내 그것을 다양한 화법과 장치로 표현해야 한다. 여기서 '목적'이란 당연히 상대를 '이기는' 것이다. 그리고 이기기 위해서는 상대가 가장 열받을 만한, 결국에는 멘탈 붕괴를 야기할 '거리'를 입에 올릴 필요가 있다. 그래서 준비했다. 이제부터는 랩 배틀에 임하는 래퍼들이 자신의 승리를 위해 어떠한 '거리'들을 뱉었는지, 힙합 역사에 그 존재감을 선명히 새긴 대표적인 랩 배틀 몇 가지를 통해 살펴보기로 한다.

랩 배틀에 활용되는 대표적인 공격 중 하나는 바로 상대의 '스트리트 크레드'를 공격하는 것이다. 스트리트 크레드에 대해서는 이미 설명한 바 있지만 간단히 다시 짚고 넘어가자. 래퍼들은 '거리의 삶'에 대해 자주 이야기한다. 총, 마약, 범죄, 의리 등은 래퍼들의 단골 소재다. '거리의 신뢰' '거리의 신용도'쯤으로 번역할 수 있는 스트리트 크레드는 거리의 삶을 자신의 음악에서 내뱉는 래퍼들이 진짜배기인지 아닌지 감별하는 일종의 기준이다. 정말 자신이 겪은 이야기를 하고 있는지, 저런 이야기를 늘어놓을 최소한의 자격이 해당 래퍼에게 있는지 판가름하는 것이라고 할 수 있다.

랩 배틀에 임하는 래퍼들은 상대 래퍼의 스트리트 크레드가 '가짜'이거나, 적어도 '별 볼일 없음'을 들추어내기 위해 노력한다. '자신의 이야기를 하는 것'이 주요한 특성 중 하나인 랩의 세계에서 진실함에 대한 강박이나 언행일치에 대한 시비가 다른 음악이나 분야보다 특히 더 강조되고 있음은 굳이 다시 말할 필요가 없다.

닥터 드레와 이지-이Eazy-E의 예를 보자. 둘은 한때 N.W.A.라는 랩 그룹의 일원이었다. '정신 똑바로 박힌 검둥이들Niggaz With Attitude' 정도로 팀명을 해석할 수 있는 N.W.A.는 1980년대 중후반부터 1990년대 초반까지 갱스터 랩의 전성기를 이끌었던 악명 높은 그룹이다. 대표곡으로 'Fuck Tha Police' 'Straight Outta Compton' 'Gangsta Gangsta' 등이 있고, 아이스 큐브Ice Cube 역시 N.W.A. 출신이다. 그러나 N.W.A. 멤버들은 수

익 배분 등의 문제로 서로 잦은 불화를 일으켰고, 그중에서
도 닥터 드레와 이지-이의 갈등은 아직까지도 가장 드라마틱
한 사건으로 남아 있다(이지-이가 얼마 지나지 않아 에이즈로 사
망했기 때문이다). 닥터 드레를 겨냥했던 이지-이의 트랙 'Real
Muthaphuckkin G's' 중 한 구절을 보자.

027

Ain't broke a law in yer life, yet every time you rap
이놈은 살면서 법을 어긴 적이 한 번도 없는 주제에
You yap about the guns and knifes, just take a good look
랩을 할 때마다 항상 총과 칼에 대해 떠들지
And the nigga, and you'll capture the fact
이놈을 한번 잘 봐봐 그럼 뭔가를 깨달을 수 있어
that the bastard is simply just an actor
바로 이놈은 단지 연기를 하고 있을 뿐이란 걸 말이야

이지-이는 닥터 드레를 공격하면서 닥터 드레가 '살면서 법
을 어긴 적이 한 번도 없다'는 사실을 강조한다. 그리고 이를 통
해 얻을 수 있는 효과를 닥터 드레의 팬 입장에서 설명해보면
다음과 같다.

닥터 드레의 음악을 들으며 나도 모르게 닥터 드레를 멋진 갱스터
로 생각함 -〉 이지-이의 노래를 통해 닥터 드레가 실제로는 법을
어긴 적이 한 번도 없는 모범생(?)이었음을 알게 됨 -〉 닥터 드레는
단지 갱스터 흉내를 내고 연기를 하고 있을 뿐인 가짜였음 -〉 닥터

드레의 스트리트 크레드 하락 -〉 실망과 배신감 -〉 닥터 드레의 팬
이기를 그만둠

심지어 이지-이는 이 노래가 수록된 앨범 속지에 닥터 드레
의 과거 사진을 실어 조롱하기까지 한다. 잘 알려져 있지는 않
지만 사실 닥터 드레는 N.W.A.에 몸담기 전에 일렉트로 그룹 월
드 클래스 레킹 크루World Class Wreckin' Cru로 활동한 적이 있다. 이
지-이는 바로 이 시절 닥터 드레의 사진을 공개하며 그가 눈화
장을 했다거나 립스틱을 바른 적이 있다고 강조한다. 이것이 단
순한 비아냥을 넘어 힙합세계에서는, 특히 갱스터 래퍼에게는
스트리트 크레드의 심각한 손상일 수 있다는 사실은 두말하면
잔소리다.

비슷한 맥락으로 제이지와 나스의 랩 배틀을 들 수 있다. 더
정확히 말하면 나스를 주로 겨냥한 제이지의 트랙 'Takeover'
에서 제이지가 나스 외에 곁다리(?)로 겨냥한 맙딥Mobb Deep의 멤
버 프로디지Prodigy를 향한 구절을 예로 들 수 있다.

028

I don't care if you Mobb Deep, I hold triggers to crews

니들이 맙딥이든 뭐든 상관없어, 난 총을 겨누지

You little fuck, I got money stacks bigger than you

병신 꼬마 놈들, 내가 번 돈을 쌓으면 니들 키보다 더 높을걸

When I was pushing weight, back in '88

88년도에 내가 거리에서 마약을 팔고 있을 때

You was a ballerina, I got the pictures, I seen ya

넌 발레리나였지, 난 사진을 보고 말았어

Then you dropped "Shook Ones", switched your demeanor

그런데 그 후에 'Shook Ones'를 발표하더군, 너무 반대로 바뀐 거 아냐?

맙딥은 1990년대를 대표하는 힙합 듀오다. 둔탁하고 건조한 하드코어 사운드, 적자생존과 약육강식에 기반한 차가운 가사로 수많은 골수팬을 만들어냈으며 지금도 활동하고 있다. 하지만 제이지는 이 노래에서 맙딥의 멤버 프로디지의 감추고 싶은 과거를 들추어낸다. 그러고는 발레리나 경력과 맙딥의 노래를 영리하게 서로 대비시키며 조롱한다.

이것이 끝이 아니다. 한술 더 떠 제이지는 공연장에서 프로디지의 발레리나 시절 사진을 공개하기에 이른다. "발레리나였던 새끼가 무슨 랩을 해? 그놈은 거리에 대해 이야기할 자격도 없어." 사진을 공개하며 제이지가 말하고 싶었던 건 아마 이런 것이었을 테다. 한마디로 랩 배틀의 효과적인 공격 수단으로 '상대의 스트리트 크레드가 가짜임을 주장하는' 방법을 택한 것이다.

그런가 하면 랩 배틀에서는 음악 안에서의 싸움답게 상대의 '음악적 역량'과 관련한 내용을 공격점으로 삼기도 한다. 상대가 래퍼든 프로듀서든 뮤지션으로서의 능력을 깎아내리고 의문을 제기하는 것이다. 2000년대 초반에 있었던 닥터 드레와 저메인 듀프리Jermaine Dupri의 배틀은 그 적절한 예다. 발단은 저메인 듀프리로부터 나왔다. 그는 2001년 힙합 매거진 『XXL』과의 인터뷰에서 자신이 힙합 신에서 가장 뛰어난 프로듀서이며 닥터 드레와 팀버랜드Timbaland는 자신에게 미치지 못한다고 발언했다. 크리스 크로스Kris Kross를 제작하고 어서Usher, 머라이어 캐리Mariah Carey 등의 프로듀서로 활약해온 그이니, 뭐 그런 자신감을 가질 만은 하다.

하지만 그와 별개로, 닥터 드레가 발끈했다. 에미넴의 세 번째 정규 앨범 「The Eminem Show」(2002)의 수록곡 'Say What You Say'의 주인공은 사실 에미넴이 아니라 닥터 드레였다. 에미넴을 마치 호위병처럼 대동한 그는 이 곡에서 저메인 듀프리에게 일격을 날린다.

Creep with me, as we take a lil' trip down memory lane

과거로 한번 다시 거슬러가보자구

Been here longer than anyone in the game

난 누구보다 이 힙합 신에 오래 몸담아왔지

And I Ain't got to lie about my age

나이 따윈 중요한 게 아니야

(But what about Jermaine?) Fuck Jermaine

(하지만 저메인은 어때?) 저메인 그 새끼 엿 먹으라그래

He don't belong speakin' mine or Timbaland's name

그놈은 나나 팀버랜드 급에 끼지도 못하지

당연히 저메인 듀프리도 반격 곡을 발표했다. 그리고 'JD's Reply'라고 이름 붙여진 이 트랙에는 흥미로운 구절이 하나 있다.

Dr. Dre motherfucker come on

닥터 드레 이 병신 자식 한번 덤벼봐

See I know you don't do half the work in the studio

난 스튜디오에서 니가 니 음악의 절반밖에 안 만든다는 걸 알고 있지

이 배틀에는 여러 요소가 섞여 있지만 '스튜디오에서 니가 니 음악의 절반밖에 안 만든다는 걸 알고 있지'라는 구절이야말로 핵심이라고 할 수 있다. 물론 닥터 드레가 힙합 역사상 가장 위대한 프로듀서 중 한 명이라는 사실에는 의심의 여지가 없다. 그러나 그와 동시에 닥터 드레를 따라다니는 논란이 있다면, 그의 음악적 성취가 조력자들에 크게 빚지고 있다는 일부의 주장이다. 실제로 닥터 드레가 조력자들과 함께 자신의 음악을 완성하는 것은 사실이다. 닥터 드레의 명작 뒤에는 늘 스코트 스토치Scott Storch나 마이크 엘리존도Mike Elizondo와 같은 조력자가 있었다. 하지만 이 글에서 닥터 드레가 자신의 음악에 얼마나 지분을 가지고 있는지 일일이 따질 생각은 없다. 중요한 점은 저메인 듀프리가 랩 배틀에 임하면서 이것을 효율적인 공격점으로 여겼다는 사실이다.

나스와 제이지의 배틀 중에도 상대의 음악적 역량을 문제 삼는 부분을 쉽게 발견할 수 있다. 제이지를 공격하는 나스의 'Ether'를 듣다보면 마지막 즈음에 이런 구절이 나온다.

 How much of Biggie's rhymes is gonna come out your fat lips

니 두꺼운 입술에서 비기의 라임이 얼마나 많이 튀어나왔을까

여기서 비기는 노토리어스 비아이지를 가리킨다. 투팍과의 랩 배틀로 유명한, 역사상 가장 기술이 뛰어난 래퍼로 불리는 바로 그분 말이다. 생전에 비기는 제이지와 친구였다. 같이 작업도 했다. 그러나 '뉴욕의 왕King of NY'으로 불리던 비기가 총에 맞고 사망해 랩 배틀의 희생양이 되자 왕위는 공석이 됐다. 그리고 결과적으로 제이지는 현재 뉴욕의 왕을 넘어 힙합 제일의 거물이 되어 있다.

지금이야 이미 화해를 한 사이지만 당시의 나스는 제이지와의 랩 배틀에서 이런 의문을 제기한다. 즉 위 구절을 다시 풀어보면 이렇다. "정말 니 가사 니가 쓴 게 맞아? 아닌데. 넌 그런 능력이 없는데. 넌 병신인데. 비기가 뱉은 가사 다 흉내 내고 베낀 거 같은데." 제이지를 '랩을 쓸 능력이 없고 먼저 죽은 친구 가사를 교묘히 베끼기만 하는 놈'으로 만들어버린 것이다.

흥미로운 점은 나스 말고도 제이지의 가사에 대해 '비기의 것과 흡사하다'는 지적이 꾸준히 제기되어왔다는 사실이다. 하나하나 풀어가자면, 일단 제이지의 가사 중 비기의 것과 비슷한 라인이 많은 것은 맞다. 그러나 이를 가리켜 '제이지가 비기를 베꼈다'고 단정지어 말하기에는 좀 무리가 있다. 가장 절친했던 친구로서 친구의 좋은 가사를 존경(?)하는 마음에서 인용했다고 볼 수도 있는 것이고, 무엇보다 랩의 세계에서는 먼저 발표된 뛰어난 구절을 관용적으로 따와 자기 방식으로 재창조하는 것이 아주 흔한 일인 동시에 무언의 합의 같은 것이기 때문이다. 어쨌든 이 구절은 나스와 제이지의 배틀에서 가장 효율적인 공격 중 하나였다.

래퍼들은 랩 배틀에서 '부'의 정도를 공격점으로 삼기도 한다. 자신의 '부'를 자랑하고 상대의 '빈'을 깎아내리는 것이다. 성공을 자랑하거나 과시하는 노래가 많은 힙합의 특성을 고려하면 어떤 면에서 당연한 일이기도 하다.

50센트와 더게임The Game의 배틀이 대표적이다. 둘은 원래 절친한 사이였다. 둘 다 닥터 드레의 막강한 지원을 받아 앨범을 발표했고 그와 별개로 지-유니트G-Unit라는 크루의 같은 일원이기도 했다. 하지만 둘의 사이는 틀어졌고 급기야 더게임이 지-유니트를 패러디한 구호 지-유나트G-Unot를 외치며 50센트와의 전면전을 선포하기에 이르렀다. 이 과정에서 둘은 서로를 겨냥한 수많은 디스 곡을 내놓았는데, 더게임을 향한 50센트의 트랙 중에는 이러한 인트로로 시작하는 곡이 있다.

 This mic on?

이 마이크 들어오나요?

Ladies and gentlemen

신사 숙녀 여러분

I'd like to thank you for coming out tonight for the screening of my new film "I'm Not Rich I'm Still Lyin'"

저의 새 영화 "나는 부자도 아니고 여전히 거짓말쟁이야"의 상영회를 찾아주셔서 감사합니다

It's 50Cent starring as Game, it's autobiographical

이 작품은 더게임의 자전적인 내용을 담고 있습니다

I hope you enjoy yourselves

즐겨주시기 바랍니다

더게임을 비아냥거리는 50센트의 능청스러움으로 시작되는 이 노래의 제목은 위 내용에서도 예상할 수 있듯 'Not Rich, Still Lyin''이다. 50센트의 말에 따르면 더게임은 '부자도 아닌 주제에 거짓말만 자꾸 하는 새끼'다. 물론 둘 다 사실일 수도 있다. 다시 말해 더게임은 1)부자도 아니고, 2)동시에 거짓말쟁이일 수도 있다.

하지만 여기서 흥미로운 점은 따로 있다. 바로 '부자가 아닌 것'이 아주 자연스럽게 랩 배틀의 공격점이 된다는 사실이다. 즉 랩 배틀이라는 상황 속에서 (더게임이 실제로 부자인지 아닌지와는 별개로) '부자가 아닌 것'은 더게임의 '잘못'이다.

사실 이 노래는 힙합 역사를 스쳐간 수많은 랩 배틀 트랙 중에서 특별히 유명한 곡은 아니다. 그럼에도 내가 이 곡을 기억하고 또 이렇게 글에 소개하는 이유는 처음 이 곡의 제목을 마주했을 때 느낀 강렬함을 잊을 수 없기 때문이다. 당시의 내 느낌을 재현해보면 대략 이렇다.

'Not Rich, Still Lyin''이라…… 거짓말하는 걸 공격하는 건 이해가 가는데 부자가 아닌 게 왜 잘못이지? 가난한 것도 서러운데 놀림까지 받아야 하나? 그리고 제목 구조 자체가 전혀 논리적이지 않잖아. 부자 아닌 거랑 거짓말하는 거랑 무슨 상관이야.

제목 구조의 논리를 따졌던 건 사실 일종의 직업병(?)이었다. 별로 중요한 것은 아니다. 또 보기에 따라 긴밀한 논리적 연관이 있을 수도 있다. 일단 둘 다 '부정적(으로 인식되는 것)'이 아닌가.

중요한 것은 힙합에서 '부자가 아닌 것'이 단순히 '돈의 많고 적음'을 의미하지는 않는다는 사실이다. 이미 '자수성가'나 '허슬'에 대해 논할 때 이야기했듯 미국의 흑인이 랩으로 성공해 부자가 되었다는 것은 게토에 갇혀 가난하고 위험하게 살 확률이 높았던 자신의 인생을 스스로의 힘으로 개척해 운명을 바꾸었음을 의미한다. 이 과정에는 당연히 능력, 노력, 열정, 성실함 같은 가치가 포함된다. 그리고 이 말을 거꾸로 돌리면 이렇다. "부자가 아닌 것(가난한 것)은 능력이 부족하거나 게으르기 때문이다."

물론 나는 이러한 명제에 전적으로 동의하지는 않는다. 모든 것을 구조가 아니라 개인의 탓으로 돌리는 신자유주의적인 사고방식이 떠오르기도 하고 전 대통령 이명박의 얼굴이 스쳐 지나가기도 한다. 하지만 동의 여부와는 별개로 이러한 무의식과 일종의 합의가 그들 사이에서 통용되고 있음을 부인할 수는 없고 또 이해할 필요가 있다.

요 몇 년 사이 많은 힙합 트랙에 등장하는 단어 중 하나로 'broke nigga'라는 표현이 있다. 해석하자면 '가난한 흑인 놈들' '파산한 흑인 놈들' 정도가 될 것이다. 비록 'broke'란 단어가 새로 생겨난 표현은 아니지만 비슷한 뜻을 지닌 단어 중 최근의 힙합 신에서 가장 많이 쓰이고 있는 단어라는 점은 맞다. 그리고 흑인 래퍼들이 자신의 음악에서 같은 흑인 남성을 가리켜 'broke nigga'라고 칭하며 이야기하는 것의 본질은 대부분 '노력하지 않는 것, 게으른 것, 남 탓만 하는 것'으로 요약된다.

남부 힙합 그룹 쓰리 식스 마피아Three 6 Mafia의 일원으로 아카데미상을 받기도 했던 주이시 제이Juicy J의 앨범 「Stay Trippy」의 첫 트랙 'Stop It'은 그 좋은 예다. "너희 broke nigga들에게 내가 해줄 말이 조금 있어. 들어봐"라는 내레이션이 흐른 뒤 이 곡의 첫 벌스는 "Make money, no vacation"이라는 구절로 시작한다. '내가 성공해 부자가 된 이유는 쉬지 않고 돈을 벌기 위해 열심히 노력했기 때문'이라는 점을 강조하고 있는 것이다.

더게임을 향한 50센트의 공격에 실은 별다른 뜻이 없었을 수도 있다. 다시 말해 단순한 부의 자랑이었을 수도 있다. 하지만 '부자도 아닌 주제에 거짓말만 자꾸 하는'이라는 50센트의 노래 제목은 더게임을 '총체적인 못난이'로 형상화한다. 이 노래에서만큼은 더게임이 '능력도 없고 노력도 안 해서 부자도 못 된 주제에 거짓말까지 하는 못난 놈'이 된다. 랩 배틀에서 '부'에 대한 공격은 바로 이러한 함의를 담고 있다.

지금까지 이야기한 것 외에도 랩 배틀에서 공격점으로 활용되는 요소는 다양하다. 그리고 스트리트 크레드, 음악적 역량, 부에 대한 공격 등은 해석을 통해 그 나름대로 음악적이든 음악 외적이든 의미를 부여할 수 있는 것들이다. 하지만 싸움이란 역시(?) 유치하고 말초적이어야 한다. '정치적 올바름' 따윈 상관없이 개싸움을 벌여야 재미있다. 당사자만 아니라면 말이다.

그런 의미에서 상대방의 '외모'에 대한 공격은 랩 배틀에서 결코 빠질 수 없다. 1990년대 중반에 일어났던 투팍과 비기의 배틀을 모두 기억할 것이다. 둘 모두의 죽음으로 끝난 이 싸움이 힙합 역사상 가장 강렬하고 또 비극적인 사건이었음은 굳이 다시 언급할 필요가 없다. 그리고 투팍과 비기의 배틀은 개인 대 개인의 측면에서, 당시의 동부 힙합 진영과 서부 힙합 진영의 맥락에서, 또 기술과 정서 각각의 관점에서 다각도로 조명할 수 있겠지만 그와 동시에 빠뜨릴 수 없는 것이 바로 비기의 뚱뚱한 외모를 툭툭 건드리는 투팍의 면모다.

실제로 비기를 겨냥한 디스 곡 'Hit'em Up'의 도입부에서 투팍은 비기를 가리켜 'fat motherfucker'라고 지칭한다. '뚱뚱한 병신새끼'라는 것이다. 비기의 몸무게가 180킬로그램 정도였으니 일단 사실에 부합한 구절이기는 하다. 불행하게도 비기의 도를 넘은 육중한 체격은 랩 배틀에서 공격 대상이 되기에 무척이나 안성맞춤인 소재였다. 반면 비기 입장에서는 투팍의 외모를 '깔' 여지가 딱히 없었다. 투팍의 사진을 본 사람들은 누구나 공감할 것이다.

신이 비기에게 역사상 최고의 랩 기술과 동시에 '살'을 주었다면 제이지에게는 '입술'을 주었다. 때문에 제이지의 필요 이상으로 두꺼운 입술은 랩 배틀에서 늘 조롱의 대상이 되었다. 아, '낙타'를 닮은 얼굴 역시 마찬가지다. 그리고 나스는 제이지를 겨냥한 디스 곡 'Ether'에서 이 훌륭한 소재들을 놓치지 않았다.

Started cocking up my weapon, slowly loading up this ammo

총알을 하나하나 집어넣은 다음 내 총을 장전하지

To explode it on a camel and his soldiers, I can handle

이 낙타 놈과 그 똘마니들을 날려버리기 위해서 말이야

(…)

Dick sucking lips, why don't you let the late, great veteran live?

입술 두꺼운 새끼야, 넌 그냥 이 위대한 베테랑이 어떻게 해나가는지 지켜보기나 해

한편 입술이 두꺼운 제이지는 맙딥의 '키'를 문제 삼았다. 앞서 제이지가 자신의 노래 'Takeover'에서 맙딥의 멤버 프로디지 Prodigy의 발레리나 경력을 들추며 스트리트 크레드를 공격한 사례에 대해 이야기했는데, 사실 그 속에는 맙딥의 키에 대한 공격도 들어 있었다.

 You little fuck, I got money stacks bigger than you

병신 꼬마 놈들, 내가 번 돈을 쌓으면 니들 키보다 더 높을걸

실제로 맙딥 멤버 둘은 키가 170센티미터가 안 되는 것으로 안다. 이제 50센트로 넘어가자. 50센트야말로 이번 글의 주인공이라고 할 수 있다. 한때 그는 '모두까기 인형'으로 불릴 만큼 수많은 래퍼와 갈등을 일으킨 바 있다. 그중에서도 팻조Fat Joe 와 재다키스Jadakiss 등을 겨냥했던 'Piggy Bank'의 뮤직 비디오

는 아직도 기억 속에 남아 있다. 50센트가 팻조, 재다키스와 싸움을 벌인 이유는 물론 외모 때문이 아니다. 그러나 50센트는 애니메이션으로 제작한 'Piggy Bank'의 뮤직 비디오에서 팻조와 재다키스의 외모 특성을 활용해 그들을 우스꽝스럽게 만들어버리는 데에 성공한다.

다시 말해 'Piggy Bank'의 뮤직 비디오에서 팻조는 자신의 외모 그대로 '배불뚝이 뚱뚱보' 캐릭터로 등장한다. 그러고는 하는 거라곤 권투시합에서 얻어맞거나 배를 흔들어대며 거북한 춤을 추는 것밖에 없다. 재다키스는 정도가 더 심하다. 거북이를 닮은 그는 아예 이 뮤직 비디오에서 '닌자 거북이'로 등장한다. 초록색 피부에 등껍질을 맨 그는 팻조처럼 권투시합에서 50센트에게 KO 당하거나 혼자 우두커니 서서 피자를 먹고 있다. 50센트는 재미있다. 역시 사람은 유머가 있어야 한다. 당사자에게는 지옥이겠지만.

중요한 점은 어느 랩 배틀에서나 '외모에 대한 공격'이 핵심은 아니라는 점이다. 랩 배틀이 래퍼이자 뮤지션, 아티스트로서의 존재들이 맞붙는 대결인 만큼 승부는 누가 더 뚱뚱하고 누가 더 입술이 두꺼운지로는 나지 않는다. 그러나 동시에 어느 랩 배틀에서도 외모에 대한 공격이 빠지지 않는 것 또한 사실이다. 가장 쉽게 놀려서 열 받게 할 수 있는 효율적인 아이템을 활용하지 않는다면 그게 오히려 바보짓이다. 즉 랩 배틀에서 외모에 대한 공격은 어퍼컷은 아니지만 잽, 본편은 아니지만 부록과도 같다.

외모에 대한 공격이 정치적으로 올바르지 않으며 지나치다고 생각했다면 아직 이르다. '여자 문제'가 남아 있기 때문이다. 제이지와 나스의 배틀로 다시 돌아가자. 제이지의 'Takeover'에는 이런 구절이 있다.

Because you-know-who did you-know-what with you-know-who

왜냐하면 넌 내가 누구랑 뭘 했는지 알고 있잖아

But let's keep that between me and you (for now)

하지만 지금은 일단 너와 나 사이의 비밀로 해두자구

얼핏 무슨 말인지 모르겠지만 이 구절은 여자 문제를 담고 있다. 제이지에 따르면 그는 나스의 첫아이 엄마인 카르멘 브라이언Carmen Bryan과 부적절한 관계를 맺었다. 그리고 그 사실을 언급하며 '나스, 니가 만약 이 노래에 대응할 경우 이 사실을 모두에게 폭로하겠다'고 말하고 있는 것이다. 결국 나스는 'Takeover'에 'Ether'로 대응했고 제이지는 이 사실을 라디오에서 까발렸다. 그러나 아이러니하게도 훗날 제이지는 이 일에 대해 나스에게 정식으로 사과해야 했다. 제이지의 어머니가 이 구절을 가리켜 치졸한 행동이라고 아들 제이지를 비판하며 나스에게 사과할 것을 요구했기 때문이다.

여자 문제는 아니지만 '선을 넘은 듯한' 구절은 앞서 언급한 투팍의 'Hit'em Up'에서도 볼 수 있다.

Oh yeah, Mobb Deep: you wanna fuck with us?

031

맙딥, 니들 지금 나랑 해보겠다는 거야?

You little young-ass motherfuckers

이 병신 꼬마 놈들

don't one of you niggas got sickle-cell or something?

니들 중 한 명이 겸상 적혈구인가 뭔가 하는 병에 걸리지 않았나?

you're fucking with me, nigga

나한테 개기고 내 주변에 알짱거리다가는

You fuck around and catch a seizure or a heart-attack

아마 심장발작이나 심장마비에 걸리게 될 거야

문제는 맙딥의 멤버 프로디지가 실제로 흑인의 유전병이자 희귀병 중 하나인 '겸상 적혈구 빈혈증'을 앓고 있다는 사실이었다. 이 구절로 인해 투팍은 '선을 넘었다'는 비난을 받아야 했고 훗날 프로디지는 'You Can Never Feel My Pain'이라는 곡을 통해 겸상 적혈구 빈혈증으로 인한 자신의 고통을 가사에 담기도 했다. 제목 그대로였다. '넌 절대로 내 고통을 이해할 수 없을 거야'

지금까지 랩 배틀의 공격점으로 활용되는 요소에 대해 알아보았다면 이제부터는 랩 배틀의 여러 공격 형태에 대해 살펴보자. 랩 배틀의 대표적인 공격 형태를 가장 먼저 하나 꼽으라면 당연히 '위협'이다. '협박'이나 '윽박' 또는 '분노의 거센 표출'이라고 해도 좋다. 랩 특유의 경쟁적 면모와 공격적 태도에 대해서는 여러 차례 이야기한 바 있다. 그리고 그 중심에는 랩 배틀이 있으며 랩 배틀의 핵심에는 위협이 있다. 랩 배틀의 '배틀'에 방점을 찍어 랩 배틀도 하나의 '싸움'이라고 간주한다면 여러 싸움의 기술 중 가장 정공법인 셈이다. 말하자면 '죽을래?' '맞고 싶냐?'와 같다.

50센트의 메이저 데뷔 앨범 「Get Rich or Die Tryin」 수록곡 'Patiently Waiting'을 보자. 50센트와 에미넴이 시종일관 '우리가 얼마나 터프하고 강한지' 늘어놓는 이 노래에는 이런 구절이 있다.

And if you got a glass jaw you should watch your mouth

만약 니가 유리턱을 가졌다면 입조심하는 게 좋을 거야

Cause I'll break yo face

내가 니 얼굴을 뭉개버릴 거거든

Have your ass running, mumbling to the jake

널 줄행랑치게 하고, 말더듬이로 만들어버리지

You going against me dog, you making a mistake, I'll split ya

나한테 맞서려고 한다면 진짜 큰 실수 하는 거야, 널 갈기갈기 찢어버리겠어

그런가 하면 투팍의 'Hit'em Up'은 처음부터 끝까지 모든 구절이 위협으로 가득 차 있다고 해도 과언이 아니다. 대표적으로 이런 구절을 포함해서 말이다.

You better back the fuck up, fore you get smacked the fuck up

얻어터지기 전에 빨리 도망치는 게 좋을 거야

That's how we do it on our side

그게 우리 동네에서 우리가 하는 방식이지

Any of you niggaz from New York that wanna bring it bring it

뉴욕에서 온 놈들 중에 우리랑 붙어보고 싶은 놈들 있냐?

But we Ain't singin, we bringin drama

우린 음악에서 끝나지 않아, 우린 피를 불러오지

Fuck you and your motherfuckin mama

너랑 니네 엄마 다 엿먹어

We gonna kill all you motherfuckers

너네들 다 죽여버리겠어

모두가 알듯 투팍의 'Hit'em Up'은 힙합 역사상 가장 유명한 랩 배틀 트랙 중 하나다. 단 한 곡을 꼽으라면 아마 이 곡을 꼽을 이가 많을 것이다. 하지만 누군가가 내게 이 노래가 가장 훌륭한 혹은 가장 완벽한 랩 배틀 트랙이냐고 묻는다면 나는 주저할 것 같다.

차근차근 짚어보자. 'Hit'em Up'에 '극한의 분노'가 서려 있는 건 맞다. 나는 아직도 이보다 더 분노가 넘치고, 그 모든 분노가 '진심'인 곡을 들어보지 못했다. 그리고 그 분노들은 들을 때마다 강렬한 에너지와 카타르시스를 안긴다. 그러나 완전한 랩 배틀 트랙(이란 것이 존재한다면), 그것은 단순히 분노만 사납게 표출한다고 해서 완성되지 않는다. 그럴 거면 차라리 실제로 협박을 하는 게 더 낫다, 고 나는 생각한다. 이것은 기본적으로 '음악'이고 '예술'이기 때문이다.

다시 말해 완벽한 랩 배틀 트랙이란, 랩 특유의 경쟁적 면모와 공격적 태도를 '다양한 정서'로 드러내는 동시에 랩이라는 '음악적 도구'가 지닌 특성을 활용해 재미와 쾌감을 유발할 때 비로소 완성된다. '배틀'에만 방점을 찍을 게 아니라 '랩'과 '배틀' 모두에 방점을 찍어야 한다. 물론 투팍의 'Hit'em Up'에 위협 외의 이 모든 것이 결여되어 있다는 뜻은 아니다. 예를 들어 이 곡의 후렴은 이렇다.

Grab your Glocks when you see 2Pac
투팍을 보면 니 총을 집어라
Call the cops when you see 2Pac
투팍이 나타나면 경찰을 불러라

　　가사 내용만을 본다면 이 구절은 명실상부 위협이다. 그러나 형식의 측면을 따진다면 사실 이 구절은 갈등의 상대였던 비기의 기존 랩 가사('Grab your dicks if you love hip-hop/ Rub your tities if you love Big Poppa')를 패러디한 것이다. 랩의 역사에서 기존의 유명한 구절을 따와 형식과 내용 면에서 재창조하는 것은 아주 흔하고 당연한 일이며, 이것은 랩이 지닌 고유의 즐거움 중 하나다.
　　더욱이 이 같은 전통(?)이 랩 배틀 안에서 행해질 때는 이에 더해 '상대방의 가사를 재활용해 상대방을 엿 먹이는' 효과가 추가로 발생한다. 'Hit'em Up'의 후렴은 랩의 이러한 묘미를 지니고 있다. 한국 힙합 신에 '컨트롤 대란'이 발발했을 때 최자를 거냥한 이센스의 '랩 퇴물'이라는 구절을 개코가 최자의 어떤 속성을 활용해 (라임을 맞춰) '랩 대물'로 받아친 것 또한 비슷한 예라고 할 수 있다.

하지만 뭔가 병 주고 약 주는 것 같지만, 투팍의 'Hit'em Up'이 공격의 다양한 정서를 드러낸다거나 랩의 음악적 재미와 쾌감을 복합적으로 보여주고 있다고 말하기는 어렵다. 'Hit'em Up'은 분노를 날것 그대로 표출하는 데에 무게중심이 쏠린 곡이었다. 물론 이것은 결과론적인 이야기인 동시에 평가의 측면에서의 이야기다. 랩 배틀에 임하는 래퍼들이 이러한 기준을 의식할 의무나 책임은 없다는 뜻이다. 그러나 비평가의 입장에서 랩 배틀을 하나의 '예술'로 바라볼 때, 나는 어떤 곡이 더 예술적으로 완성도를 갖추고 있는지, 또 어떤 곡이 더 예술적으로 감흥을 주는지 판단하고 평가할 수밖에 없다.

이러한 맥락에서 랩 배틀의 다른 나머지 공격 형태를 짚어보자. 일단 랩 배틀에서 '위협'이란 돌직구다. 그러나 처음부터 끝까지 돌직구만 던져서는 재미도 없고 무엇보다 효과적이지 못하다. 다양한 구질을 섞어야 한다. 그런 의미에서 '비아냥'이나 '조롱'은 랩 배틀에서 빠뜨릴 수 없는 공격 형태 중 하나다. 또다시 제이지의 'Takeover'를 보자. 랩 배틀 역사를 통틀어 최고의 곡 중 하나라 여러 번 언급하지 않을 수 없다.

 4 albums in 10 years, nigga? I could divide

10년 동안 4장의 앨범이라, 내가 한번 나눠보지

That's one every… let's say 2

2년에 1장씩 냈다고 치자

2 of them shits was due

그중 2개는 쓰레기였고

1 was "nah", the other was Illmatic

하나는 뭐 그럭저럭, 다른 하나가 일매틱이군

That's a one-hot-album-every-10-year average

결국 10년에 하나 정도 좋은 앨범을 내는 셈이지^^*

　나스의 커리어를 두고 제이지는 역사상 최초로 '수학적 비아냥'을 감행한다. 이 부분만 본다면 제이지의 논리는 완벽하다. 어릴 때 『논리야 놀자』를 읽은 것이 확실하다. 하지만 나스와 죽일 듯이 으르렁거렸던 이 시절의 제이지도 「Illmatic」만큼은 까지 못했다. 최고의 명반으로 평가받는 「Illmatic」의 위엄을 새삼 확인할 수 있는 대목이다.

　비아냥과 조롱이 음악적으로 승화(?)한 예도 있다. 커먼 Common의 배틀 트랙 'Sweet'은 그 적절한 예다. '달콤한'이라는 제목을 보고 과연 누가 이 노래의 내용을 연상할 수 있을까?

033
Some ho ass niggas

계집애 같은 놈들

Singing all around me man, la la la

내 주변을 알짱거리면서 노래나 불러대고 있지 랄랄라

You Ain't muthafucking Frank Sinatra

병신아 넌 프랭크 시나트라가 아니라고

This the raw right here nigga

여기 진짜배기가 있다

Sweet ass bitch muthafucka

이 달콤한 병신새끼들아

제목을 보고 달달한 사랑 노래를 연상한 이가 많겠지만 위 구절에서 보듯 이 노래의 제목은 일종의 반어다. 커먼의 입장에서 볼 때 남자답지 못하고 제대로 랩도 안 하면서 계집애처럼 노래나 불러대는 부드러운 래퍼들을 가리켜 달콤하다고 조롱하고 있는 것이다. 그리고 이 노래가 드레이크를 겨냥했다는 사실은 이미 널리 알려져 있다.

그러나 커먼의 'Sweet'을 이 부분에서 언급한 가장 중요한 이유는 바로 '샘플링'에 있다. 'Sweet'은 도리스앤켈레이 Doris&Kelley의 'You don't Have To Worry'를 샘플링했다. 실제로 'Sweet'을 틀면 'You don't Have To Worry'의 도입부 가사 'You look so sweet……'이 반복된다.

하지만 똑같은 가사일지라도 두 곡의 뉘앙스는 완전히 다르다. 원곡에서는 문자 그대로 남녀 간의 달콤한 사랑을 표현하는 구절이었지만 'Sweet'에서는 계집애 같은 래퍼 놈들을 향한 조롱으로 쓰였다. 다시 말해 옛 고전 사랑 노래의 한 구절이 (힙합의 기본이자 고유한 작법인) 샘플링을 통해 원곡을 배반한 정서로 재창조되어 현대의 랩 배틀 트랙에 활용된 것이다. 힙합이 아니면 줄 수 없는 묘미라면 묘미다.

커먼의 'Sweet'이 랩 배틀의 공격 형태 중 하나인 조롱과 비아냥을 사운드 작법의 측면에서 극적으로 활용한 예라면, 조롱과 비아냥을 랩 특유의 언어유희가 지닌 재미로 풀어낸 예는 수도 없다. 먼저 DMX를 겨냥했던 커럽트^{Kurupt}의 배틀 트랙 'Callin' Out Names'의 한 구절을 보자.

034

Mothafuck D, Mothafuck M,

D 엿먹고, M도 엿먹어

only X I know is Xzibit or RBX, extraordinary

내가 아는 X는 오직 Xzibit이나 RBX, 그리고 extraordinary 같은 단어

밖에 없지

커럽은 DMX의 이름을 활용해 공격한다. 여기서 만약 그가 'D 엿먹고, M 엿먹고, X도 엿먹어'라고 했다면 카타르시스는 있어도 빅 재미는 없었을 것이다. 그러나 그는 알파벳 X에 이르러 좀더 특별한 공격을 시도한다. 'X Is Coming' 같은 노래 제목에서 알 수 있듯 알파벳 'X'를 자신을 대표하는 상징으로 활용해 온 DMX를 조롱하기 위해 그는 알파벳 X가 들어가는 다른 단어들을 동원한다. 이를테면 이런 비아냥인 셈이다. "X? 그게 너라구? 헐 난 모르겠는데? 내가 아는 X는 내 친구 엑지비트^{Xzibit}나 RBX밖에 없는데?"

제이지의 'Takeover'에 대한 응답이었던 나스의 'Ether'에서도 언어유희를 통한 조롱과 비아냥을 감상할 수 있다.

When these streets keep callin', heard it when I was sleep

잠에 들었을 때 이 거리가 날 부르는 소리를 들었지

That this Gay-Z and Cockafella Records wanted beef

게이지와 카카펠라가 나와의 싸움을 원한다는군

원래는 '제이지'와 그의 레이블 '라카펠라Rocafella'가 맞다. 그러나 나스는 이 이름들을 '게이지'와 '카카펠라'로 라임을 맞춰 돌려준다. 게이는 모두가 아는 그 게이가 맞고 칵cock은 남성의 성기를 지칭하는 속어다. 이 구절로 나스는 라임을 맞추는 동시에 마초이즘과 무관하지 않은 힙합 문화권 안에서 가장 모욕적인 언사 중 하나로 꼽히는 '동성애자 드립'을 날린다. 정치적 올바름과는 별개로 재치 있고 효과적인 공격이었음은 분명하다.

또 있다. 나스는 'Takeover'의 후렴을 'Ether'에서 이렇게 바꾸어버린다. 내용도 내용이지만 유사모음 구조로 라임을 맞추었음은 물론이다.

R.O.C., we running this rap shit

라카펠라, 우리가 이 랩 게임을 지배하지

R-O-C get gunned up and clapped quick

라카펠라는 총에 맞고 빨리 쓰러져버리지

그런데 이쯤에서 드는 생각이 있다. 한국의 래퍼 스윙스의 트랙 '황정민'으로 랩 배틀의 공격 형태를 한 번에 정리할 수 있지 않을까 하는 생각이다. 그러기 위해 일단 2013년 여름을 뜨겁게 달구었던 '컨트롤 대란'을 살펴볼 필요가 있다.

'컨트롤 대란'은 사실 미국에서 왔다. 닥터 드레의 총애를 받으며 힙합의 미래라 불리는 젊은 래퍼 켄드릭 라마의 가사가 문제가 됐다. 그는 동료 래퍼 빅 션Big Sean의 'Control'이라는 곡에서 10여 명의 래퍼를 직접 거론하며 이렇게 외쳤다.

> "난 너희를 존중해. 하지만 난 지금 랩으로 너희를 죽이려고 하고 있지. (…) 경쟁이란 게 뭔지 알아? 난 우리의 수준을 한 단계 더 끌어올리고 싶다구."

켄드릭 라마의 공개 경쟁 선포에 미국 힙합 신이 바로 들썩였다. 래퍼들의 반응곡이 연달아 터져나왔고 이내 2013년 힙합 신 최고의 사건이 되어버렸다.

켄드릭 라마는 특정 래퍼를 '디스'한 것이 아니다. 그는 힙합 특유의 '배틀'과 '경쟁'을 다시 수면 위로 끌어올렸을 뿐이다. 다만 당시의 힙합 신에 그런 면모가 다소 부족했고 켄드릭 라마라는 인물의 실력과 스타성에 힘입어 큰 화제가 되었다.

켄드릭 라마가 일으킨 '만인에 대한 투쟁'의 불씨는 곧 한국 힙합 신에도 옮겨 붙었다. 스윙스가 스윙스답게(?) 가장 먼저 시작했다. 그가 처음으로 발표한 곡 'King Swings'는 이렇게 시작한다. "야, 왜 이렇게 뒤에서 못 따라오냐 너네." 한국 힙합 전체를 겨냥한 말이었다.

여담이지만 스윙스는 가장 매력적인 한국 래퍼다. 스윙스는 팬이든 안티든 일단 자신에게 관심을 갖게 하고, 장르의 정수에서 일탈하지 않으면서 그것을 엔터테인먼트로 만들어내는 능력을 지니고 있다. 다른 장르와 구별되는 힙합 고유의 멋과 태도를 온전히 이해하면서 전략적인 영리함까지 갖추기란 쉬운 일이 아니다.

이러한 스윙스는 컨트롤 대란과 관련해 총 세 곡을 발표했다. 그리고 그중 두 번째로 발표한 '황정민'을 나는 '컨트롤 대란'을 통틀어 최고의 배틀 트랙으로 꼽고 싶다. 더 넓게 보자면 아마 이 곡은 한국 힙합 역사에 가장 훌륭한 배틀 랩 트랙으로 남을 것이다.

차례차례 살펴보자. 먼저 '황정민'은 제목에서 알 수 있듯 영화 「신세계」에 기반한다. 「무간도」와 비슷하다고 비판받기도 했지만 한국형 누아르 영화의 새 장을 열었다고도 평가받는 이 영화에서 황정민이 연기한 '정청'은 가장 매력적인 캐릭터로 꼽힌다(참고로 나는 「신세계」를 세 번 관람했다).

이런 맥락에서 '황정민'의 도입부에 흘러나오는 "다 들어와 이 XX놈들아!"라는 스윙스의 포효는 명백히 영화 「신세계」의 한 장면, 구체적으로 말해 '엘리베이터 칼부림 신'을 본뜬 것이다. 이런 식으로 이 곡 전체는 「신세계」의 영화적 설정과 누아르 스타일을 업고 간다. 콘셉트를 갖춘 셈이다.

그리고 공교롭게도 '정청'의 캐릭터는 힙합 특유의 태도와 긴밀하게 맞닿아 있다. 다시 말해 '황정민'에서 드러나는 '경쟁을 두려워하지 않는 공격성'은 영화적 상상력과 연결된 힙합의 카타르시스를 유발한다.

'황정민'은 다채로운 공격 형태 역시 가지고 있다. 스윙스는 이 트랙에서 '위협' 혹은 '협박' 같은 표현으로 대변되는 '분노의 거센 표출'은 물론 '비아냥'이나 '조롱'도 잊지 않는다. 예를 들어 그는 "fuck 정기석 정신병 걸린 개 유다새끼"라며 분노를 숨기지 않다가도 "넌 믹스테잎이 한 개, 근데 나보고 또 설레발?/ 넌 믹스테잎이 한개, 넌 믹스테잎이 한 개/ 내가 연구 안 한다고? 그럼 너는 뭐야 한 게?"라며 이내 비아냥거린다.

한마디로 스윙스는 '황정민'에서 랩과 내레이션(?)을 적절히 옮겨 타면서 분노와 조롱, 때로는 직접 연기까지 해가며 다양한 감정의 형태를 날것 그대로 하나하나 건드린다. 그리고 제이통에 대한 구절에서 알 수 있듯 '센 척' 외에도 '남자의 진심'을 드러내며 인간적인 매력을 풍기기도 한다.

랩이 지닌 언어유희와 메타포를 잃지 않은 것도 '황정민'의 미덕이다. 스윙스는 '황정민'에서 단순히 분노를 주체 못 해 제멋대로 '지껄이고' 있는 것이 아니라 그 분노를 '음악적으로 승화'시키고 있다. 대표적으로 '황정민'에는 "Ugly duck/ You ugly fuck" 같은 구절을 비롯해 상대 래퍼 '어글리덕'의 이름에서 연상할 수 있는 '오리'를 활용한 다양한 말장난이 담겨 있다. 또 "힙합 손석희, 그리고 비비크림/ 바른 형 까면 자동 진급해서 비기지?" 같은 구절은 상대 래퍼의 구절을 되돌려주면서 내용을 해치지 않고 라임도 맞추는 광경이 인상적이다.

다시 말하지만 훌륭한 랩 배틀 트랙은 단순히 분노만 사납게 표출한다고 해서 완성되지 않는다. 이것은 음악이고 예술이기 때문이다. 이런 맥락에서 스윙스는 '황정민'을 통해 왜 자신이 '음악'으로 이야기해야 했는지를 증명하고 있다. 한마디로

'황정민'은 랩 배틀 트랙이 음악적으로 또 정서적으로 갖추어야 할 것을 빠짐없이 갖추고 있으면서, 듣는 이는 가장 즐겁게 하고 상대방은 가장 열 받게 만드는 곡이라고 할 수 있다. 랩 배틀의 교본과도 같은 곡이다.

앞서 나는 랩 배틀을 가리켜 '역사상 가장 매력적인 언어 전쟁'이라고 칭했다. '역사상'이라는 수식어가 부담스럽다면 '지금, 현재의 가장 매력적인 언어 전쟁'쯤으로 해두자. 과장이 아니다. 실제로 그렇다. 힙합의 정수 중 하나를 담고 있는 랩 배틀이라는 양식은 이미 힙합이라는 음악적, 문화적 틀을 벗어나 독자적인 문화이자 산업으로 커버렸다.

유튜브에 'rap battle'을 검색하면 수많은 영상이 뜬다. 그리고 그중 다수는 현재 미국 전 지역에서 성황리에 개최되고 있는 '로컬 랩 배틀'의 하이라이트 영상이다. 미국뿐만이 아니다. 영국, 필리핀, 오스트레일리아 등 전 세계 각지에서 로컬 랩 배틀 대회는 지금도 열리고 있다.

국내에서도 랩 배틀은 더 이상 '힙합하는 이상한 놈들이 끼리끼리 모여 하는 폭력적인 무엇'이 아니다. 2013년 여름에 일어난 일명 '컨트롤 대란'은 여러 측면에서 우리를 놀라게 했지만 그중 가장 놀라웠던 점은 이 사건이 포털사이트 검색 순위 1~2위에 며칠간 계속 오르내릴 정도로 거대한 화제가 되었다는 것이다. 힙합이나 음악과 전혀 무관한 수많은 매체도 컨트롤 대란에 관한 기사를 양산했다. 물론 복합적인 이유가 있을 것이다. 당연히 이 광경만을 보고 '힙합의 대중화'가 완성되었다고 단언할 수도 없다. 그러나 예전 같았으면 받지 않았을 큰 관심이 래퍼들의 배틀에 집중되었던 것 역시 사실이다.

티브이 프로그램에서도 랩 배틀을 소재로 사용했다. 힙합 쇼를 표방했던 엠넷의 '쇼미더머니'는 물론 'SNL'이나 개그 프로그램인 '개그 콘서트'에서도 랩 배틀은 청중을 웃기는 중요한 아이디어로 쓰였다. 힙합을 잘 모르거나 힙합에 특별한 관심이 없는 사람들도 랩 배틀이 대략 무엇인지는 알았고, 랩 배틀이 주는 묘미와 카타르시스에 반응을 나타냈다. 앞서 나는 랩 배틀을 가리켜 '힙합이 뒤집어쓴 누명, 오해, 편견 중 가장 많은 지분을 차지하고 있을 가능성이 높다'고 말한 바 있다. 그러나 동시에 랩 배틀은 힙합을 이루는 요소 가운데 대중에게 가장 강렬하게 어필하는 힘 또한 가지고 있었다. 모든 것은 양가적일 때가 많다.

이러한 맥락에서, 랩 배틀이 힙합의 테두리를 넘어 패러디가 되고, 대중에게 좋은 반응을 얻었던 적절한 사례가 있다. 'Epic Rap Battles of History'라는 제목의 영상 시리즈가 그것이다. 'Epic Rap Battles of History'는 미국인인 나이스 피터 Nice Peter와 에픽 로이드 Epic Lloyd가 만들어오고 있는 콘텐츠다. 제목을 '역사 속 인물들의 랩 배틀' 정도로 해석할 수 있는 이 시리즈는 역사 속 인물(대부분 실존 인물이지만 만화 속 캐릭터 등 가상의 존재가 등장할 때도 있다) 두 명의 가상 랩 배틀을 기본으로 한다.

배틀을 벌일 두 인물의 선정에는 아무런 시공간의 제약이 없지만 그렇다고 아무나 싸움을 붙이지 않는 것이 특징이라면 특징이다. 예를 들어 클레오파트라의 상대는 마릴린 먼로이고 라이트 형제의 상대는 마리오 형제다. 그런가 하면 아돌프 히틀러의 상대는 다스 베이더이고 베토벤의 상대는 저스틴 비버다. 어느 정도 감이 왔을 것이다. 즉 어떤 식으로든 연결고리가 있다.

영상에는 역사 속 인물로 분장한 이들이 나타나 비트에 맞춰 랩 배틀을 벌인다. 각종 액션과 연기를 동원해 두 번 정도의 공격을 주고받은 뒤 영상은 누가 승자인지를 묻는다. 영상을 본 사람들은 저마다 누가 이겼는지에 대한 자신의 의견을 댓글로 표출하고, 다음 랩 배틀 인물의 선정 역시 댓글을 참조로 한다.

'Epic Rap Battles of History'는 2013년 10월을 기준으로 시즌 3을 시작했으며, 30여 개가 넘는 시리즈가 완성되었다. 메이킹 혹은 비하인드 영상 역시 공개해 더 큰 재미를 주고 있음은 물론이다. 산타 클로스Santa Claus 대 모세Moses 편에는 대표적인 랩 스타 스눕 독Snoop Dogg이 모세 역으로 특별출연해 화제가 되기도 했는데, 편당 많게는 유튜브 조회수 8000만에 육박하는 인기를 생각하면 이상한 일이 아니다. 또 분장과 특수효과 수준이 절대 얕볼 수 없는 수준이라는 것이 인상적이기도 하다.

'Epic Rap Battles of History'의 높은 인기는 여러 가지에 복합적으로 기반할 것이다. 일단 역사 속 인물들이 그럴듯한 분장으로 다시 살아나 눈앞에 존재하는 광경 자체가 신기할 것이고, 전혀 다른 시대와 다른 공간에 살았던 인물들이 한데 묶여 있는 것 역시 흥미롭다. 즉 'Epic Rap Battles of History'는 실제를 바탕으로 허구를 가미한 몇몇 영화가 그렇듯 '가정'과 '상상'을 현실화하며 대리만족을 안기는 미덕을 지니고 있다.

여기에 더해, 아인슈타인이나 이소룡 같은 인물이 과장된 몸짓과 공격적인 어투로 랩을 하며 대결을 벌인다? 한마디로 '인물 파워'와 '랩 배틀의 매력'이 결합한 모양새를 갖춘 'Epic Rap Battles of History'는 (결과론적일지 모르지만) 실패하기 힘든 콘텐츠라고 할 수 있다. 그리고 결과적으로 성공을 거두어나가고 있다.

하지만 이 글에서 가장 중요한 것은 'Epic Rap Battles of History'가 랩이나 힙합을 단순한 흥밋거리로만 차용하는 수준이 아니라 분명한 '이해'를 바탕으로 하고 있다는 사실이다. 예를 들어 빌 게이츠와 스티브 잡스의 배틀 중 빌 게이츠의 첫 번째 벌스에는 스티브 잡스의 기기들을 거론하면서 알파벳 'I'로 시작하는 랩 특유의 언어유희가 등장한다.

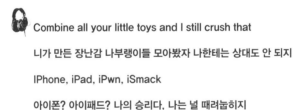

Combine all your little toys and I still crush that
니가 만든 장난감 나부랭이들 모아봤자 나한테는 상대도 안 되지
IPhone, iPad, iPwn, iSmack
아이폰? 아이패드? 나의 승리다, 나는 널 때려눕히지

그런가 하면 후반부에 나오는 "I'm a boss! I own DOS!(나는 마이크로소프트의 사장이고! 나는 도스를 가지고 있지!)" 같은 라임도 재미있다. 이외에도 레퍼런스와 은유를 전제한 각종 펀치라인도 시리즈 곳곳을 통해 맛볼 수 있는데, 전부 열거할 수는

없지만 몇 가지를 적어보면 다음과 같다.

 Watch me moonwalk and I step on your blue suede
나의 문워크를 봐봐, 그리고 난 너의 파란 가죽구두를 밟지
Even in death I go platinum on Blu-Ray
난 죽었지만 블루레이로 여전히 떼돈을 벌지

마이클 잭슨과 엘비스 프레슬리의 배틀에 나오는 이 구절은 마이클 잭슨의 전매특허 춤, 그리고 엘비스 프레슬리의 노래 제목이자 실제로 즐겨 신던 신발의 종류를 레퍼런스 삼아 각 구절의 마지막 단어로 라임을 맞춤과 동시에 랩 배틀의 공격성과 스웨거를 드러낸다.

저스틴 비버와 베토벤의 배틀에도 흥미로운 구절이 몇 있다.

 You wanna be a little white Usher? Here, show them their seats!
어셔처럼 되고 싶냐? 됐다, 가서 좌석 안내나 해!

베토벤의 이 구절은 알앤비 스타 어셔^{Usher}가 실제로 저스틴 비버의 우상이자 멘토라는 사실을 기반으로 '(공연장 등의) 좌석 안내원'이라는 뜻도 지닌 어셔라는 단어의 동음이의를 활용한 언어유희를 선보인다. 베토벤의 다른 구절을 또 하나 보자.

 I would smack you but in Germany we don't hit little girls

널 패버리고 싶지만 독일에서는 어린 여자애는 때리지 않는단다

저스틴 비버는 여자가 아니다. 남자다. 하지만 베토벤은 저
스틴 비버를 어린 여자애로 규정하고 있다. 힙합 특유의 남성
우월적인 성향, 다시 말해 '동성애자'나 '여성'으로 취급받는 것
이 최고의 모욕 중 하나로 인식되는 힙합의 전통과 무관하지
않은 대목이다.

이제 헐크 호건과 김정일의 배틀을 보자.

> The name's Kim Jong, I got a license to ill
>
> 내 이름은 김정, 그리고 '일(죽여준다)'이라고 말할 자격을 난 가지고 있지
>
> Make you swallow my rhymes like a steroids pill
>
> 니가 스테로이드를 복용하는 것처럼 내 라임을 먹여주마

헐크 호건이 김정일의 미사일에 맞고 쓰러져 결국 마초 맨
Macho Man과 태그하는 이 배틀의 시작은 이렇듯 힙합 문화권에
서 '죽여준다' '멋지다' 등의 의미로 쓰이는 슬랭 'ill'을 김정일의
이름과 결합한 구절로 시작한다. 김정일이 미사일을 날릴 때 외
치는 "North Korea, bitch!(북한이다, 이 새끼야!)" 같은 구절도
래퍼들이 노래에서 아주 흔하게 쓰는 일종의 관용어구라고 할
수 있다.

한편 간디와 마틴 루서 킹 주니어의 배틀에서는 가사가 아
닌 영상에서 힙합과 관련 있는 장면을 포착할 수 있기도 하
다. 간디가 두 번째 벌스를 시작하는 순간 장면은 '거리'로 전

환되고 간디 뒤에 7명의 인도 청년이 들어선다. 간디의 제자 혹은 추종자 정도로 보이는 그들은 고개를 15도 정도 들고 우쭐한 표정으로 서 있다. 마틴 루서 킹 주니어도 지지 않는다. 그 역시 7명의 동료를 뒤에 동반하고 등장해 간디에 맞선다. 그렇게 둘은 각자의 무리를 뒤에 두고 일대일로 맞서고, 배틀은 간디의 "I don't Give a Fuck(난 ×도 신경 안 써)"이라는 마지막 한마디로 끝난다. 비폭력의 상징인 간디가 에미넴이 되는 순간이었다.

뒤에 자신의 동료들을 가득 둔 채 랩을 하는 광경, 어디서 본 것 같지 않나? 그렇다. 나는 이 장면에서 힙합 특유의 '크루crew' 문화를 떠올렸다. 랩으로 성공하면 자신의 친구들을 수면 위로 끌어올리려고 애쓰고, 그 이름이 우탱 클랜이든 와이지 패밀리YG Family든 소속감을 가질 수 있는 음악적/문화적 준거 집단을 늘 조직하려고 하는 힙합 신 특유의 전통 말이다. 나스의 'Made You Look' 뮤직 비디오나 티아이의 'What Up, What's Haapnin'' 뮤직 비디오 등이 좋은 예다. 나스와 티아이의 뒤에는 음악 동료들, 고향 친구들이 괜히(?) 자리를 가득 메우고 있다.

이밖에도 'Epic Rap Battles of History'는 다채로운 재미를 준다. 인물의 특징이나 역사적 사실을 가사에 반영하는 것은 기본이고, 상대방의 외모나 약점을 조롱하는 것도 수준급이다. 또 베토벤의 배틀에는 '엘리제를 위하여'를 샘플링한 비트를 쓴다거나 스티븐 호킹Stephen Hawking 박사의 랩은 전부 오토튠으로 처리하는 등 꼼꼼한 센스도 돋보인다. 'Epic Rap Battles of

History'를 가리켜 재미와 의미를 동시에 잡은 패러디 콘텐츠라고 해도 큰 무리가 아닐 것이다.

랩 배틀에 대한 이야기는 여기서 마무리하기로 한다. 그리고 '패러디' 이야기가 나온 김에 이제 힙합의 패러디에 대해 이야기해보자.

010

PARODY

[패러디:]

힙합이
힙합 밖으로
나갔을 때
생기는 일

본격적인 내용으로 들어가기에 앞서 다시 한번 짚고 넘어가자. 패러디parody의 사전적 정의는 다음과 같다.

> 문학, 음악 등지에서 다른 사람이 먼저 만들어놓은 특징적인 부분을 모방해 자신의 작품에 집어넣는 기법을 의미한다. 주로 익살 또는 풍자를 목적으로 한다. 보통 패러디 요소가 들어간 작품은 패러디했음을 감추지 않고 드러냄으로써 보는 사람에게 웃음을 이끌어내는 경우가 많기 때문에 패러디 기법은 비단 예술작품뿐 아니라 효과적인 개그 소재로도 빈번히 사용된다. 오마주Hommage와는 용례를 구별하여 쓰는 것이 보통인데, 전자는 익살 내지 풍자가 주된 목적인 반면, 후자는 원작자에 대한 존경의 차원에서 이뤄진다.

패러디는 거의 모든 예술을 대상으로 한다. 음악도 예외는 아니고 힙합 역시 피해갈 수 없다. 아니, 힙합은 패러디와 각별한(?) 관계다.

결론부터 내리자면, 구체적인 통계를 제시할 수는 없지만 나는 힙합이 모든 음악 장르를 통틀어 현재 가장 많은 패러디를 당하고 있는 장르라고 확신한다. 실제로 구글이나 유튜브에서 검색하면 힙합 뮤지션이나 힙합 음악을 다양한 주체가 다양한 기법으로 패러디한 게시물을 손쉽게 '잔뜩' 찾을 수 있다.

이유가 뭘까? 힙합이 만만한 걸까? 가장 먼저 떠오르는 이유는 '인기가 많아서'다. 힙합은 지금, 세계 음악시장에서 가장 뜨거운 음악 중 하나이기 때문이다. 21세기 들어 빌보드를 비롯한 세계 음악시장의 헤게모니를 놓치지 않고 있는 흑인 음악의 기세를 굳이 따로 설명할 필요는 없을 것이다.

그러나 이걸로는 부족하다. 힙합의 전유물까지는 아니더라도 '힙합의 이유'가 필요하다. 먼저 이와 관련한 음모론적 시각이 있다. 아프로–아메리칸이 창시하고 주도하고 있는 힙합 문화를 백인 중심의 미국 주류 사회가 온전히 이해할 수도 없고 인정하려들지도 않기 때문에 지속적인 패러디를 통해 의도적으로 힙합 문화를 희화화하고 있다는 것이다. 즉 힙합을 패러디한 음악이나 영상을 보는 사람들은 그것이 반복될수록 자기도 모르게 힙합을 단지 '우스꽝스러운 문화'로 치부하게 된다는 이야기다.

힙합이 음악을 넘어 하나의 문화이며 실제로 지금까지 흑인들을 통합하고 이끈 정치·사회적 역할을 해오고 있다는 사실을 환기할 때 어딘가 좀 찜찜하지만 동시에 묘하게 설득력 있는 주장이 아닐 수 없다. 하지만 이것이 '핵심'은 아니라는 점도 명백하다. 일리 있는 '주장'이자 '부분'일 뿐이다. 무엇보다 현재 힙합을 패러디하고 있는 주체의 상당수가 '흑인'임을 상기할 때 이러한 정치적인 시각으로는 전체를 대변할 수 없다.

여기서, 책의 머리말로 돌아가보자. 나는 이렇게 썼다.

> 힙합은 그 본질과 속성상 그 어떤 음악보다 자기 고유의 색깔과 개성이 강하고, 그런 만큼 힙합을 잘 모르거나 힙합에 관심 없는 사람들이 오해와 편견을 가지기 쉬운 음악이자 문화라고 생각한다. 다시 말해 마치 일반인이 헤비메탈 뮤지션의 패션이나 무대를 볼 때처럼, 힙합 '안'에서는 힙합 마니아끼리 자연스레 합의된 내용이 힙합 '밖'으로 나가면 이상해 보이고 잘 이해가 안 되는 경우가 빈번하다. 나는 이것이 힙합이 패러디의 주요 소재가 되는 중요한 이유 중 하나라고 생각한다.

실제로 나는 주변을 통해 이러한 질문을 받은 적이 있다.

> 래퍼들은 왜 그렇게 금이랑 다이아몬드를 좋아하나요?
> 래퍼들은 왜 뮤직 비디오에 벌거벗은 여자들을 끼고 나오나요?
> 래퍼들은 왜 떼로 몰려다니나요?
> 래퍼들은 왜 자기 자랑을 그렇게 많이 하나요?
> 래퍼들은 왜 진짜, 가짜를 구분 짓기 좋아하나요?

즉 힙합에게는 미안(?)한 말이지만 보편적인 기준으로 봤을 때 힙합은 '정상이 아니'다. 힙합 특유의 속성과 태도는 우리네 보편성과는 분명 거리가 있으며, 일종의 본질적 생경함과도 같은 힙합의 이 '정상이 아닌 듯 보이는' 면모는 패러디의 좋은 먹잇감이 된다. 물론 비단 힙합만이 아니라 그것이 다른 장르이든 아니면 음악이 아닌 무엇이 되었든 마음만 먹으면 패러디할 소재를 찾아낼 수는 있다. 하지만 동시에 그것이 무엇이 되었든 힙합만큼 패러디할 소재를 찾기 쉬운 분야는 없을 것이다. 힙합 안에서는 뒤로 넘어져도 코가 깨지기는커녕 뒤통수로 패러디 소재를 얻는다.

'랩 배틀'에 대해 이야기할 때 다루었던 것을 떠올려보자. SNL 코리아가 랩 배틀을 패러디한 근본적인 이유는 아마 겸손하지 않을수록, 상대방의 약점을 물고늘어질수록 승리할 가능성이 높아지고 더욱 흥미를 자아내는 랩 배틀의 기본적인 속성이 사람들이 생각하는 보편성과 동떨어져 있었기 때문일 것이다. 박재범이 김민교의 부모님을 언급하며 공격했을 때, 원래는 아무 일도 일어나지 않았어야 했다. 그러나 SNL 코리아는 그 순간 랩 배틀(힙합)의 '안'에서 '밖'으로 벗어났고, 랩 배틀(힙합) 안에서 합의된 틀이 깨지자 김민교는 울음을 터뜨렸다. 이 부분이 웃음 포인트였음은 두말할 나위 없다.

이번에는 엠넷의 힙합 쇼 '쇼미더머니 2'를 패러디한 코미디 빅리그의 '라임의 왕'을 보자. '라임의 왕'에서 가장 자주 나오는 말 중 하나는 바로 엠씨 메타가 '쇼미더머니 2'에서 실제로 했던 말인 "찢어버려"

다. 더 풀어서 말하자면 '무대를 찢어버리고 돌아오라'는 말이었다. 당연히(?) 우리는 일상에서 이런 말을 거의 쓰지 않는다. 그러나 '찢어버려tear it up'는 힙합의 세계에서는 국내 래퍼들은 물론 외국 래퍼들도 흔히 쓰는 일종의 '관용어구'다. 힙합 안에 있던 '찢어버려'가 힙합 밖으로 나가 코미디 빅리그에 안착했을 때, 웃음 포인트가 발생한다.

힙합과 패러디를 함께 논할 때 빠뜨릴 수 없는 인물이 있다. 바로 미국의 흑인 코미디언 데이브 샤펠Dave Chappelle이다. 그는 영화제작자, 배우, 작가 등으로도 활약했지만 아무래도 그를 가장 잘 수식하는 단어는 '코미디언'일 것이다. 2003년부터 시작한 그의 코미디 쇼 'Chappelle's Show'는 엄청난 반응을 일으켰다. 첫 번째 시즌 디브이디가 '심슨The Simpsons'이나 '프렌즈Friends'를 제치고 티브이 시리즈 역사상 가장 많은 판매량을 기록했다는 것만으로 이미 설명은 충분하다. 또한『에스콰이어Esquire』는 그에게 '미국의 개그 천재the comic genius of America'라는 칭호를 수여하기도 했다.

데이브 샤펠이 지금까지 보여준 수많은 코미디 중 이 글에서 다룰 것은 바로 'When Keeping It Real Goes Wrong'이라는 시리즈다. '진실한 행동이 잘못된 결과를 불러올 때' 정도로 직역할 수 있는 이 시리즈는 데이브 샤펠의 코미디 중 힙합을 둘러싼 태도 및 맥락과 가장 맞닿아 있다고도 볼 수 있다.

에피소드를 구체적으로 살펴보기 전에 먼저 'Keep It Real'이라는 개념에 대해서 다시 한번 짚고 넘어가자. 'Keep It Real'이라는 문구가 힙합의 전유물은 아니지만 어느 음악 장르, 어느 분야보다 힙합에서 많이 쓰이는 일종의 관용어구임은 부인할 수 없다. 우리는 래퍼들이 자신의 음악에서 혹은 인터뷰 등에서 손으로 제스처를 취해가며 'Keep It Real'이라고 외치는 광경을 수없이 봐왔다. 즉 1인칭 시점을 기본으로 자기 자신에 대한 이야기를 주로 해온 랩(힙합)의 자기 고백적 특성은 자연스레 '진실함'에 대한 (때로는 강박 수준의) 엄격한 태도를 만들어냈고, 그러한 태도가 이어져오면서 장르 특유의 잠언처럼 정착했다고 해도 크게 틀린 말은 아닐 것이다.

늘 자기 자신에게 진실해야 하고, 남의 눈치를 보지 않으며, 기성 체제에 움츠러들지 않는 힙합의 이러한 전통적인 태도는 오해와 편견을 일으키는 동시에 반대로 고유한 매력으로 작용해 사람들을 끌어들였다. 무언가를 좋아하게 된다는 것은 논리보다는 끌림의 영역이지만 왜 힙합에 끌렸는지 거슬러 올라간다면 힙합의 이러한 매력을 누구나 그 이유 중 하나쯤으로 품고 있으리라 확신한다.

우리가 무의식 속에서 '진실함'이라는 명제를 힙합과 긴밀히 관련 짓고 있음을 보여주는 예도 있다. 다시 말해 힙합은 모든 음악 장르를 통틀어 '창작자'와 '가사 내용'의 일치를 가장 당연시하는 음악이라고 할 수 있다. 성시경의 발라드를 들으며 우리는 그 노래의 가사 내용이 성시경의 자전적인 이야기라고 생각하지는 않는다. 물론 "이번 노래는 특별히 제 경험을 가사로 썼습니다"라는 인터뷰를 접했다거나 특정한 가사 구절을 토대로 "이번 노래에는 성시경이 진짜 자기 이야기를 담고 있는지도 몰라"라고 추측할 수는 있겠지만 '성시경의 노래는 곧 성시경 자신의 이야기'라는 무의식적인 합의가 생각의 토대가 되지는 않는다는 말이다. 오히려 우리는 성시경의 이별 노래를 들으며 그것이 '누구나 공감할 수 있는, 잘 만들어진 허구'라고 대체로 생각한다.

그러나 힙합은 사정이 다르다. 힙합 음악을 마주하는 우리의 기본 태도는 '저 래퍼가 자신의 이야기를 랩에 담고 있다'는 전제에서 출발한다. 물론 힙합에도 그렇지 않은 노래들이 있지만 우리는 무의식적으로 래퍼의 가사가 허구가 아닌 진짜 그 래퍼 자신의 이야기라고 생각한다. 래퍼들이 자신의 음악에 'Keep It Real' 해온 결과다.

데이브 샤펠의 'When Keeping It Real Goes Wrong' 시리즈는 바로 이 지점에서 출발한다. 그리고 데이브 샤펠의 패러디 역시 힙합 '안'에서 합의된 'Keep It Real' 정신이 힙합 '밖'으로 벗어났을 때 핵심 포인트가 발생한다. 세 가지 사례를 살펴보자.

먼저 '다리우스 제임스^{Darius James}' 편이다. 흑인 청년 다리우스는 여자친구와 클럽에 와 신나게 춤을 추며 놀았다. 그리고 막 여자친구와 함께 나가 뜨거운 밤을 보내려던 참이다. 그런데 여자친구와 아는 사이로 보이는 한 흑인 남자가 여자친구에게 인사를 건넨다. "좋아 보이네^^" 말 그대로 이것은 그냥 안부 인사였다. 그러나 다리우스는 선택의 기로에 놓인다. 그 남자의 말을 곧이곧대로 순수하게 받아들인 후 예정대로 여자친구와 클럽을 나갈 것인가, 아니면 그 남자의 말이 자신의 마음속에 부분적으로나마 일으킨 모종의 '불쾌함'에 'Keep It Real' 할 것인가. 결국 다리우스는 후자를 선택한다. 그리고 그 남자에게 얻어터진 후 여자친구에게도 차인다.

다음은 '브렌다 존슨^{Brenda Johnson}' 편이다. 얼마 전부터 남자친구가 바람을 피우는지 의심을 하고 있는 흑인 여성 브렌다는 집에서 친구와 티브이를 보고 있다. 그때 전화벨이 울려 받았지만 전화는 아무 말도 없이 끊긴다. 브렌다는 선택의 기로에 놓인다. 미안하다는 말도 없이 툭 끊긴 전화였지만 그냥 신경 쓰지 않고 지나칠 것인가, 아니면 그 전화가 자신의 남자친구와 바람을 피우고 있는 여자의 전화일지도 모른다는 모종의 '의심'에 'Keep It Real' 할 것인가. 당연히(?) 브렌다는 후자를 선택한다. 그리고 위치 추적까지 해가며 그 여자의 집을 알아낸 다음 그곳에 찾아가 그 여자의 차를 도끼로 부수고 돌아온다. 그러나 불행히도 그 차는 연방 정부에서 일하는 그 여자 오빠의 차였고 결국 브렌다는 감옥 신세를 지게 된다.

마지막으로 '버논 프랭클린^{Vernon Franklin}' 편이다. 흑인 청년 버논은 가족 중 유일하게 대학을 졸업한 집안의 희망이자 최연소 나이로 회사 부사장 자리에 오른 자수성가한 엘리트다. 하루는 임원 회의가 열렸고 그 자리에서 버논의 멘토나 다름없는 백인 상사 프랭크가 버논에게 말을 건넨다.

"Great job, Buddy! You the man! Give me some skin, huh? 잘했어,

친구! 너는 진짜 남자라구! 하이파이브 한번 어때?"

버논은 선택의 기로에 놓인다. 백인 주제(!)에 흑인스러운 말투와
행동을 보이는 상사 프랭크를 '엉클 톰^{Uncle Tom}(백인에게 고분고분한 흑
인 남성의 전형을 일컫는 표현)'처럼 그냥 좋게좋게 유순하게 받아들이
고 넘어갈 것인가, 아니면 '앵그리 블랙 맨^{Angry Black Man}(미디어가 흑인
남성을 단순 왜곡해 전시하는 이미지)'으로 분해 프랭크가 어설프게 흉
내내는 흑인 남성의 진짜배기 모습을 'Keep It Real' 하게 보여줄 것
인가. 당연히 버논은 후자를 선택하고 다음과 같이 외친다(임의로 요
약·정리했다).

> "그 빌어먹을 손 좀 치워 병신아! 넌 지금 이게 뭐라고 생각하는 거지? 그
> 냥 악수를 하면 되는 거잖아. 병신 같은 꼴 하곤. 너 랩뮤직, 갱스타 이런
> 거 들어봤냐? 이건 게임이 아니야. Thug Life! Wutang!"

다음 장면에서 버논은 주유소에서 세차를 하고 있다. 더 자세한
설명은 필요 없어 보인다. 힙합 '안'에 있던 'Keep It Real' 정신이 날것
그대로 힙합 '밖'의 어떤 상황에 놓일 때, 현실은 곤란해진다. 말 그대
로 'When Keeping It Real Goes Wrong'이다.
이제 힙합 트랙의 개별적인 패러디 사례를 중심으로 살펴보자. 유
튜브만 찾아봐도 힙합 음악과 문화에 대한 다채로운 패러디 영상이

가득하다는 사실을 이제 와서 굳이 언급할 필요는 없을 것이다. 그리고 그중에서 눈에 띄는 건 아마추어리즘에 기반한 개인의 취미 차원을 넘어, 더 그럴듯한 모양새와 완성도로 프로덕션 차원에서 패러디를 지속적으로 생산하는 채널들이다.

대표적인 예로 'Mr. Grind's Comedy Productions'을 들 수 있다. 이 채널은 힙합 뮤지션의 뮤직 비디오를 패러디한 영상을 꾸준히 업로드하기로 유명하다. 영상의 완성도도 그럴듯해서 이쯤 되면 '작품'이라고 불러도 큰 무리는 없어 보인다. 특히 이 채널은 현재 미국 힙합 신에서 가장 영향력 있는 레이블인 메이백 뮤직 그룹을 이끌고 있는 래퍼 릭 로스와 관련한 음악을 집중적으로 패러디해오고 있는데, 그 양상이 자못 흥미롭다.

패러디의 핵심은 이 채널이 릭 로스와 관련한 노래들을 모두 '음식'과 관련한 것으로 바꿔버리는 데에 있다. 아마도 릭 로스의 거대한 몸집에서 아이디어를 끌어냈을 것이다. 실제로도 릭 로스는 뚱뚱한 몸 때문에 안티들의 놀림을 받는 편이다(그러나 역설적으로 릭 로스는 자신의 거대한 몸집이 아니었다면 지금처럼 성공할 수 없었을 것이다. 그의 콘셉트인 '보스'는 아무나 소화할 수 있는 것이 아니다). 이 채널에서 릭 로스는 모두 리키 소스Ricky Sauce로 등장하고 다른 래퍼들 역시 음식과 관련한 이름으로 패러디되어 불린다. 아, 여기서 소스는 케첩과 머스타드 뒤에 붙는 그것이 맞다.

차례차례 보자. 먼저 'I'm A Boss'는 릭 로스와 믹밀Meek Mill이 함께한 히트 싱글이다. '내가 보스다'라는 제목처럼 이 노래는 힙합 특유의 자기과시와 으스댐을 전형적으로 드러내는 곡이다. 그러나 이 채널에서 이 노래는 릭 로스와 믹밀의 'I'm A Boss'가 아니라 리키 소스와 잇 밀즈^{Eat Millz}의 'It's the Sauce'로 둔갑해 재탄생한다. 노파심에 하는 말이지만 곡 제목이나 래퍼 이름 등 모든 패러디는 '라임'에 기반해 있다.

'I'm A Boss'에서 릭 로스와 믹밀은 자신들이 어디 출신이고, 얼마나 잘나가며, 여전히 변하지 않는 태도를 지닌 거리의 왕^{Street King}임을 설파하지만 'It's the Sauce'의 리키 소스와 잇 밀즈는 자신들이 얼마나 맛있는 것을 먹고, 기막힌 소스를 가지고 있으며, 버거에 관해서는 누구에게도 뒤지지 않는 버거 킹^{Burger King}임을 외친다. 심지어 길거리에서는 마약가루 대신 버거를 저울에 재어 다른 흑인들에게 팔고 있다.

이때 가장 중요한 것은 '치즈를 포함하느냐 포함하지 않느냐'의 여부다. 길거리 마약상 출신인 래퍼들이 과거에 마약을 저울에 재어 무게 단위로 값을 매겨 팔았던 것처럼 치즈가 들어 있느냐 들어 있지 않느냐 여부는 버거의 가격에 중요한 영향을 미치기 때문이다. 즉 힙합 특유의 자기과시와 거칠 것 없는 태도는 'It's the Sauce'에서 음식에 대한 우스꽝스러운 자부심으로 바뀌며 웃음을 유발한다. '내가 왕이다'라고 외치는 건 힙합 '안'에서는 전혀 우스운 일이 아니지만 힙합 '밖'으로 나가 '음식의 왕'을 자처하는 순간 우스꽝스럽게 되는 것이다.

릭 로스와 믹밀이 함께 부른 또 다른 곡 'Tupac Back' 역시 패러
디되었다. 'Tupac Back'은 원래 굉장히 진지(?)한 곡이다. 힙합 신의
전설로 남은 래퍼 투팍의 이미지와 영향력을 노골적으로 차용하려고
시도한 이 곡은 그만큼 비판을 받기도 했지만 한편으로는 영리한 곡
이기도 했다. 자신들과 투팍을 자연스럽게 일치시키며 톡톡한 효과를
누렸기 때문이다. 예를 들어 이 곡의 후렴 중 한 부분은 다음과 같다.

 2Pac back, 2Pac back
투팍이 돌아왔어, 투팍이 돌아왔다고!
There's all these bitches screaming that 2Pac back
이 계집애들은 모두 날 보고 투팍이 돌아왔다고 외치지

그러나 'Tupac Back'은 이 채널에서 'I Eat Snacks'로 바뀐다. 영
상에서 리키 소스는 금목걸이 대신 각종 과자와 쵸코바를 주렁주렁
목에 걸고 나와 "나는 간식을 먹지! 나는 간식을 먹는다고!"를 시종일
관 외친다. 투팍은 온데간데없이 사라졌다.

다음으로 릭 로스의 'Hold Me Back'을 보자. "이 자식들은 날 끌
어내릴 수 없어These niggas Won't hold me back"라는 후렴에서 보듯 이 노래
는 힙합 특유의 누아르 스타일 설정으로 비장미를 담아내고 있다. 거
리의 위험한 삶을 이겨내며 의리를 지켜온 나를 시기하고 모함하며
끌어내리려는 비겁한 놈들이 있지만 이놈들은 결국 내 상대도 되지

않는다는 '드라마틱한 자기과시'가 이 노래의 핵심이다.

하지만 'Hold Me Back'은 이번에도 역시 'Mr. Grind's Comedy Productions'을 통해 'Call Me Fat'으로 둔갑한다. "그들은 날 보고 뚱뚱하다고 하지^{They Say I'm Fat}"로 시작하는 'Call Me Fat'은 "이 자식들은 날 끌어내릴 수 없어^{These niggas Won't hold me back}" 대신 "이 자식들은 날 보고 뚱뚱하다고 말하길 원해^{Theses niggas wanna call me fat}"라는 구절을 후렴으로 삼는다. 누아르가 순식간에 코미디가 되는 순간이다. 헤이터^{hater}를 늘 기본으로 전제하는 공격적 속성을 내재한, 즉 문화적 맥락을 모두 거세하고 본다면 '피해의식'까지도 거론할 수 있는 힙합 특유의 전투적인 비장미가 바탕이 되고 있기에 더 극적인 웃음이 유발된다. '홀미백'과 '콜미팻', 라임도 절묘하다.

마지막으로 트리니다드 제임스^{Trinidad James}의 'All gold Everything'을 보자. 이 곡은 원래 목걸이, 반지, 시계 등등 할 것 없이 자신의 몸을 둘러싼 모든 것이 '금'임을 자랑하는 곡이다. 가난하고 위험한 환경에서 자란 흑인 래퍼들에게 성공과 물질적 풍요가 어떤 의미인지는 이미 '자수성가' 편에서 설명했다. 그러나 이러한 그들의 맥락은 보편적으로 볼 때는 역시 정상이 아니라 '이상'에 가깝다. 금붙이가 많다고 자랑하는 노래라니.

이렇듯 힙합 특유의 '블링블링'함을 담은 'All gold Everything'은 'All Rolls Everything'으로 패러디된다. 이 노래에서는 금붙이 대신 자신의 '살'을 자랑한다. 내 목, 가슴, 등 어디 할 것 없이 지방투성이라는 것이다. "이 노래는 삐쩍 마른 놈들을 위한 게 아냐, 니가 뚱땡이라면 나와 어울릴 수 있지This ain't for no skinny niggas, You, a big nigga then fuck with me" 같은 구절은 특히 압권이다. 래퍼들이 진지하게(남들이 보면 과장되게) 금붙이를 과시하는 것처럼 자신의 살을 진지하게(과장되게) 과시할 때, 웃음 포인트가 생겨난다.

이제부터는 론리 아일랜드The Lonely Island를 중심으로 이야기를 풀어나가보자. 아마도 론리 아일랜드는 최근 몇 년 사이 힙합과 패러디를 동시에 떠올릴 때 가장 먼저 생각나는 이름이 아닐까 싶다. 미국의 3인조 코미디 그룹인 이들은 (얼마 전부터 한국에서도 인기리에 방영 중인) 티브이 쇼 'Saturday Night Live(SNL)'를 통해 본격적으로 이름을 떨치기 시작했다. 이들은 SNL에 삽입되는 영상으로 자신들이 만든 노래를 선보이며 인기를 끌었는데, 이 영상들이 선풍적인 반응을 얻으면서 급기야 자신들의 패러디 음악을 모아 앨범을 발표하기에 이르렀다.

2009년 초에 발표한 첫 앨범 「Incredibad」를 시작으로 2013년까지 론리 아일랜드가 세상에 내놓은 총 세 장의 정규 앨범이 지닌 특징이 있다면, 바로 '쓸데없이 고퀄'이라는 점이다. '패러디'라는 콘셉트와 의도적인 '병맛' 가사를 논외로 한 채 앨범의 사운드와 만듦새에 집중한다면 설렁설렁 대충 만든 결과물이 아님을 누구나 느낄 수 있다. 또 이들의 앨범은 '쓸데없이 화려한' 피처링 진용으로 화제를 모으기도 했다. 지금까지 론리 아일랜드의 앨범에 이름을 올린 뮤지션으로는 저스틴 팀버레이크Justin Timberlake, 티-페인T-Pain, 노라 존스Norah Jones, 에이콘Akon, 마이클 볼튼Michael Bolton, 벡Beck, 스눕 독Snoop Dogg, 리한나Rihanna, 애덤 리바인Adam Levine, 퍼렐 윌리엄스Pharrell Williams, 켄드릭 라마Kendrick Lamar, 레이디 가가Lady Gaga 등이 있다. 이들이 론리 아일랜드와 함께 무너지는(?) 광경을 볼 때의 그 오묘한 심정이란.

　그렇다면 론리 아일랜드가 힙합의 특성을 영민하게 파악하고 패러디한 흔적을 살펴보도록 하자. 먼저 'I'm On a Boat'가 있다. 당시 절정의 인기를 구가하던 티-페인을 초대해 완성한 이 곡은 100만 장 이상의 판매를 기록하며 뜨거운 반응을 일으켰다. 이 노래의 뮤직 비디오에서 론리 아일랜드 3인방은 별 볼일 없는 평범한 청년이다. 그러나 이들은 콘푸로스트 비슷한 것을 함께 먹다가 과자상자 안에서 떨어진 '무료 보트 여행 당첨권'을 발견하게 되고, 기쁨에 들떠 보트에 오르면서 노래는 시작된다.

　이 곡의 제목은 "나는 지금 보트를 탔다" 정도로 번역할 수 있는데, 실은 이게 노래의 전부라는 사실이 이 노래의 포인트다. 즉 "나 지금 보트 탔는데 병신들 부럽냐 ㅋㅋ"라는 말을 때로는 거칠게, 때로는 기발하거나 더러운 비유로 변주하는 것이 이 노래의 전부다. 그러나 우리는 동시에 이 노래가 힙합 특유의 허장성세와 공격적 어법을 정교하게 패러디하고 있음을 알아차릴 수 있다. 본인 소유의 보트도 아니고, 돈을 지불한 여행도 아니며, 무료 당첨권 덕택에 보트를 탈 수 있었던 주제(?)에 진지하게 온갖 폼을 다 잡는 이들의 모습에서 나는 래퍼들의 전통적인 태도가 힙합 밖으로 나갔을 때 발생하는 재미를 느낀다. 그중에서도 압권은 "포세이돈!! 나를 봐^{Poseidon!! Look at me}" 그리고 "나는 인어공주랑도 잤지. 날 믿으라구^{Believe me when I say, I fucked a mermaid}" 정도일 것이다.

또 다른 싱글 'Like a Boss'를 보자. 추측하건대 이 노래의 레퍼런스는 래퍼 슬림 썩^{Slim Thug}의 동명곡 'Like a Boss'다. 스스로 '보스'를 자처하며 거들먹거리는 것은 릭 로스를 비롯해 많은 래퍼가 내세워온 힙합 특유의 캐릭터이자 표현 방식이기도 한데, 이 노래는 '보스'라는 단어를 '우두머리'나 '거물'의 뉘앙스보다는 '(회사) 상사'의 의미로 받아들인다. 그리고 '보스의 간지 나는 행동'은 '상사의 얼간이 짓'으로 바뀐다. 예를 들어 슬림 썩의 가사는 원래 이렇다.

035

I call shots – like a boss

나는 보스처럼 자동차에 앉지

Stack knots – like a boss

나는 보스처럼 돈을 쌓아놓지

Cop drops – like a boss

나는 보스처럼 경찰을 따돌리지

On top – like a boss

나는 보스처럼 정상에 있지

Paid the cost – like the boss

나는 보스처럼 돈을 쓰지

When I floss – like a boss

나는 보스처럼 뽐내지

그리고 론리 아일랜드의 가사는 이렇다.

036

Micromanage (like a boss)

사소한 것까지 트집 잡기 (상사답게)

Hit on Debra (like a boss)

데브라에게 작업 걸기 (상사답게)

Get rejected (like a boss)

그리고 거절당하기 (상사답게)

Swallow sadness (like a boss)

슬픔은 삼켜버리기 (상사답게)

Harrassment lawsuit (like a boss)

성희롱으로 고소당하기 (상사답게)

No promotion (like a boss)

승진 못하기 (상사답게)

이렇게 가사를 대놓고 비교하고 나니 더 이상의 설명은 필요 없어 보인다. 그런가 하면 'Lazy Sunday'는 할 일 없는 두 남자의 한가한 일요일 일상을 힙합의 과장된 몸짓과 어투로 시종일관 풀어낸다. 뮤직 비디오를 보면 영화를 보기로 하고, 극장으로 가는 길을 검색하고, 케이크를 사먹는 지극히 평범한 일들을 (마치 래퍼들의 그것처럼) '우리가 이것들을 해내고 있다'는 식의 열정적인 태도로 랩하고 있다. 확실한 얼간이들임이 강하게 느껴진다.

이 노래의 포인트는 이들이 구멍가게에 들르는 부분이다. 극장에서 파는 스낵의 가격이 너무 비싸기 때문에 이들은 구멍가게에서 미리 먹을 것을 사기로 한다(한국이나 미국이나 똑같다). 돈을 내면서 이들은 이렇게 랩한다.

 Girl actin' like she never seen a $10 before

계산대의 이 여자는 마치 10달러짜리 지폐를 한 번도 본 적이 없는 것처럼 행동하는군

It's all about the Hamiltons, baby

이게 바로 해밀턴이라구!

10달러짜리 지폐를 내면서 마치 대단히 비싼 무언가를 사는 듯 거들먹거리는 태도 자체도 웃기지만 이 가사에는 힙합과 관련한 레퍼런스가 숨어 있다. 한마디로 "It's all about the Hamiltons"라는 구절은 퍼프 대디^{Puff Daddy}(지금의 디디^{Diddy})의 1996년도 히트 싱글 'It's All About the Benjamins'의 제목을 패러디한 것이라고 할 수 있다. 하지

만 힙합 역사상 가장 유명한 히트 싱글 중 하나의 제목을 패러디했다는 사실과 별개로 중요한 것은 이러한 표현이 힙합에서 흔히 통용되어 온 대표적인 '슬랭'이라는 사실이다.

언뜻 보기에 'It's All About the Benjamins'라는 제목은 무슨 뜻인지 알기 힘들다. 당연하다. 은유가 담겨 있기 때문이다. 생각해보자. 한국의 지폐에는 세종대왕이나 퇴계 이황, 신사임당 등의 초상화가 새겨져 있다. 그렇다면 미국 화폐 100달러짜리에는 누구의 초상화가 있을까? 답은 '미국 건국의 아버지'라고 불리는 벤저민 프랭클린 Benjamin Franklin이 되겠다. 즉 퍼프 대디의 히트 싱글 'It's All About the Benjamins'은 벤저민 프랭클린이라는 위인의 전기가 아닌, '돈과 부유한 라이프스타일'에 대한 내용을 담고 있다. 적어도 힙합 안에서는 '벤저민=돈'인 셈이다. 따라서 "It's all about the Hamiltons"은 10달러짜리에 새겨진 알렉산더 해밀턴 Alexander Hamilton(역시 미국 건국의 아버지 중 한 명이다)에 대한 은유로서, 'It's All About the Benjamins'의 초라(?)한 버전쯤으로 볼 수 있을 것이다.

론리 아일랜드의 음악을 더 살펴보자. 그들의 두 번째 앨범 『Turtleneck & Chain』(2011)의 첫 번째 트랙은 'We're Back!'이다. 제목부터가 일단 힙합 기운이 넘친다. 굳이 번역하자면 "우리가 돌아왔다!" 정도로 할 수 있는데, 사실 그 뒤에는 "(이 병신들아!)" 따위의 말이 생략되어 있다고 봐도 좋을 것이다. 병신이란 단어가 정치적으로 올바르지 않아 불편하다면 '병을 고치는 신' 정도로 생각하면 된다.

'We're Back!'은 흔히 말하는 'Call and Response' 구성을 지니고 있다. 한 명이 격렬한 추임새로 다른 멤버들을 소환하면 그때마다 나머지 멤버들이 등장해 답가 형식으로 랩을 한다. 이 노래를 들으며 가장 먼저 떠오른 건 힙합 레이블이나 힙합 크루가 그동안 선보여온 '단체곡'의 전통적인 형식과 문법이었다. 힙합을 즐겨 들어온 이라면 아마 쉽게 연상할 수 있을 것이다.

예를 들면 이렇다. 한 레이블이나 한 크루 소속의 래퍼들이 떼로 참여한 어떤 곡이 있다고 하자. 먼저 두목 격인 래퍼가 운을 뗀다. "요, 우리가 왔지. 우린 얼간이 자식들과는 달라. 이제부터 한 명씩 소개를 하지. 송태섭! 네 얘기를 해봐." 송태섭이 랩을 하고 두목이 다시 등장한다. "죽여주는군. 자, 이제 정대만! 네가 더 세게 뱉어봐!" 정대만이 랩을 뱉고 들어가고 두목이 다시 이어간다. "아, 이거 너무 센 걸? 우리를 막을 수 있는 놈들은 세상에 없지. 자, 강백호 이제 네가 끝내버려!"

'We're Back!'은 힙합의 이러한 어법을 그대로 차용한다. 자신감 가득한 공격적인 어투와 허세 깃든 몸짓 역시 힙합의 그것과 똑같다. 다만 다른 것이 하나 있다. 바로 '우리가 얼마나 강하고 잘하는지'에 대해 으스대는 게 아니라 '우리가 얼마나 남자 구실을 못하고 총체적으로 병신인지'에 대해 말하고 있다는 점이다.

또한 'We're Back!'은 '힙합 디제이'의 모습을 연상시키기도 한다. 신곡을 자신의 라디오 스테이션에서 틀고 그 음악의 도입부나 후반부에 음악과 관련한 설명이나 뮤지션에 대한 소개, 아니면 별 의미 없는 여흥구 등을 외치는 힙합 전문 디제이의 모습 말이다.

패푸즈Papoose의 'Alphabetical Slaughter'가 적절한 예일지 모른다. 디제이 케이슬레이DJ Kayslay는 자신이 키운 래퍼인 패푸즈의 이 트랙에 양념처럼 참여해 곡의 극적인 면모를 높인다. 실제로 곡의 시작과 함께 등장하는 인물은 주인공인 패푸즈가 아니라 케이슬레이 쪽이다.

 Aiyyo it's DJ KaySlay the Drama King

에이요 디제이 케이슬레이가 왔어

And for those of y'all that don't know

모르는 녀석들을 위해 설명을 해주자면

I'm workin' with a new artist, he goes by the name of Papoose

난 요즘 패푸즈라는 래퍼를 키우고 있지

And what we gon' do, is we gon' scream out the letters in the alphabet

우리가 지금 뭘 할 거냐 하면, 우리는 지금부터 알파벳 문자를 외치기 시작할 거야

And every letter you hear screamed out, from A to Z

그리고 A부터 Z까지 순서대로 외치면

My man Papoose gon' break it down for you

내 형제 패푸즈가 그 알파벳을 다 박살내버릴 거라구

So what you do, is get your pens, your pads, and take notes

그러니까 빨리 받아 적을 준비들 하셔

Yo, Papoose, let's go

요, 패푸즈, 가자!

케이슬레이의 인트로가 끝난 후 패푸즈는 랩을 하기 시작한다. '알파벳 학살' 쯤으로 번역 가능한 제목에 걸맞게 패푸즈는 알파벳 순서대로, 그 알파벳으로 시작하는 단어만을 조합해 랩을 한다. 예를 들어 케이슬레이가 'A'를 외치면 A로 시작하는 단어만으로 문장을 만들어 랩을 하고 'B'가 나오면 다시 B로 시작하는 단어만을 찾아 랩을 하는 식이다.

글의 키워드인 패러디와 큰 상관은 없는 내용이긴 하지만 '같은 알파벳으로 시작하는 단어만으로 여러 개의 문장을 만들어 뜻을 통하게 하는' 이러한 행위는 랩의 언어유희적 면모와 예술성을 동시에 드러낸다. '재미'로 '제약'을 만들고, 그 '제약'이 무색해지는 '그럴듯한' 결과물이 탄생했을 때, 쾌감은 배가 된다. 'Alphabetical Slaughter'의 한국 버전쯤 되는 곡이 바로 스윙스의 '가나다순 두음법'이다. '가나다순 두음법'에서 자음 'ㅅ'으로 시작하는 단어만으로 구성된 벌스는 다음과 같다.

 스윙스, 새벽의 성기처럼 섰다
037

썩은 scene을 살리는 선빵

사리는 것 봐

사리사욕 스윙스는 없다

새로운 시작으로 스윙스가 새로이 쓸 이 씬의 역사

다시 패푸즈로 돌아가서, 패푸즈는 A부터 Z까지 랩을 끝낸다. 그
러자 케이슬레이가 또 등장해 이렇게 외친다.

 Hold on hold on, my nigga Papoose just took y'all, through the whole

alphabet

잠깐 잠깐, 멈춰봐. 방금까지 패푸즈가 A부터 Z까지 알파벳을 끝장내버렸지

A to Z, now we 'bout to flip it backwards, Z to A

지금부터는 반대로 해볼 거야, Z부터 A까지 말이지

Yo Papoose, get at these niggas man, let's go

요 패푸즈, 니가 엠씨메타는 아니지만 찢어버려!

패푸즈는 시키는 대로(?) Z부터 다시 랩을 하기 시작하고, 머지않
아 케이슬레이가 다시 난입한다.

 Hold up hold up, yo I'm just playin

멈춰봐, 멈추라구, 그냥 농담 한번 해본 거야

Yo chill, yo chill chill chill man, chill man

요 맨, 진정하라구

We gon' save that for your album, Thug-acation, Papoose, comin'

soon

나머지는 다음 앨범을 위해 아껴두자

A and R's holla at me now, or suffer later

(패푸즈가 탐나면) 관계자들 나한테 전화해, 나중에 후회하지 말고

이처럼 'Alphabetical Slaughter'의 'Call and Response' 구성은 결과적으로 재미와 극적 긴장감을 드높이는 데에 성공한다. 그리고 이러한 면모는 론리 아일랜드의 'We're Back!'과 겹쳐진다.

마지막으로 살펴볼 론리 아일랜드의 노래는 'YOLO'다. 먼저 'YOLO'의 뜻을 짚어볼 필요가 있다. 'YOLO'는 'You Only Live Once'의 약자로서 우리말로 하자면 '한 번뿐인 인생' 정도 되는 표현이다. 인생 한 번뿐이니 하고 싶은 것을 하며 즐겁고 열정적으로 살자는 함의로 해석 가능하다. 이 단어가 힙합의 전유물은 아니지만 힙합 음악과 문화를 즐기거나 스트리트 패션을 즐겨 입는 인구 사이에서 최근 널리 유행한 단어라고는 할 수 있겠다. 실제로 래퍼 드레이크Drake는 자신이 만든 표현이라며 일종의 지적 재산권을 주장하기도 했다. 어찌 보면 카르페 디엠carpe diem의 다른 표현이라고 볼 수도 있다.

그러나 론리 아일랜드는 이 단어를 정반대로 비튼다. 그들은 '한 번뿐인 인생이니 현재를 즐기자!' 대신 '한 번뿐인 인생이라 언제 어디서 죽을지 모르니 매사에 조심하자!'고 외친다. 론리 아일랜드의 'YOLO'에 의하면 은행이 언제 망할지 모르니 은행에 돈을 맡겨서도 안 되고 사고가 날지 모르니 기차나 비행기를 절대 타서는 안 된다. 또 윗집에서 피아노가 떨어질 수 있으니 집 안에서도 티타늄으로 만든 옷을 입고 있어야 하며 음식에 독이 들어 있을지 모르니 늘 대신 맛봐줄 사람을 고용해야 한다. 우체부가 스파이처럼 보이면 그 자리에서 해치워버리는 편이 안전하고 담요를 덮고 자면 질식할 수 있으니 그것만은 절대 금물이다.

래퍼들이 '우리는 젊고 인생은 한 번이니까 늘 자기가 하고 싶은 것을 하며 열정적으로 살자'고 외치는 광경은 확실히 멋있다. 하지만 그와 똑같은 태도로 론리 아일랜드가 '우리의 인생은 한 번뿐이니까 매사에 벌벌 떨면서 조심해야 하고 가급적이면 그냥 아무것도 하지 말자'고 외칠 때는 그와 정반대의 '재미'가 발생한다. 패러디의 묘미다.

011

I DON'T GIVE A FUCK

신경 안 써.
될 대로
되라고 해!

이번 주제는 'I don't Give a Fuck(줄여서 'IDGAF')'이다. 설마 이 말을 한 번도 들어보지 않은 사람은 없으리라 생각하지만 혹시라도 평생 힙합 음악을 한 번도 들어보지 않았거나 미국영화를 한 번도 보지 않은 이 시대의 영웅 같은 사람이 존재한다면 그(그녀)를 위해 나는 이 말이 무슨 뜻인지 상세하게 설명할 용의가 있다.

쉽게 말해 'I don't Give a Fuck'은 'I don't Care'의 거센 버전이다. 즉 'I don't Care'가 "난 신경 쓰지 않아"라면 'I don't Give a Fuck'은 "신경 안 써. 될 대로 되라고 해!" 정도가 되겠고, 더 심화 버전으로 한다면 "×발! ×도 신경 안 쓴다구!" 정도로 번역 가능하다. 흔히 연상되는 래퍼들의 거칠 것 없는 태도를 떠올리면 쉽다. 결론적으로 이러한 태도는 힙합을 논할 때 빼놓을 수 없는 개념이며, 그렇기 때문에 지금 이렇게 글을 쓰고 있다.

글을 쓰면서 나는 우연히 이런 인터넷 기사를 읽었다.

미국 디트로이트에서 스트립클럽을 운영하고 있는 앨런 마코비츠가 전 부인 레아 트오히의 옆집으로 이사해 마당에 '가운데 손가락' 동상을 세웠다. 트오히의 집에서 촬영된 이 사진은 딸 렌카 트오히가 찍어 트위터에 올렸다. 마코비츠는 "아내가 바람을 피워 이혼했다"고 주장하고 있다. (wikitree 2013.11.17.)

기사를 읽자마자 나도 모르게 현실웃음이 터졌다. 누구라도 그럴 수밖에 없을 것이다. 기사를 읽은 많은 사람이 마코비츠를 가리켜 '엽기' '괴짜' '또라이' 등의 반응을 보였겠지만 힙합을 여자 다음으로 삶에서 가장 소중하게 생각하는 나로서는 'IDGAF'를 제일 먼저 떠올렸다.

'가운데 손가락'이 'fuck'을 의미하기 때문만은 아니다. 마코비츠의 입장에서 한번 생각해보자. 전 부인이 정말로 바람을 피웠고 그에 대해 엄청난 분노를 지니고 있다고 해서 모두가 마코비츠처럼 행동할 수 있는 것은 아니다. 그리고 그렇게 행동하지 않는 사람들에게는 여러 가지 이유가 있다. 전 부인을 아직까지 사랑해서일 수도 있고, 단지 귀찮아서일 수도 있다. 과거는 잊어버리자는 가치관의 소유자일 수도 있고, 옆집으로 이사하기에는 전세금이 모자라서일 수도 있다. 다, 뭐 그럴 수 있다.

하지만 옆집으로 이사할 전세금 2억5천은 있지만 주위 시선이 두려워서 혹은 용기가 없어서 마코비츠처럼 행동하지 못했다면 이야기는 달라진다. 마코비츠가 사이코패스나 소시오패스가 아닌 이상 그렇다고 해서 두려운 것이 없었을까? 아마 동상을 주문제작하기 전에 '잃을 것'을 미리 생각해봤을 것이다. 그리고 그는 행동에 옮긴 후 실제로 많은 것을 이미 잃었을 수도 있다.

친했던 친구들은 그를 또라이로 취급하며 멀리하고, 기사를 접한 사람들에 의해 사회적으로 매장당했을 수도 있다. 사회적 존재로서 그는 분명 이번 행동으로 얻은 것보다 잃은 것이 많은 것으로 추측되고, 일반적인 사회학적 관점에서 본다면 마코비츠는 말 그대로 사회부적응자에 가까울 수도 있다.

그러나 'IDGAF'의 관점에서 본다면 마코비츠는 최소한 자신의 감정에 솔직했고 자신의 감정에 따라 행동했다. 남의 시선 따윈 신경 쓰지 않았다. 아니, 처음에는 신경이 조금 쓰였을 수도 있지만 "신경 안 써. 될 대로 되라고 해!"라고 결론을 내렸을 것이다. 그의 행동에 참작 가능한 동기가 있으며, 그의 행동이 전 부인에게 직접적인 피해를 입힌 것 또한 아니라고 보이기에 마코비츠를 향해 무조건적인 비난을 하기도 어렵다. 나는 마코비츠의 행동에서 힙합의 향기(?)를 느꼈다.

사실 '힙합과 농구'에 대해 이야기할 때 이미 'IDGAF'에 대해 잠깐 언급한 적이 있다. NBA 역사상 최고의 선수를 꼽으라면 아무래도 마이클 조던이지만 힙합과 관련지을 때는 마이클 조던을 제치고 앨런 아이버슨이 최고의 선수가 된다는 사실, 그리고 연습 불참 논란과 관련한 기자의 질문이 반복되자 더는 못 참겠다는 듯 '연습practice'이란 단어를 22.5번이나 반복하며 마치 랩을 하는 것처럼 익살맞은 독설을 늘어놓은 앨런 아이버슨의 유명한 인터뷰 영상에 대해서도 이야기한 적이 있다.

만약 앨런 아이버슨이 'IDGAF' 태도를 가지지 않았다면 이렇게 행동할 수 있었을까? 기자들 앞에서 불쾌한 표정으로 연습이란 단어를 22.5번이나 반복하면 그 후에 어떤 일이 벌어질지는 쉽게 상상할 수 있다. 그러나 앨런 아이버슨은 기자들과의 호의적 관계를 유지하기 위해 기자들의 눈치를 살피고 자신의 감정을 억누르는 대신 그것들을 '신경 쓰지 않고' 자신의 감정에 솔직해지는 길을 택했다.

국내로 눈을 돌리면 아이돌 그룹 2PM의 전 멤버이자 자신의 독립 힙합 레이블 'AOMG'를 설립하고 활동 중인 박재범의 예를 들 수 있다. 2013년 초에 박재범은 트위터에 가운데 손가락을 올리고 있는 사진을 올려 물의를 빚었다. 소속사는 공식 사과했고 박재범 본인 역시 트위터에 이와 관련한 심경 글을 남기기도 했다.

물론 그의 행동이 한국 정서에 맞지 않았다거나 '공인'으로서 부적절한 행동이라고 볼 수도 있다. 그러한 의견에 동의하지는 않지만 그렇게 반응하는 사람들이 (한국에는) 존재할 수 있다고 생각한다. 대한민국 국민 모두가 힙합 음악과 문화에 대한 이해를 바탕으로 자신이 틀리거나 잘 모를 수도 있다는 가능성을 전제하여 신중하게 의견을 피력한다면 더 좋은 세상이 되겠지만 이것은 나의 욕심인 동시에 불가능한 일임을 잘 알고 있다. 또 모두가 힙합의 관점에서 힙합의 편만을 일방적으로 든다면, 그것 역시 문제일 것이다.

하지만 힙합의 관점으로 볼 때, 실력과 별개로 박재범의 '태도' 자체는 소위 힙합뮤지션이라 불리는 (혹은 스스로 칭하는) 많은 다른 이들보다 훨씬 더 '힙합적'인 것처럼 보인다. 비단 앞서 언급한 사건뿐 아니라 트위터 등에서 박재범이 취하는 행동은 최고의 인기를 누리는 '한국의 연예인'이 할 수 없는 것들

로 가득하다. 그리고 그의 모든 행동을 관통하는 핵심은 바로
'IDGAF' 태도다. '좋아해주면 고맙지만 싫으면 어쩔 수 없고,
자신의 행동을 싫어할 사람들을 미리 의식해 행동하지는 않겠
다'는 것이다.

그렇다고 박재범이 타인에게 피해를 주며 자유를 누리는 것
도 아니다. 자신의 SNS 계정에 가운데 손가락을 올리고 있는
사진을 올린 행동이 과연 누구에게 얼마나 큰 피해를 줄 수 있
단 말인가? 연예인이라고 분류되었던 가수가 '이미지 포장'은커
녕 기성 힙합 뮤지션보다 더한 'IDGAF' 태도를 드러내고 있다
는 사실은 확실히 흥미롭다.

'IDGAF' 태도를 논할 때 중요한 포인트가 있다. 위 단락에
서도 살짝 언급했지만 'IDGAF'란 제멋대로 행동하며 남에게
피해를 주는 행동을 자유의 이름으로 옹호하는 것이 아니다.
물론 래퍼들의 행동 중에는 사안에 따라 비판받을 만한 것도
있다. 그것은 그것대로 따로 논하면 된다. 그러나 기본적으로
'IDGAF' 태도는 우리가 지금껏 '의심의 여지 없이 지켜야 한다
고 생각해온' 많은 것을 되돌아보게 한다. 그리고 어쩌면 이것
은 환경과 관계에 의해 필요 이상으로 부당하게 억눌려 있던 각
자의 자아를 원상태로 복귀시키는 작업일지도 모른다.

전설적인 힙합 그룹 우탱 클랜에서 가장 큰 스타성으로 인
기를 누려온 래퍼 메소드맨의 예를 보자. 메소드맨은 우탱 클
랜의 일원으로도 유명하지만 또 다른 동료 래퍼 레드맨Redman
과의 프로젝트로도 유명하다. 지난 2009년, 둘은 두 번째 콜라
보 앨범 「Blackout! 2」의 첫 싱글 'A-Yo'의 라이브 무대를 'Late

Night with Jimmy Fallon'에서 선보였다. 'Late Night with Jimmy Fallon'은 코미디언이자 배우이기도 한 지미 팰론^Jimmy ^Fallon이 진행하는 토크쇼로서 한국으로 치자면 1990년대의 '주병진 쇼'쯤 되는 인기 프로그램이다. 이 프로그램의 특징이라면 메인토크와 별개로, (우탱 클랜과 함께 역시 전설(!)적인 힙합 밴드인) 루츠를 하우스밴드로 대동하고 매번 새 앨범을 발표한 뮤지션의 라이브 무대를 마련한다는 점이다.

이날 메소드맨과 레드맨의 'A-Yo' 라이브 무대는 중반부까지는 여느 뮤지션의 그것과 별다를 게 없었다. 그러나 후반부로 가면서 돌발 상황이 일어난다. 메소드맨이 무대를 떠나 토크세트로 달려간 것이다. 당연히 그곳엔 지미 팰론과 그날의 토크 게스트 두 명이 앉아 있었지만 메소드맨은 아랑곳하지 않고 지미 팰론이 앉아 있는 테이블 위에 신발을 신은 채로 올라가 춤을 추기 시작한다. 더 유쾌했던 것은 지미 팰론의 반응이다. 그는 불쾌해하기는커녕 더욱 즐거워하며 메소드맨의 춤에 격한 몸짓으로 화답한다. 메소드맨은 테이블에서 내려와 그날의 토크 게스트들과 '힙합악수'를 나눈 뒤 프로그램의 아웃트로 음악에 맞춰 지미 팰론과 막춤을 추며 무대를 마무리한다.

처음 이 영상을 봤을 때 쾌감 가득한 폭소를 터뜨렸다. 굉장한 대리만족을 안은 기분이었다. 그만큼 강렬하게 기억에 남았기에 메모해두었다가 이렇게 이 글에 활용하고 있다. 만약 메소드맨이 'IDGAF' 태도를 가지지 않았다면 어땠을까? 행여 그가 '저 테이블에 올라가고 싶은데 지미 팰론이 불쾌해하면 어떡

하지?'나 '사람들이 나보고 예의 없다고 욕하면 어떡하지?' 따위의 생각을 했다면 그런 명장면은 나오지 못했을 것이다.

메소드맨이 이날의 행동으로 누구한테 피해를 주었다고는 생각하기 어렵다. 지미 팰론을 비롯해 사람들은 오히려 더욱 흥분하고 즐거워했다. 혹시라도 이 영상을 보고 마음속에 거부반응이 일었다면 한번 생각해보자. 공연 때는 무대를 벗어나지 말아야 한다거나 테이블 위에는 올라가면 안 된다는 것 등등이 실은 우리도 모르게 학습된 허위나 고정관념은 아니었는지 말이다.

'IDGAF' 태도를 논할 때의 또 다른 포인트가 있다면, 이 같은 태도가 개개인의 삶에 실제로 긍정적인 영향을 미친다는 점이다. 'IDGAF' 태도는 '거칠고 혈기왕성하고 남의 눈치를 보지 않는 특유의 호전적인 태도가 주는 일시적인 카타르시스'에 그치는 게 아니라 한 사람의 가치관을 바꾸어놓아 삶 자체를 변화시킬 수도 있는 효용을 지니고 있다. 즉 'IDGAF'는 스웨거와 함께 사람들을 가장 크게 매혹시키는 힙합 고유의 태도 중 하나로서 어떨 때는 한 개인의 인생을 구원하기도 한다.

에미넴의 초창기로 시계를 되돌려보자. 에미넴의 실력과 매력을 총체적으로 논하려면 사흘 밤낮이 모자라지만 데뷔 시절의 에미넴이 지닌 가장 강렬한 매력을 딱 하나만 꼽으라면 아무래도 'IDGAF' 태도일 것이다. 그의 메이저 데뷔 앨범 「The Slim Shady LP」(1999)에는 'Just don't Give a Fuck'과 'Still don't Give A Fuck'이라는 트랙이 있다. "전혀 신경 안 쓸 뿐"더러 "여전히 신경 안 쓴다는" 것이다. 그중 'Just don't Give a Fuck'의 후렴을 발췌하면 다음과 같다.

038

So when you see me on your block with two Glocks

Screaming, fuck the world like 2Pac

I just don't give a fuck

권총 두 자루를 가지고 너네 동네에서

투팍처럼 "엿 먹어라 세상아"를 외치는 나를 네가 본다 해도

난 전혀 신경 안 써

Talking that shit behind my back, dirty macking

Telling your boys that I'm on crack

I just don't give a fuck

뒤에서 나에 대해 수군거리고

더러운 욕을 하면서 내가 약에 쩔어 있다고 네 친구들에게 말해도

난 전혀 신경 안 써

So put my tape back on the rack

Go run and tell your friends my shit is wack

I just don't give a fuck

그러니까 내 테잎을 선반 뒤쪽에 놓고

네 친구들에게 내 음악이 구리다고 말해도

난 전혀 신경 안 써

But see me on the street and duck

Cause you gon' get stuck, stoned and snuffed

I just don't give a fuck

하지만 거리에서 날 보면 부디 도망쳐라

나한테 처맞고 죽을지도 모르니까

씨발 난 전혀 신경 안 쓴다구!

이렇듯 에미넴은 가난한 백인 쓰레기white trash를 자처하며 온 세상에 가운데 손가락을 들이밀었다. 실제로 그는 이 곡에 대해 자신의 책에서 "이 곡이 기본적으로 지닌 메시지는 사람들이 나에 대해 어떻게 말하고 생각하든 난 전혀 상관하지 않는다는 것이다. 이게 나다. 난 늘 이랬고 앞으로도 그럴 것이다"라고 발언한 적도 있다.

누군가는 이러한 에미넴을 보고 "허참, 사람 한번 화끈하네"라거나 "되게 무례한 놈이군. 사회성이 없어" 정도로 반응하겠지만, 그것이 결국 실제로 일어났다. 에미넴의 음악을 접하고 삶이 바뀐 사람이 나타난 것이다. 아일랜드에 사는 가빈Gavin은 2002년 여름에 자신의 블로그(http://www.gavinsblog.com/)에 이런 글을 올렸다.

How eminem's "just don't give a fuck" attitude changed my perception of life

에미넴의 "난 신경 안 써" 태도가 나의 가치관을 어떻게 바꾸어놓았는가

Most of us up grow up in a society that rarely allows us to show our true feelings. When we are angry or hurt we are supposed to hide it or to show it very little. I used to grow up in a particularly rigid parental environment and I didn't dare expressing what I actually felt inside. This made a sick person of me.

사회 속에서 살아가는 우리 대부분은 자신의 진짜 기분을 드러내길 주저한다. 화가 나거나 상처를 입었을 때 우리는 그 감정을 숨기거나 매우 조금 표출하는 데 그치곤 한다. 나는 굉장히 엄격한 가정환경에서 자랐기 때문에 내 진짜 기분을 드러낼 엄두를 내지 못했다. 그리고 이것이 쌓여 내 마음의 병을 만들었다.

I was also tought to care so much about people's opinion. What people could think about me was supposed to be the most important, so if they thought I was a loser, it was supposed to be right and I just had to accept it. I spent years doubting my own qualities, torturing myself and my relationships with people have always been complicated at this time, because I was too shy to speak my mind. To all the people who are going through same situations than mine, no matter how old they are nor where they come from, I'd like to advice: Don't ever say yes when you intend to say no to people, because that's the best way to get abused.

나는 사람들의 생각을 되도록 많이 신경 써야 한다고 배우며 자랐다. 사람들이 나에 대해 어떻게 생각하는지가 가장 중요했고 만약 그들이 나를 패배자라고 생각한다면 나는 그것을 받아들여야 했다. 나는 많은 시간을 자신을 의심하고 학대하는 데 사용했으며 내 진짜 마음을 말하는 것이 부끄러웠기 때문에 인간관계는 어렵기만 했다. 이 글을 읽는 당신이 누구든 나와 비슷한 상황을 겪고 있다면 나는 이런 말을 해주고 싶다: '아니오'라고 말하고 싶을 때 '네'라고 말하지 말라. 그것은 망하는 지름길이다.

I discovered the Marshall Mathers LP first in 2001 and thinking of Eminem, I spoke to myself: See, heres a guy, whos been through harsh situations and whos not afraid to speak his mind. If you acted like him, you'd certainly feel better. So I started applying to this, even in very conflictual situations and I started noticing that it actually helped me to feel better.

2001년에 에미넴의 앨범 「the Marshall Mathers LP」를 처음 접했을 때 나는 스스로에게 이렇게 외쳤다: 헐, 이 사람 좀 봐. 이 사람은 온갖 역경을 뚫고 나와서 자신의 진짜 기분을 말하길 두려워하지 않고 있어. 만약 이 사람처럼 행동한다면 분명 내 기분은 더 좋아질 거야. 곧바로 나는 그렇게 행동하려고 노력했고 머지않아 진짜로 내 기분이 나아지는 걸 느낄 수 있었다.

I began to realize that I had been the prisoner of other

people's opinion on me for too long. It was such a great feeling to be able to oppose my opinion to other people and not giving a fuck about their reaction. I began to regain some self confidence and to act the way I always wanted to. For the first time in my life I felt like I was myself. In fact, it is so much important to realize that we should never fake our feelings and to be real about everything.

나는 내가 지금껏 너무 오랫동안 다른 사람들이 나를 어떻게 생각하는지 여부에 갇혀 살았다는 걸 깨달았다. 다른 사람의 생각에 반대되는 의견을 당당히 말한 후 그들의 반응에 신경 쓰지 않는 건 매우 기분 좋은 일이었다. 나는 자신감을 되찾기 시작했고 늘 내가 원하는 대로 행동하기 위해 노력했다. 그러자 살면서 처음으로 내가 온전히 나 자신임을 느낄 수 있었다. 우리가 우리 자신의 감정을 속이지 않고 모든 것에 진심으로 대해야 함을 깨닫는 건 정말로 중요하다.

Marshall has changed my perception of life, for sure. He has given me the greatest gift through his attitude and his music: being real. For that, he deserves so many thanks from me. The biggest mistake is to try to please everybody by agreeing on things you innerly don't agree with. You cannot force the whole world to like you, but if you keep real, you will certainly feel in total harmony with yourself and gain genuine people's sympathy.

에미넴은 정말로, 내 삶의 가치관을 바꾸어놓았다. 그는 그의 태도와 음악을 통해 나에게 위대한 선물을 안겨주었다: 자신에게 진실해지라는 것 말이다. 그는 나에게 감사 인사를 받을 충분한 자격이 있다. 가장 큰 실수는 모두의 맘에 들기 위해 자신이 동의하지도 않는 일에 동의하는 일이다. 세상 모두가 당신을 좋아할 수는 없다. 하지만 당신이 자신을 속이지 않고 진실하게 행동한다면 당신의 진심에 동의하는 사람들의 공감과 지지를 얻을 수 있을 것이다.

And for those who don't like me: remember that I just don't give a fuck about it.

마지막으로 혹시라도 나를 좋아하지 않는 사람들이 있다면 기억해두길 바란다. 내가 전혀 신경 쓰지 않는다는 걸.

물론 일반화할 수는 없을 것이다. 하지만 'IDGAF' 태도가 사람들의 삶에 실제로 긍정적인 영향을 미친다는 주장의 좋은 예시는 될 수 있을 것 같다. 더 설명할 필요도 없다. 할 말도 다 했다. 왠지 갑작스럽게 끝내는 것 같지만 이쯤에서 끝내야겠다. 난 신경 쓰지 않으니까.

012

BLACK
MASCULINITY

[남성 우월주의]

계집애처럼
행동하기
있기 없기?!

　힙합과 '남성성^{masculinity}'이 뗄 수 없는 관계임은 힙합에 특별히 관심이 없는 사람들도 대부분 알고 있는 사실이다. 랩 가사에 욕이 자주 등장한다거나 남자 래퍼가 헐벗은 여자 모델 둘을 양팔에 끼고 앉아 있는 뮤직 비디오의 한 장면, 여자를 손쉽게 'Bitch'로 호칭하는 래퍼들의 언행 등은 힙합을 잘 모르는 사람에게도 힙합이 남성 우월주의적인 음악이자 문화임을 즉각 알게 하며, 동시에 그들의 마음속에 매우 효율(?)적으로 힙합에 대한 거부감과 편견을 심어놓고는 한다. 그리고 힙합의 이러한 면모는 '남성 중심적인' '남성 우월주의적인' 'masculinity' 'machismo' 'machoism' 같은 단어와 표현으로 설명, 분석된다.

　미리 밝혀두건대 이 글에서 남성과 여성, 생물학적 성과 사회적 성 등의 개념을 면밀하게 분석하고 고찰할 생각은 없다. 그럴 만한 능력도 안 될뿐더러 주객이 전도될까 우려되기 때문이다. 다만 이 글에서 앞으로 언급할 '남성성'이란 표현에 대해서는 간단히 정의할 필요가 있다. 이 글에서 정의하는 남성성이란 약하기보다는 강해야 하고, 따르기보다는 이끌어야 하며, 지배받기보다는 군림하고, 부드러움보다는 거친 면모를 '옳음'이자 '선'으로 여기는 사내들의 어떤 태도이자 성향을 뜻한다.

힙합에서 남성성이 '당연히 지녀야 할 미덕'쯤으로 나타나는 예는 무수히 많다. 주엘즈 산타나^{Juelz Santana}의 믹스테잎 「God Will'n」(2013)에 수록된 'Soft'를 보자. 릭 로스는 이 곡의 도입부에서 이렇게 외친다.

039

They say I'm comin' too hard, huh?

이놈들은 내가 너무 거칠다고 하는데

I say these niggas comin' too soft

난 이 놈들이 너무 물러터졌다고 말하고 싶어

All them niggas soft

이놈들은 물러터졌지

Niggas over there are soft

저 놈들도 물러터지긴 마찬가지야

(…)

You ho niggas so soft, my AK for assaults

너희 계집애 같은 놈들은 너무 약해빠졌어, 너희를 쏴버릴 총을 난 가지고 있지

너무 큰 기대(?)일지 모르지만 이 구절에서는 'soft'한 게 왜 잘못인지에 대한 설명이 제시되지 않는다. 그냥 '강함은 선이고 약함은 악'이라는 전제 위에 쓰인 가사로 보인다. 노파심에 말하지만 다른 어떤 힙합 가사를 들여다보아도 이에 대해 납득 가는 설명은 찾을 수 없으니 괜한 수고는 하지 않는 편이 좋을 것이다.

다음으로 치프 키프^{Chief Keef}의 'I don't Like' 후렴을 보자.

A fuck nigga, that's that shit I don't like

머저리 같은 놈들, 바로 내가 제일 싫어하는 놈들이지

A snitch nigga, that's that shit I don't like

세작 같은 놈들, 바로 내가 제일 싫어하는 놈들이지

A bitch nigga, that's that shit I don't like

계집애 같은 놈들, 바로 내가 제일 싫어하는 놈들이지

Sneak dissers that's that shit I don't like

뒤에서 수군거리는 놈들, 바로 내가 제일 싫어하는 놈들이지

치프 키프의 최고 히트 싱글의 후렴은 이처럼 '남자답지 못한' 놈들에 대한 '폄하 선물세트'로 이뤄져 있다. 비겁하게 고자질이나 하고, 계집애처럼 행동하며, 앞에서는 한마디도 못하면서 뒤에서 이러쿵저러쿵 해대는 남자들은 생물학적으로는 어쨌건 간에 적어도 힙합 안에서는 '진정한 남성'이 아닌 것이다.

힙합의 남성성 숭배는 무엇보다 랩 배틀에서 잘 드러난다. 래퍼이자 영화배우인 커먼은 역시 래퍼이자 영화배우인 아이스 큐브와 1990년대 중반에 랩 배틀을 벌인 적이 있다. 커먼이 힙합을 여성에 빗대어 은유적으로 표현한 노래 'I Used To Love HER'에는 "그녀(힙합)가 서부로 가면서 갱스터 랩에 의해 망가졌다"는 뉘앙스의 내용이 들어 있었는데, 전설적인 갱스터 랩 그룹 N.W.A.의 멤버이자 서부 출신의 래퍼인 아이스 큐브가 이에 발끈했던 것이다.

여기서 중요한 것은 아이스 큐브를 겨냥한 커먼의 노래 제목 그 자체다. 제목은 바로 'The Bitch In Yoo'였다. "내 안에 너 있다"가 아니라 "네 안에 계집년이 있다"는 것이었다. 이 곡의 후렴 역시 이런 내용이다.

I see the bitch in you when you don't speak your mind
네가 네 마음과 다른 거짓을 말할 때 난 네 안의 계집년을 보지
The bitch in you, looking me in my eyes lyin
네 안의 계집년이 내 눈을 보며 거짓말을 하고 있어
(…)

아이스 큐브가 실제로 거짓말을 했거나 그에게 무슨 결함이 있을 수 있다. 그리고 그것이 못마땅해 랩으로 공격을 할 수도 있다. 그러나 여기서 중요한 점은 그것을 아이스 큐브 개인의 기질이나 능력 탓으로 돌리는 게 아니라 '긍정적인 의미의 남성성'과 상반되는 '여성의 계집애 같은 면모'에 빗대어 말하고 있다는 사실이다. 너무나도 당연하게 남성성이 기반이 된, 남성 중심적이고 남성 우월적인 태도의 발로다.

또 하나의 사례를 보자. 50센트와 재다키스가 랩 배틀을 벌인 적이 있음은 이미 이야기했다. 당시 재다키스는 50센트를 겨냥한 곡을 하나 발표했는데, 바로 남부 힙합 듀오 아웃캐스트Outkast의 히트곡 'Ms. Jackson'의 비트와 제목을 그대로 차용한 'I'm Sorry Ms. Jackson'이었다. 아웃캐스트의 원곡은 세상의 모든 아기 엄마에게 전하는 진지하고 진실한 내용이었지만 재다키스는 50센트의 본명이 커티스 잭슨Curtis Jackson임에 착안, 아웃캐스트의 노래를 빌려 50센트에게 최고의 모욕을 선사한

다. 누구보다 강한 남성성을 내세우며 모두까기인형으로 활동하던 래퍼 50센트를 "잭슨 여사"쯤으로 부르면서 조롱한 것이다. "전사"가 순식간에 "여사"가 되는 순간이었다.

그렇다면 힙합에서 당연하다는 듯 나타나는 이러한 남성 우월주의는 어떠한 배경과 유래를 지니고 있는 걸까? 또 힙합에서 드러나는 남성성은 어떠한 양상으로 더욱 다채롭게 포착되고 있을까?

힙합의 남성 우월주의를 이해하려면 힙합이라는 음악이자 문화의 탄생 배경을 다시 짚어볼 필요가 있다. 1960년대 후반, 디제이 쿨 허크가 자신의 고향 자메이카를 떠나 뉴욕의 브롱크스로 왔을 때 그는 훗날 자신이 힙합의 창시자로 불리게 될 줄은 꿈에도 몰랐을 것이다. 그가 자신만의 독창적 기법을 사용해 턴테이블 두 대로 플레이했던 펑크, 록, 라틴 음악 등은 오늘날 힙합 사운드의 근간이 되었다.

그러나 힙합의 남성 우월주의에 대해 이야기할 때 중요한 것은 작법이나 사운드 같은 것이 아니라 바로 '인종'이다. 물론 힙합이 태어나던 당시에도 흑인뿐 아니라 여러 인종이 결부되었었다는 기록이 있기는 하다. 또한 지금의 힙합 산업은 백인 고위층 결정권자들과 백인 팬들의 지지로 많은 부분이 좌우되는 것이 사실이다. 하지만 힙합이라는 음악, 문화가 근본적으로 누구의 것이냐고 묻는다면 역시 '흑인'의 것이라고 답하는 편이 가장 적절하다. 노예의 역사, 이주의 역사를 지닌 아프로-아메리칸, 미국 흑인 말이다. 그리고 여기서 한 번 더 범위를 좁히면 힙합은 바로 미국 흑인 '남성'의 음악이자 문화라고 할 수 있다.

그렇다면 힙합의 남성 우월주의를 보다 잘 이해하기 위해 흑인 남성의 몇 가지 역사적 경험을 간단히 짚고 넘어가도록 하자. 먼저 노예시대다. 남자, 여자 가릴 것 없이 노예시대에는 대부분의 흑인이 백인에 의해 탄압당했다는 사실은 모두가 알고 있다(소수 흑인은 같은 흑인노예를 소유해 부리기도 했다. 일제강점기의 친일파를 떠올리면 쉽다). 그러나 남자노예와 달리 여자노예만이 짊어진 하나의 짐이 더 있었으니, 바로 끊임없는 성폭행의 위협이었다. 백인 소유주는 자신의 욕구에 따라 흑인 여자노예를 오두막이나 들판 등지에서 얼마든지 강간할 수 있었고, 당연히(!) 처벌은 받지 않았다. 이에 불복종하는 여자노예는 채찍질을 당하거나 심지어 살해당했다.

이러한 상황의 반복 속에서 남자노예의 마음이 편할 리 없었다. 아니, 상상할 수 없을 정도로 괴로웠을 것이다. 그들은 자신의 아내, 여동생, 누나, 어머니가 백인에 의해 유린당하는 모습을 지켜보면서도 아무것도 할 수 없었다. 노예시대의 흑인 남성은 늘 분노와 수치심 그리고 자신의 여자를 보호해줄 수 없다는 무력감에 시달렸다. 남성으로서의 힘을 상실한 채로 살아가야 했던 것이다.

거시적으로 볼 때 노예의 역사, 이주의 역사를 거치는 동안 흑인 남성은 자신의 여자들을 이끌거나 지켜주기는커녕 자기 의지와 무관하게 사랑하는 이를 잃거나 뺏겨야 했고, 이러한 과정에서 역시 본인의 의사와 무관하게 가족의 해체를 빈번하게 경험했다. 때문에 많은 흑인 남성은 정상적인 가정교육을 받지 못하며 자랐고, 아버지의 역할에 대해서도 제대로 학습하지 못했다. 그리고 이것은 현재의 게토 흑인 남성들도 마찬가지다.

남북전쟁이 끝나고 노예해방 선언이 이루어진 후에도 흑인 남성의 고초는 계속되었다. 노예해방이라는 현실을 인정하지 못하는 무리가 있었으니, 쿠 클럭스 클랜^{Ku Klux Klan}, 일명 KKK단이 바로 그들이다. 남북전쟁 직후인 1865년 미국 테네시 주에서 남부군 은퇴 장교 여섯 명이 설립한 이 단체는 백인 우월주의, 반유대주의, 기독교 근본주의 등을 내세웠다. 이들은 흑인의 정치 진출을 막고 흑인을 백인과 격리시키기 위해 최선을 다했다. 흑인은 물론 흑인의 권리를 주장하는 백인에게도 테러와 협박을 자행했다. 물론 주된 표적이 흑인 남성이었음은 두말할 필요가 없다. 지금은 세력이 미미해졌지만 KKK단은 아직도 현존하고 있다.

흑인 남성의 역사적 경험과 관련해 또 하나 빼놓을 수 없는 것은 바로 1960년대부터 1970년대에 걸쳐 일어났던 '블랙 파워^{Black Power}' 운동이다. 블랙 파워 운동은 미국 흑인이 주축이 되어 인종적 자부심과 자결권을 고취하는 한편 백인에 맞서 더 투쟁적으로 대항할 것을 외치는 움직임이었다. 마틴 루터 킹^{Martin Luther King}이 비폭력 저항을 주장했다면 흑인 인권 운동을 논할 때 그와 함께 언급할 수밖에 없는 말콤 엑스^{Malcolm X}는 블랙 파워를 주장하며 "백인이 오른뺨을 때리면 왼뺨을 내미는 대신 총을 들라"고 소리쳤다. 투팍의 어머니와 아버지가 바로 이 블랙 파워 운동과 깊은 관련이 있는 흑인 투쟁 단체 '블랙 팬더^{Black Panther}'의 일원이었다.

여기서 중요한 사실은 블랙 파워 운동 내부에서 흑인 남성과 흑인 여성 사이에 차별(?)이 존재했다는 점이다. 물론 당시 미국사회에서 인종을 막론하고 남성에 비해 여성의 사회적 지위가 턱없이 낮았던 탓도 있겠지만 차별의 원인은 흑인 남성들 자신에게도 있었다. 노예의 역사, 이주의 역사를 거치며 오랜 세월 자신의 의지와는 무관하게 가장이나 남성으로서의 구실을 하지 못한 흑인 남성들은 블랙 파워 운동을 자신들이 '진정한 남자'로 거듭날 수 있는 좋은 기회로 여겼다. 그 결과 흑인 여성은 블랙 파워 운동 내부에서 흑인 남성과 동등한 자격과 권한을 부여받지 못했다.

이러한 맥락에서 블랙 파워 운동이 일어났던 시기와 힙합의 태동 시기가 겹친다는 사실은 결코 그냥 지나쳐서는 안 된다. 실제로 『XXL』과 함께 미국에서 가장 권위 있는 힙합 매거진으로 불리는 『소스The Source』에서는 1965년에서 1984년 사이에 태어난 미국 흑인을 가리켜 '힙합 제너레이션Hiphop Generation'이라고 명명하기도 했다. 이들이 바로 '미국 흑인 시민권 평등 운동Civil Rights Movement(1955~1968)'의 끝자락, 또한 블랙 파워 운동 중후반기에 피어나기 시작한 힙합과 함께 성장하거나 그 영향을 직접적으로 받은 '힙합 세대'라는 것이다. 힙합의 사회정치적인 메시지, 또 힙합적인 남성성이 어디에서부터 비롯되었는지 추측해볼 수 있는 대목이다.

힙합의 '자수성가' 개념에 대해 이야기할 때 언급한 바 있는 '크랙 에피데믹' 또한 힙합의 남성 우월주의와 무관하지 않다. 신종 마약이었던 '크랙'을 필두로 1984년경부터 1990년경까지 미국 전역의 대도시를 중심으로 마약 공급이 급증한 것을 가리키는 이 사건은 (흑인 남성) 래퍼들로 하여금 마약상처럼 옷을 입고 마약과 친밀한 라이프스타일을 향유하게 했고 이는 자연스럽게 그들의 음악에 반영되었다. 래퍼들은 "나는 마약을 능숙하게 다룰 만큼 수완이 좋고, 불법적인 뒷골목 일을 할 만큼

213

터프하며, 마약을 팔아 큰돈을 버는 진짜배기 남자"라는 식의
레퍼토리를 랩으로 만들어 불렀다.

크랙 에피데믹의 시기가 폭력과 섹스를 노골적으로 찬양했
던 갱스터 랩의 부흥기는 물론 미국의 음반회사들이 힙합 시장
에 본격적으로 진출하기 시작한 시기와 거의 겹친다는 사실도
흥미롭다. 그리고 어느 하나가 일방적으로 다른 것들에 영향을
끼쳤다거나 이 세 국면이 순차적으로 연쇄해 일어났다기보다는
셋이 얽히고설키며 상호작용을 주고받는 와중에 자연스럽게 힙
합의 남성 우월주의적 성향이 강화되었다고 보는 편이 맞을 것
이다.

덧붙이자면 앞서 'NBA 스타'를 다루면서 1980년대 후반에
'배드 보이즈'로 불리며 거친 플레이와 매너로 악명을 떨친 디트
로이트 피스톤즈의 시대가 갱스터 랩의 부흥기와 일치한다고
말한 적이 있다. 이렇듯 사회의 각 요소는 스스로 의식하고 의
도하지 않았더라도 자기도 모르게 늘 서로 영향을 주고받기 때
문에 해당 분야 한 가지에만 천착해서는 사안을 복합적으로 균
형 있게 다룰 수 없다. 음악에 대해 논한다고 해서 음악 이야기
만 할 수 없는 까닭이다.

다시 돌아가, 이렇게 보면 힙합 문화 전반에 나타나는 흑인
남성 래퍼들의 남성 우월주의적 면모는 '콤플렉스의 반영'이라
는 맥락과 확실히 관련이 있다. 흑인 남성 래퍼들은 '가난'했던
만큼 '자수성가'해 '랩 스타'가 되면 자신의 성공과 부를 더욱더
적극적으로 과시해왔다. 마찬가지다. 그들은 역사적으로 오랜
세월 사회 구조적인 이유로 가장이나 남성으로서의 구실을 제
대로 해오지 못했다. 그러한 콤플렉스가 힙합이라는 그들의 음

악을 통해 일정부분 표출된다고 봐도 무리는 없을 듯하다.

 힙합의 남성 우월주의는 기본적으로 강하고 거칠며 군림하
는 태도에 기반을 두지만 그 양상이 꼭 남성성의 원초적인 과시
로만 나타나는 것은 아니다. 즉 거친 욕설을 하거나 자신의 남
자다운 강인함을 자랑하고 여성을 직접적으로 비하하는 노골
적인 태도만이 전부는 아니라는 말이다. 그중에서도 흥미로운
것은 래퍼들의 '물질'과 '지위'를 통한 남성성의 과시다. 예를 들
어 제이지Jay-Z의 'FuckWithMeYouKnowIGotIt'을 보자.

041

Fuck with me, you know I got it

나랑 즐겨보자, 내가 다 가진 거 알잖아

Fuck with me, you know I got it

나랑 즐겨보자, 내가 다 가진 거 알잖아

Sexy bitch I hope she 'bout it

섹시한 저 년도 나에게 관심 있었으면 좋겠네

Come fuck with me, you know I got it

와서 나랑 즐겨보자, 내가 다 가진 거 알잖아

 'FuckWithMeYouKnowIGotIt'의 후렴에서 제이지는 모
든 여성을 향해 자신이 돈과 명예, 지위를 모두 가졌으니 한번
놀아보자고 제안(?)한다(물론 'Fuck with me, you know I got it'
이란 표현은 여러 의미로 해석이 가능하지만 일단 여기서는 이 의미
에 집중하기로 한다). 힙합 역사상 가장 성공한 래퍼라는 수식어
와 함께 오바마의 초청을 받아 백악관에 방문하고 워렌 버핏
Warren Buffett과 함께 미국 최고 부자 리스트에 오르내리는 인물

다운 가사다.

이어서 티아이^{T.I.}의 'Whatever You Like'를 보자.

Stacks on deck, Patron on ice

돈뭉치와 얼음에 담근 술병들

And we can pop bottles all night

우린 밤새도록 마셔댈 수 있지

And baby you could have whatever you like

네가 원하는 무엇이든 말만 해

I said you could have whatever you like

네가 원하는 무엇이든 내가 다 사줄게

Late night sex, so wet it's so tight

어젯밤은 죽여줬지

I gas up the jet for you tonight

오늘밤 내 전용기로

And baby you could go wherever you like

네가 가고 싶은 어디든 데려다줄게

I said you could go wherever you like

네가 원하는 어디든 말만 해

다음은 패볼로스^{Fabolous}의 'Throw it in the Bag'을 보자.

042

You wit the right man You aint gotta price scan

넌 제대로 된 남자를 만난 거야, 가격표를 스캔할 필요도 없고

Or ask how much, now what I look like?

얼마인지 물을 필요도 없어, 내가 어떤 남자로 보여?

Son I'm from Brooklyn, what it look like?

난 브루클린 출신이야, 내가 어떻게 보여?

You get it cause I got it I got it so you get it

넌 그냥 가지기만 하면 돼 내가 다 사줄 수 있으니까

(…)

just throw it in the bag

그냥 쇼핑백에 던져 넣으면 돼

이제 한국 래퍼 빈지노의 가사를 보자. 'Illionaire So Ambitious' 중 일부분이다.

man I'm, young and, gettin, hella, paid, 건당 300

매일 낮과 매일 밤, i'll be shopping yohji yama

-moto, raf simmons , jean paul goultier

몽땅 장바구니로 jump off, 골인해

alexander wang, ann demeulemeester

for my girlfriend, 그녀는 고민해

고른 옷을 몸에 대보고 거울을 보며 물어, 어울리네

난 훑어봐, 위 아래, turn around, I like it

뒷태가 잘 사네, bring that 천쪼가리 I'll sign it girl

몇 년 전만 해도, 구경만 하던 디자이너 옷

에 주렁주렁 매달린 가격표를 과일처럼 따네

그런가 하면 팻조^{Fat Joe}의 히트 싱글 'Make It Rain'은 '돈

비가 내릴 것이니 우산을 준비'하라고 권한다(참고로 'Make It Rain'은 돈다발을 허공에 뿌리는 모습을 비가 내리는 모습에 비유한 슬랭이다).

044

Got a handful of stacks better grab an umbrella
손 안에 돈다발이 가득해, 우산을 쓰는 게 좋을 거야
I make it rain, I make it rain
내가 이 돈다발로 비를 내릴 거거든

마지막으로 믹밀^{Meek Mill}의 'Levels'는 아마도 이중 화룡점정(?)이 아닐까 싶다.

045

Lil nigga we don't rock the same clothes, fuck the same hoes
이 꼬마 새끼야, 우린 절대 똑같은 옷을 두 번 입거나 똑같은 년과 두 번 자지 않아
Cuz its levels to this shit
인생에는 레벨이라는 게 있지
Lil nigga we don't drive the same whips, we don't fuck the same chicks
이 꼬마 새끼야, 우린 절대 똑같은 차를 두 번 타거나 똑같은 년과 두 번 자지 않아
Cuz its levels to this shit
인생에는 레벨이라는 게 있지
Lil nigga we don't get the same paper, you a motherfuckin' hater

이 꼬마 새끼야, 우린 절대 똑같은 돈을 두 번 벌지 않아, 이 질투심 많은

새끼들아

Boy its levels to this shit

인생에는 레벨이라는 게 있지

Lil nigga cuz its levels to this shit

인생에는 레벨이라는 게 있단다

Lil nigga cuz its levels to this shit

인생에는 레벨이라는 게 있는 법이야

이 노래에서 믹밀은 '한번 입은 옷은 다시 입지 않고, 한번 잔 여자와는 다시 자지 않는' 인물이다. 또 돈도 없고 유명하지도 않은 다른 놈들과 자신은 레벨이 다르며, 이것이 인생의 실제 모습이니 부디 삶을 배우라고 권한다. 도덕과 윤리, 인본주의와 평등사상에 입각할 때 당연히 이 노래에는 문제가 많다. 하지만 카스트 계급 따위가 실존하지 않을 뿐 어쩌면 그보다 더한 신분사회일지도 모르는 현실을 반추해보면 이 노래의 가사만큼 욕망에 솔직하고 '팩트'에 충실한 이야기가 있을까 하는 생각도 든다. 정치적으로 올바르지 않지만 적나라하게 진실한 가사다.

이렇듯 래퍼들은 대다수의 남자들이 다다를 수 없는 지위와 소유할 수 없는 돈을, 혹은 그러한 '이미지'를 자신의 음악을 통해 과시적으로 드러낸다. 그들의 기준에서 남성성이란 자신의 돈과 지위와 능력으로 여성이 원하는 것을 무엇이든 해줄 수 있을 때 비로소 완성된다(그리고 그와 동시에 여성의 존재는 의존적이고 수동적인 대상이 된다).

혹시라도 이러한 래퍼들의 모습에 거부감이 든다면 스콧 피츠제럴드^{Scott Fitzgerald}의 고전소설 『위대한 개츠비』를 떠올려보자. 개츠비는 데이지의 마음을 다시 얻기 위해 엄청난 규모의 파티를 열고 온갖 물량 공세를 펼친다. 우리는 이러한 개츠비의 모습을 '순정'이나 '조건 없는 사랑' 같은 수사로 아름답게 표현하지만 그와 동시에 개츠비는 위에 열거한 래퍼들과 마찬가지로 물질과 지위가 자신을 진정한 남성으로 완성시켜준다는 생각을 지닌 남자이기도 하다. 원형질을 따진다면 개츠비와 래퍼들이 크게 다르지 않다는 뜻이다. 단지 돈다발을 뿌리고 여성과의 잠자리를 직접적으로 언급하는 래퍼들 쪽이 더 자극적일 뿐이다.

이러한 방식으로 완성되는 래퍼들의 남성성은 어떨 때는 '그렇지 못한' 남성들에 대한 폄하나 조롱으로 이어지기도 한다. '자신보다 못한' 남성들과의 비교우위를 통해 자신의 남성성을 강화하는 셈이다. 앞서 언급한 티아이의 'Whatever You Like' 중 한 구절이 대표적이다.

Long as you got me you Won't need nobody
너에게 내가 있는 한 넌 다른 남자는 필요 없어
You want it I got it, go get it I'll buy it
네가 원하는 걸 난 가지고 있어, 가서 집어 내가 사줄게
Tell them other broke niggas be quiet
다른 가난뱅이 새끼들은 좀 조용히 하라고 해

"네 여자친구 관리 잘해. (내가 너보다 잘났으니) 내가 빼앗아

버릴지도 모르니까"로 대변되는 래퍼들의 단골 레퍼토리 역시
비슷한 맥락으로 볼 수 있다. 한국 래퍼 더콰이엇의 '2chainz
& Rollies' 중 마지막 구절도 이 선상에 놓여 있다.

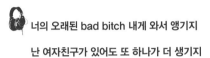

너의 오래된 bad bitch 내게 와서 앵기지

난 여자친구가 있어도 또 하나가 더 생기지

　이렇듯 자신의 전용기로 여자친구를 어디든 태워다줄 수 있
는 남자, 돈다발을 허공에 쉴 새 없이 뿌려댈 수 있는 남자, 한
번 잠자리를 가진 여자와는 다시 자지 않는 남자, 가격 따윈 신
경 쓰지 않아도 된다고 말하는 남자, 거리에서 자라 감옥에도
여러 번 다녀온 터프하고 나쁜 남자, 늘 여자들을 양팔에 끼고
다니는 남자, 다른 남자의 여자친구라도 얼마든지 빼앗을 수 있
는 남자로 가득한 힙합 세계에서, 그러나 한 돌연변이가 등장한
다. 몇 년 전부터 최고의 랩 스타로 인기를 얻고 있는 드레이크
가 바로 그 주인공이다.

　사실 드레이크는 기본(?)적으로 힙합 순수주의자들이 달갑
지 않게 볼 만한 조건을 여러 모로 갖추고 있다. 그는 순혈 흑
인도 아니고, 미국이 아닌 캐나다 국적이며, 무엇보다 텔레비전
아역 연기자 출신이다. 게다가 그의 눈매는 늘어져 마치 매우
순한 양처럼 생겼다. 그러나 드레이크가 힙합 팬들에게 집중적
으로 공격받는 이유는 바로 (그들의 기준에서) 드레이크의 음악
이 '힙합답지 않기' 때문이다.

　물론 드레이크의 모든 음악을 단일화할 수는 없다. 그의 노
래 중에는 힙합 팬들의 입장에서도 충분히 힙합다운 것도 있

다. 하지만 드레이크가 지금처럼 대형 스타가 될 수 있었던 배경
에는 그를 규정하는 어떠한 음악 스타일이나 특정한 이미지가
존재한다. 그의 히트 싱글 중 하나인 'Marvin's Room'을 보자.
이 노래에서 드레이크는 클럽에 가서 술에 취해 옛 여자친구에
게 전화를 걸어 이렇게 이야기한다.

 Fuck that nigga that you love so bad

네가 사랑하는 그 새끼 엿 먹으라고 해

I know you still think about the times we had

네가 나와 만났던 날들을 지금도 그리워하는 거 알아

I say fuck that nigga that you think you found

다시 한번 말할게, 네 지금 남자친구 새끼 엿 먹으라고 해

And since you picked up, I know he's not around

지금 전화 받은 걸 보니 그 새끼 네 옆에 없는 거 알아

(Are you drunk right now?)

(취했어?)

I'm just saying you could do better

난 그냥 내가 더 좋은 남자라고 말하는 것뿐이야

찌질함의 측면에서 가히 '힙합-윤종신'이다. 옛 여자친구에
게 술에 취해 전화를 걸어 미련과 후회를 털어놓는 남자의 모
습은 모두가 공감할 수 있는 면모이기도 하고 또 진심이 엿보이
는 내용이기는 하지만 그와 동시에 래퍼들이 힙합 안에서 구현
해온 전통적인 남성성과는 완전히 상반되는 모습이기도 하다.
보통의 래퍼라면 아마도 "당장 내 앞에서 꺼져버려! 여자들이

줄 서 있으니까" 정도로 가사를 썼을 것이다. 또 다른 곡 'Lord Knows'를 보자.

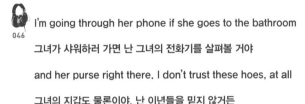

I'm going through her phone if she goes to the bathroom

그녀가 샤워하러 가면 난 그녀의 전화기를 살펴볼 거야

and her purse right there. I don't trust these hoes, at all

그녀의 지갑도 물론이야, 난 이년들을 믿지 않거든

이 가사의 경우 남자를 벗겨먹으려고 하는 여자들에 대한 내용이라 참작(?)의 여지가 있기는 하지만 여자가 언제 샤워를 마치고 나올까 눈치를 봐가며 전화기와 지갑을 뒤지는 남자의 모습은 아무래도 힙합의 남성성과 어울리지 않는다. 실제로 드레이크는 이 두 가사를 포함해 '지나친 감성의, 남자답지 못한 유약한' 가사와 사운드로 힙합 팬 다수를 안티로 만들었다. 커먼, DMX, 푸샤 티^{Pusha T} 등 많은 래퍼가 그를 '계집애'라 비판하거나 디스 곡을 발표했고, 주요한 힙합 매체에서는 "'드레이크 까기'는 왜 힙합의 유행이 되었나"라는 기사를 쓰기도 했다. 이 같은 드레이크의 감성적이고 유약한 이미지는 심지어 지난 2012년, 오바마가 미국 대선에서 롬니를 상대로 재선에 성공한 직후 이러한 우스갯소리를 만들어내기도 했다. "롬니는 지금 드레이크의 음악을 듣는 중이다. ㅠㅠ"

그러나 드레이크를 가리키며 "넌 힙합이 아냐!"라고 소리치는 것만으로 끝날 문제는 아니다. 예를 들어 역시 힙합의 생명과도 같은 태도인 '진실함'의 측면에서는 어떤가. 만약 드레이크가 'Marvin's Room'을 통해 헤어진 여자친구에 대한 자신의 거짓 없는 감정을 날것 그대로 담아냈다고 한다면 이것은 힙합의 가장 중요한 태도와 일치하는 것이 아닌가. 물론 힙합을 정의하는 기준이 이것만은 아니지만 동시에 드레이크는 실제로 이와 비슷하게 항변하고 있기도 하다.

드레이크의 음악뿐 아니라 카니에 웨스트의 치마(?) 패션, 릴 웨인의 스키니 진 등은 현재 힙합의 정체성과 관련한 많은 논란을 일으키고 있다. 어떤 이는 이들이 '힙합의 메트로 섹슈얼metro sexual(남성성을 유지하면서도 자기 안에 있는 여성성을 긍정적으로 즐기는, 패션과 외모에 많은 관심을 가진 현대 남성)화에 앞장서고 있다고 평하고, 어떤 이는 이제 '힙합은 죽었다hiphop is dead'고 단언한다. 어느 쪽도 절대적인 정답은 아닐 것이다. 오히려 이것은 힙합이 흑인의 전유물에서 벗어나 모두의 음악이자 문화가 되어가는 확장 과정에서 발생하는 '뿌리와 외연의 충돌', 즉 과도기적 필연이 아닐까? 고로 10년 후에 다시 말해보기로 한다.

013

MISOGYNY

〔 여성 폄하 〕

Bitch Bad,
Woman Good,
Lady Better

여성 차별 혹은 '여성 폄하^{misogyny}'는 사실 남성성이나 남성 우월주의에 포함되는 주제일 수도 있다. 동전의 양면과도 같은 관계라 한쪽을 이야기하면 다른 한쪽을 자연스럽게 언급할 수밖에 없다. 그럼에도 힙합의 여성 폄하에 대해 따로 다루기로 결정한 이유는 간단하다. 성^性과 관련한 힙합의 이야깃거리 가운데 가장 중요하고 첨예하며 방대한 주제이기 때문이다.

힙합에서 여성 폄하 양상은 다양하게 드러난다. 래퍼들은 여성을 'bitch'나 'hoe' 같은 경멸적인 단어로 부르기도 하고, 여성을 오직 '잠자리를 위해서만 존재하는' 성적 대상으로 간주하기도 한다. 그리고 랩 가사를 통해 추행, 강간 등의 폭력을 여성에게 행사하기도 하며 여성을 '꽃뱀'이나 '못 믿을 존재'로 취급하기도 한다. 때때로 매춘을 장려(?)하고 포주 역할을 자처함은 물론이다. 힙합 뮤직 비디오는 또 어떤가? 헐벗고 나오는 여성 모델들이 남성 래퍼에게 마치 복종하듯 그려지는 것은 힙합 뮤직 비디오 세계에서 더 이상 놀랄 일이 아니다.

힙합 안에서도 여성 폄하로 가장 악명 높은 장르는 바로 '갱스터 랩'이다. 1980년대 후반부터 1990년대 중후반 즈음까지 위력을 떨친 갱스터 랩은 폭력을 찬양하고 여성을 비하하는 내용으로 강렬한 인상을 남기는 동시에 거센 비판을 받았다. 그리고 닥터 드레의 1992년 작 「The Chronic」에 수록된 'Bitches Ain't Shit'에는 여성을 대하는 갱스터 랩의 태도를 상징적으로 보여주는 가장 유명한 구절 중 하나가 들어 있다.

Bitches Ain't shit but hoes and tricks

계집년들은 그냥 창녀나 걸레일 뿐이야

047

이어서 스눕 독^{Snoop Dogg}의 1993년 작 「Doggystyle」의 수록곡 'Ain't No Fun'의 후렴을 보자.

It Ain't no fun if the homies can't have none

내 친구들도 가지지 못한다면 전혀 재미가 없지

048

이 구절만 봐서는 언뜻 잘 이해가 가지 않지만 이 노래는 클럽에서 만나 잠자리를 가진 여성을 자신의 친구들에게도 기꺼이 가지라며(?) 소개해주는 내용을 담고 있다. 그들의 어법에 따르면 "sharing my girl with my pals"가 되는 셈이다. 도덕과 윤리에 극도로 충실한 나는 지금 손이 떨려 제대로 글을 쓸 수가 없지만 사명감으로 겨우 글을 이어가고 있다. 여담이지만 'Ain't No Fun'은 부드럽고 귀에 달라붙는 멜로디와 사운드를 지니고 있기 때문에 클럽에서 이 노래가 나오면 여성들이 굉장히 좋아하는 광경을 종종 볼 수 있는데, 그럴 때마다 나는 '저 사람들이 가사도 다 알아들으면서 좋아하는 거겠지? 으 아니라면……' 따위의 생각을 하고는 한다.

그런가 하면 자신의 두 번째 앨범 『The Marshall Mathers LP』 (2000)의 78퍼센트가 여성 폄하로 채워져 있다는 평가를 받은 적 있는 에미넴은 이 앨범 수록곡 'Kill You'에서 이렇게 소리친다.

Bitch I'mma kill you You don't wanna fuck with me

개년 널 죽여버릴 거야! 나와 싸우고 싶진 않겠지

Girls neither, you Ain't nothing but a slut to me

여자들도 물론, 너흰 나에겐 그냥 창녀일 뿐이지

같은 앨범에 수록된 'Kim'에서 에미넴은 자신의 실제 부인이 었던 킴Kim을 대상으로 가상의 살인극을 진행한다. 이 노래에서 에미넴은 바람을 피운 아내를 끌어내 가두고 폭행하고 죽여버리 는 사이코로 분한다.

Hey, where you going? Get back here

너 어디 가는 거야? 돌아와!

You can't run from me Kim, it's just us, nobody else

킴, 넌 절대로 내게서 도망치지 못해, 여긴 우리밖에 없어 아무도 없다구!

you're only making this harder on yourself

그래봤자 더 힘들어질 뿐이야

Ha-ha, got ya, go ahead, yell

하하 잡았다! 그래 계속해봐

Here I'll scream with you, ah, somebody help!

내가 너랑 함께 소리질러줄게, 누가 좀 도와주세요~~~~

don't you get it bitch, no one can hear you

이년아 아무도 널 도와줄 사람이 없는 것 같은데?

Now shut the fuck up and get what's coming to you

이제 그만 닥치고 벌 받을 시간이야

You were supposed to love me

넌 날 사랑해야만 했어 (킴이 목을 졸린다)

Now bleed bitch, bleed!! Bleed bitch, bleed!! Bleed!!

피 흘려봐 이년아 피 흘리라구! 피 말이야 피! 피를 흘리라구!

이제 카니에 웨스트의 히트 싱글 'Gold Digger'를 보자. 이 노래에서 여성은 성적으로 대상화되거나 폭행을 당하지는 않지만 대신에 '남자 등쳐먹는 존재'로 그려진다.

 She take my money, when I'm in need

내가 돈이 필요할 때, 그녀는 내 돈을 가져가버려

Yea she's a trifling, friend indeed

그래 그녀는 참 짜증나는 친구지

Oh, she's a gold digger, way over town

오, 그녀는 이 도시로 온 꽃뱀

That digs on me

그녀는 날 등쳐먹지

그렇다면 래퍼들은 왜 이런 여성 폄하적인 가사를 뱉는 걸까? 그들은 모두 실제로 지독한 남성 우월주의자이자 여성 폄하주의자일까? 물론 그럴 수도 있고 아닐 수도 있다. 어쩌면 이는 결코 단정 지을 수 없는 문제다. 그러나 이러한 개개인의 성향보다 더 중요한 것은 힙합이 기본적으로 남성성 가득한 음악이자 문화로서 성장해왔으며, 힙합의 환경과 정서가 래퍼들의 남성성을 끄집어내 그것을 더욱 확대, 증폭시킨다는 사실이다.

'남성 우월주의'에 대해 이야기할 때 언급했듯 힙합에서 '남성성'은 곧 '진리'이자 자신이 '진짜'임을 증명하는 최우선의 기제로 작용한다. 래퍼들은 (그들의 기준에서) 남자답게 행동할수록 진짜배기로 인정받고, 그렇지 못하면 'soft' 'fake' 'gay' 등의 수식어로 놀림 받으며 '신용'을 잃게 된다. 특히 한 시대를 풍미하고 지나간 갱스터 랩 열풍은 힙합의 이러한 면모를 더욱 강화했다. 여자를 하찮게 다루고 여자에게 폭력을 행사할수록 '순도 높은 갱스터'가 되는 셈이다.

이와 관련한 흥미로운 연구 결과도 있다. 필라델피아의 한 도시 빈민가에 거주하는 젊은 흑인 및 히스패닉 남성에 대한 조사에 따르면, 그들은 자신의 사회적 지위를 올리고 자존감을 얻기 위해 여성을 공격하고 모욕하는 경향이 있다는 것이다. 또한 그들은 여성을 함부로 다룰수록 또래집단 내에서 자신의 위치가 올라간다고 생각하며, 실제로도 그렇다는 사실이 밝혀지기도 했다. 즉 여성 비하 역시 남성 우월주의와 마찬가지로 흑인 남성의 '콤플렉스의 반영'과 무관하지 않아 보인다.

정리하자면, 어릴 적부터 흑인 남성에게 내재화된 남성성이 힙합 음악을 통해 더욱 확대, 증폭되어 표출되고, 그것에 매력을 느낀 이들이 힙합 음악의 소비자층이 되며, 자본가들은 다시 이윤을 남기기 위해 지속적으로 그러한 이미지를 래퍼들에게 요구한다. 그렇게 해서 힙합 음악은 계속 이러한 순환을 반복하게 되는 것이다. 당연한 말이지만 '올바른 것'과 '매력적인 것'은 서로 일치하지 않을 때가 더 많다.

이쯤에서 의문이 든다. 힙합의 여성 폄하 문화는 힙합의 잘못일까? 아니, 더 정확히 말하면 힙합의 여성 폄하는 힙합에서 출발한 걸까? 아니면 어디로부턴가 영향을 받아 그러한 성향을 가지게 된 걸까?

이와 관련한 힙합 진영의 주요한 항변 논리가 있다. 힙합의 여성 폄하를 비난하는 여성단체와 백인 보수주의자들에게 그들은 '힙합의 여성 폄하는 사실 미국의 뿌리깊은 여성 폄하에서 기인한다'고 말한다. 마틴 루터 킹과 함께 일하며 그에게 영향 받아 흑인 시민권 운동을 전개해온 인물이자 'Hip-Hop Summit Action Network'의 회장이기도 한 닥터 차비스[Dr. Chavis]의 발언을 살펴보자.

> The truth is misogyny is not a hip-hop created problem. Misogyny is a deep-seated American society problem that is embedded in the historical evolution of the United States as a nation.
> 여성 폄하는 힙합이 만들어낸 문제가 아니다. 여성 폄하는 미국의 역사 속에서 뿌리깊게 박힌 미국 사회의 문제다.

즉 여성 폄하는 힙합에서 시작된 것이 아니며 원래부터 미국 사회에 깊게 박힌 폄하와 차별의 기조에 힙합이 영향을 받았을 뿐이라는 것이다. 선후를 따지자면 미국이 먼저고 힙합이 그 다음이며, 규모를 따지자면 미국의 거대한 여성 폄하 문화 안에 힙합의 여성 폄하가 자리하고 있다는 뜻이다.

영화감독 바이론 헐트^{Byron Hurt}는 지난 2006년 다큐멘터리 필름 「Hip-Hop: Beyond Beats and Rhymes」를 발표했다. 이 작품을 보면 래퍼 재다키스가 힙합 음악의 폭력성과 여성 폄하에 대한 질문을 받게 되는데, 곧바로 튀어나온 그의 반문은 이렇다. "당신 혹시 영화를 보나요? 본다면 어떤 영화를 보나요?" 그 후 바이론 헐트는 「람보」「터미네이터」「대부」 같은 미국 영화들과 미국 스포츠 경기의 폭력적인 장면들, 그리고 무엇이든 때려 부수는 비디오게임들과 미국 군대 등을 차례로 자신의 작품에 내보낸다. 덧붙여 이 다큐멘터리는 수백 년간 인종주의와 선정성을 노골적으로 내세워온 미국의 대중문화가 실은 흑인 남성들로 하여금 남성 우월적이고 여성 폄하적인 행동양식을 내재화하게끔 부추겨온 근원임을 고발한다.

또 다른 사례를 보자. 2005년에 설립된 여성단체 'Women's Media Center'는 지난 2007년, 홈페이지에 'In Defense of Hip-Hop'이라는 글을 게재했다. 그중 일부를 옮기면 다음과 같다.

> Why don't we target the representation of women and people of color in Hollywood? Why don't we go after the millionaire and billionaire movie directors·producers of the world who represent minority women a majority of the time as the exotic other or the overly sexualized temptress, and minority men as criminals? Before blaming everything on one facet, we need to analyze all of pop culture and media representation at large.
>
> 왜 우리는 여성과 유색인종에 대한 할리우드 영화의 왜곡을 문제 삼

지 못하는가? 왜 우리는 소수인종 여성을 변방인이나 천박한 요부로 묘사하고 소수인종 남성을 범죄자로 그리는 백만장자 영화 제작자와 감독들에 대해서는 입을 다무는가? 힙합의 한 단면에 모든 책임을 전가하기 이전에 우리는 이 거대한 팝 문화와 미디어 전체를 분석할 필요가 있다.

요는 '힙합이 미국 사회에 어떠한 (부정적) 영향을 미쳤는가?' 라는 질문 대신 '미국이 힙합에 어떠한 영향을 미쳤는가?'라는 질문이 더 알맞다는 것이다. 실제로 백인 남성이 주도해온 미국의 역사는 흑인 여성에게 더없이 폭력적이었다. 흑인 여성은 백인 여성에 비해 철저히 낮은 취급을 받았고 당연히 주류사회에 진입할 수도 없었다. 특히 미국의 백인은 흑인 여성의 여성성을 정상이 아닌 것으로 간주하고 그들을 '어머니'의 역할을 맡기에는 부적격인 존재로 묘사해왔다.

그 예로 미국 백인이 만들어낸 흑인 여성의 세 가지 스테레오타입을 들 수 있다. 마미^{Mammy}, 재즈벨^{Jezebel}, 새피어^{Sapphire}가 바로 그것이다. 먼저 마미는 뚱뚱하고 성적 매력이 없는 중년의 흑인 여성상을 가리킨다. 대중문화에서는 흔히 백인 아이를 돌보는 보모나 가정부쯤으로 묘사된다. 부엌에서 팬케이크를 굽고 있는 흑인 가정부 말이다.

재즈벨은 성경에 나오는 요부에서 따온 이름으로서 늘 자신의 성적 매력을 과시하며 원하는 것을 얻기 위해서라면 남성과의 잠자리도 마다하지 않는 여성상이다. 힙합 뮤직 비디오에서 볼 수 있는 섹시한 흑인 여성 다수가 바로 이 재즈벨 타입에 속한다고 할 수 있다.

마지막으로 새피어는 수다스럽고 늘 시끄러운 여성상이다. 재즈벨과는 달리 남성을 유혹하려들기보다는 남성을 제압하려고 드는 드센 타입을 지칭한다고 할 수 있다. 어떤 이는 오바마 미 대통령의 부인 미셸 오바마가 이 세 가지 타입 중에서 굳이 고른다면 새피어에 속한다고 말하기도 한다.

1950년대까지는 마미가 흑인 여성의 전형적인 상이었다. 그러나 1970년대로 들어서면서 특히 할리우드 영화 속에서 재즈벨이 빈번하게 등장하기 시작했다. 그리고 1993년도의 한 연구결과에 따르면 백인 대학생들의 대부분이 흑인 여성 대부분을 새피어 타입으로 인식하고 있다는 사실이 드러나기도 했다.

문제는 흑인 여성에 대한 이 세 가지 스테레오타입이 정작 흑인 여성을 이해하는 데 전혀 도움이 되지 않는다는 점이다. 이 세 전형에 따르면 흑인 여성은 백인 여성이 하기 싫어하는 더럽고 지저분한 일을 언제나 기꺼이 할 준비가 되어 있고, 아무 남성과 쉽게 잠자리를 갖거나 미혼모가 되는 것에 개의치 않으며, 항상 시끄럽게 떠들고 불평불만이 많은 존재들이다. 당연히 사실이 아니다.

앞서 힙합 뮤직 비디오에서 볼 수 있는 섹시한 흑인 여성 다수가 바로 재즈벨 타입에 속한다고 말했다. 그들은 힙합 뮤직 비디오에 자주 등장해 자신의 성적 매력을 한껏 과시하고는 한다. 그리고 혹자는 이러한 광경을 꼬집어 힙합이 여성을 성적 대상화하는 문화라고 비판한다. 그러나 애초에 흑인 여성을 편의대로 '재즈벨'이라는 명칭으로 범주화한 장본인은 미국 백인이었다.

또 래퍼들은 여성 폄하 비판에 대해 "우리는 단지 진실을 말할 뿐just keeping it real"이라고 항변하기도 한다. 있는 그대로를 말할 뿐이라는 것이다. 미국 남부 힙합 그룹 쓰리 식스 마피아^{Three 6} ^{Mafia}는 남부 힙합을 다룬 영화 'Hustle and Flow'에 삽입된 노래 'It's Hard Out Here for a Pimp'로 지난 2006년 아카데미 어워 드에서 'Best Original Song' 부문을 수상하는 쾌거를 이루었다. 또 그들은 아카데미 어워드 무대에서 공연을 한 첫 번째 힙합 뮤 지션으로 기록되는 기쁨 또한 누렸다.

'It's Hard Out Here for a Pimp'는 집세도 내기 힘든 가난한 흑인으로, 또 포주로 살아가는 흑인의 삶에 대한 이야기를 담고 있는 노래다. 이 노래의 후렴은 이렇다.

051

You know it's hard out here for a pimp

포주의 삶을 벗어나기란 힘들지

When he trying to get this money for the rent

집세를 내기 위해서는 이 짓을 해야 하고

For the Cadillacs and gas money spent

차와 기름값 걱정도 해야 해

Because a whole lot of bitches talking shit

년놈들은 늘 주절주절 말이 많지

누군가는 이 노래를 가리켜 여성 폄하적이라고 비판할 수 있 다. 포주에 대해 거론한다거나 'bitch'라는 단어를 사용했다는 이 유로 말이다. 그러나 2006년 『빌보드 매거진』과의 인터뷰에서 쓰 리 식스 마피아의 멤버 주이시 제이는 이렇게 말한다.

This is big for hiphop, but we're also representing for the

black community, letting kids know you can do something
positive and make it bigger than life.

(우리의 수상은) 분명 힙합이라는 장르에 큰 의미가 있는 일이다. 그
러나 우리는 동시에 흑인사회를 대표하기도 한다. 우리는 흑인 아이
들에게 그들이 처한 현실보다 더 큰 꿈을 갖고 그것을 실현할 수 있
다는 메시지를 전하고 싶었다.

즉 쓰리 식스 마피아는 노래를 통해 실제 흑인의 빈곤하고 낙
후된 삶에 대해 이야기했다. 그들의 말에 따르면 'It's Hard Out
Here for a Pimp'는 날조한 이야기이거나 허황된 이미지를 팔아
먹은 것이 아니라 있는 그대로의 사실을 드러낸 노래다. 거친 표
현이나 적나라한 내용이 있다고는 해도 결국 말하고자 하는 것
은 힘든 현실에 꺾이지 않는 의지와 희망이다. 실제 영화 내용 역
시 빈민가의 포주가 어릴 적 꿈을 다시 기억해내고 고난과 역경
을 거쳐 뮤지션으로서의 꿈을 찾아나가는 과정을 그리고 있다.
이런 상황에서 몇몇 표현을 문제 삼아 여성 폄하 노래라는 딱지
를 붙인다면 달을 보기보다는 달을 가리키는 손가락을 보는 것
이 아닐까?

이어지는 맥락에서 제이지의 'Bitches & Sisters'를 보자. '계
집년들과 자매들' 정도로 번역 가능한 제목처럼 제이지는 이 노
래에서 둘 사이의 경계를 확실히 그어놓는 데 집중한다.

052
Say Jay-Z, why you gotta go and disrespect the women for?
나한테 한번 말해봐, "제이지, 당신은 왜 여성을 존중하지 않나요?"
Sisters get respect, bitches get what they deserve

자매들은 존중을 받지만, 계집년들은 걔네들에게 합당한 대접을 받지

Sisters work hard, bitches work your nerves

자매들은 일을 열심히 하지만, 계집년들은 구걸을 해

Sisters help you progress, bitches will slow you up

자매들은 너를 발전하게 하지만, 계집년들은 네 앞길을 막지

Sisters tell the truth, bitches tell lies

자매들은 진실하지만, 계집년들은 거짓말을 해

Sisters tell you quick "you better check your homie"

자매들은 이렇게 말해 "당신의 동료를 챙겨요"

Bitches don't give a fuck, they wanna check for your homie

하지만 계집년들은 남자친구의 친구들을 넘보지

Sisters love Jay cuz they know how Hov is

자매들은 나를 사랑해 걔네들은 내가 어떤 녀석인지 아니까

I love my sisters, I don't love no bitch

난 자매들은 사랑하지만 계집년들은 사랑하지 않지

여기서 제이지는 자신이 모든 여성을 싫어하거나 폄하하지는 않는다고 말한다. 하지만 그중에는 분명 존중받지 못할 언행을 일삼는 여성들이 존재하고, 그들에게는 그들이 받아 마땅한 대접을 돌려준다는 것이다.

투팍의 'Wonder Why They Call You Bitch' 또한 이와 관련해 살펴볼 수 있다. 이 노래의 두 번째 벌스를 보자.

You leave your kids with your mama cuz your headin' for the club

넌 네 아이들을 네 엄마한테 맡겨놓고는 클럽으로 향해

in a skin tight miniskirt lookin' for some love.

딱 달라붙는 미니스커트를 입고 남자를 물색하지

Got them legs wide open while you're sittin' at the bar

바에 앉아 있을 때는 늘 다리를 벌린 채로

Talkin' to some nigga 'bout his car.

어떤 놈이랑 그놈의 차에 대한 이야기를 나누지

I guess he said he had a Lexus, what's next?

그놈 차는 렉서스래, 그럼 다음은 뭘까?

You headin' to his car for some sex

넌 그놈과 한 번 자러 놈의 차로 가지

I pass by can't hold back tears inside

난 그 광경을 보면서 흐르는 눈물을 참을 수 없어

(…)

I'm hearin' rumors so you need to switch

너에 대한 온갖 소문이 들려 넌 변해야 해

and niggas wouldn't call you bitch, I betcha.

네가 변한다면 아무도 널 계집년이라고 부르지 않을 거야, 장담할게

You wonder why they call U bitch

왜 사람들이 널 계집년이라고 부르는지 넌 모르지

투팍은 미혼모로서 자신이 낳은 아이들에 대한 책임은 방기한 채 다른 남자들과 놀아나는 젊은 흑인 여성들에 대한 비판을 자신의 음악에 담았다. 그리고 그렇게 행동하는 지금의 너는 분명 'bitch'지만, 앞으로 달라져야 하며, 그렇게 된다면 아무도 너

를 'bitch'라고 부르지 않을 것이라고 말한다. 이 노래 역시 단순히 여성 폄하의 혐의를 씌우기에는 부적절하다.

2007년으로 돌아가보자. 당시 미국의 백인 방송인 돈 이무스Don Imus가 한 대학 농구부의 치어리더들을 가리켜 '멍청한 창녀들nappy headed hoes'이라고 발언한 적이 있다. 당연히 큰 논란이 일어났고 어떤 이들은 그의 발언이 래퍼들의 여성 폄하적 가사에 영향을 받았다거나 혹은 질 낮은 래퍼들과 다를 바가 없다며 비판을 가했다. 래퍼들의 입장에선 가만히 있다가 불똥이 튀긴 셈이다. 그러자 스눕 독은 MTV 인터뷰를 통해 자신의 의견을 이와 같이 밝혔다.

It's a completely different scenario. Rappers are not talking about no collegiate basketball girls who have made it to the next level in education and sports. We're talking about hoes that in the hood that Ain't doin' shit, that's trying to get a nigga for his money. These are two separate things. First of all, we Ain't no old-ass white men that sit up on MSNBC going hard on black girls. We are rappers that have these songs coming from our minds and souls that are relevant to what we feel. I will not let these muthafuckas say we in the same league as him.

이것은 완전히 다른 경우다. 래퍼들은 학업과 스포츠 양면에서 자신의 발전을 위해 노력하는 대학 농구부 소녀들을 폄하하지 않는다. 다만 우리는 아무것도 하지 않으면서 남자 등쳐먹을 궁리나 하는 년들을 욕할 뿐이다. 이 두 가지는 완전히 다른 사안이다. 먼저, 우리는 방송국에 앉아서 만만한 흑인 여자를 까대기나 하는 늙은 백인 남자들이 아니다. 우리는 우리의 마음과 정신에서 느낀 것을 있는 그대로 음악에 담는 래퍼들이다. 나는 병신 같은 놈들이 이무스와 우리를 동일시하며 취급하는 것을 결코 좌시하지 않을 것이다.

즉 스눕의 말에 따르면, 래퍼들은 존중 받을 여성들은 존중하면서, 자신이 실제로 보고 느낀 것을 진실하게 음악에 담는 사람들이다.

그러나 래퍼들의 이 같은 항변도 여성 폄하와 관련한 힙합의 혐의를 완전히 벗겨내지는 못한다. 힙합을 향한 일방적인 낙인이 진실이 아니듯 힙합에 쓰인 모든 혐의가 그저 누명만은 아니다. 다만 여성 폄하와 관련해 힙합이 일방적으로 공격받고 있다는 판단이 들어 사안을 복합적으로 다루며 그 균형을 맞추려고 했을 뿐이다. 실제로 어떤 학자들은 힙합을 향한 공격의 부당함을 일부 인정하면서도 "힙합이 여성 폄하를 만들어낸 것은 아니지만, 또 래퍼들의 거친 표현에는 그들 나름의 논리와 이유가 존재하지만, 그럼에도 미국사회에 이미 존재하는 여성 폄하를 계속 유지하거나 더욱 공고히 하는 데에 힙합이 기여하고 있다"고 말한다. 일리 있는 말이다.

무엇보다 힙합 음악과 문화는 단일한 생명체나 집단이 아니다. 힙합 문화 안에도 서로 다른 목소리가 존재한다. 여성 폄하 혐의에 항변하는 래퍼들도 있는 반면 그러한 비판을 인정하고 자성을 촉구하는 래퍼도 있다. 후자로는 루페 피아스코Lupe Fiasco가 대표적일 것이다.

루페 피아스코가 2012년에 발표한 노래 'Bitch Bad'는 큰 반향을 일으켰다. 루페 피아스코는 이 노래를 통해 힙합의 여성 폄하에 대해, 더 정확히 말하면 'bitch'라는 단어의 사용에 대해 정면으로 문제를 제기한다. 이 노래의 첫 번째 벌스는 이렇다.

Now imagine there's a shorty, maybe five maybe four

네 살이나 다섯 살 먹은 꼬마애가 있다고 해보자

Ridin' round with his mama listening to the radio

걔는 지금 엄마랑 같이 라디오를 들으며 놀고 있어

And a song comes on and a not far off from being born

노래가 흐르고, 걔는 태어난 지 얼마 안 되었기 때문에

Doesn't know the difference between right and wrong

옳고 그른 걸 제대로 분별할 줄 모르지

Now I Ain't trying to make it too complex

너무 복잡하게 얘기하려는 건 아니야

But let's just say shorty has an undeveloped context

다만 그 꼬마애는 여성에 대한 요즘의 인식을

About the perception of women these days

제대로 알아들을 만한 수준이 아니라는 거지

His mama sings along and this what she says

걔 엄마가 따라 부르는 노래의 가사는 이래

"Ni**as, I'm a bad bitch, and I'm that bitch

"나는 멋지고 잘나가는 년이야, 내가 바로 그런 년이지

Something that's far above average"

보통 년들이랑은 다르다구"

And maybe other rhyming words like cabbage and savage

그리고 아마 'cabbage'나 'savage' 같은 단어로 다음 라임을 쓰겠지

And baby carriage and other things that match it

그 다음엔 'baby carriage'나 뭐 다른 단어겠지

Couple of things are happenin' here

지금 몇 가지 일이 일어나고 있어

First he's relatin' the word "bitch" with his mama

먼저, 이 꼬마애는 'bitch'라는 단어를 자기 엄마랑 연관시키고 있어

And because she's relatin' to herself,

왜냐하면 걔 엄마가 그 단어를 자기랑 연관시키고 있거든

his most important source of help And mental health,

그녀가 꼬마의 가치관을 좌우하는 가장 중요한 존재인데

he may skew respect for dishonor

이제 꼬마애는 '존중'과 '폄하'를 뒤바꿔 알게 될지도 몰라

'bitch'라는 단어는 원래 여성을 폄하하는 의미가 맞다. 그러나 힙합 문화권을 중심으로 한 세계 안에서는 최근 몇 년 사이 긍정적(?)인 의미로 통용되기도 한다. 예를 들어 'bad bitch'는 원래 '나쁜 년'이나 '못된 년'을 의미한다. 하지만 당차고 독립적이며 성적 매력을 숨기지 않는 여성상이 새로운 미덕으로 떠오르면서 'bad bitch'는 '멋지고 잘나가는 년'이라는 새로운 의미를 얻게 되었다. 팝 스타 리한나의 각종 좌충우돌 행보를 생각하면 쉽다. 참고로 그녀의 인스타그램 아이디는 'badgalriri'다. 스스로를 가리켜 'bad'라고 일컫는 것이 긍정적인 행위로 받아들여지는 시대가 된 것이다.

문제는 이 같은 상황이 그 맥락을 모르거나 제대로 된 지각

능력이 없는 아이들에게 가치관의 혼란과 인식 왜곡을 일으킬 위험이 있다는 사실이다. 루페 피아스코가 이 노래에서 지적하는 지점이 이것이다. 이 노래 후렴에서는 아래와 같은 구절이 반복된다.

 Bitch bad, woman good

'bitch'는 안 돼, 'woman'이 좋지

Lady better, they misunderstood

사실 'lady'가 가장 좋아, 아이들이 오해하고 있어

이렇듯 루페 피아스코의 'Bitch Bad'는 힙합을 여성 폄하적 문화로 비판하는 목소리에 항변하는 래퍼들의 입장과 사뭇 다르다. 이들은 '우리들에게도 나름의 논리와 이유가 있다'고 말하지만 루페 피아스코는 그것을 '기표'와 '기의'의 문제로 들여다본다. 그리고 이것은 기의에 앞서 기표의 문제라고 말한다.

루페 피아스코가 힙합의 여성 폄하 경향을 비판하고 자성했다면, 처음부터 여성에 대한 존중을 음악에 담은 래퍼들도 있었다. 힙합 역사상 가장 의식 있는 메시지를 전달하는 래퍼로 알려져 있는 모스 데프와 탈립 콸리는 지난 1998년, 블랙 스타라는 팀을 결성하고 'Brown Skin Lady'라는 노래를 발표한 적이 있다.

'Brown Skin Lady'는 언뜻 평범한 '작업송'처럼 들린다. 모스 데프와 탈립 콸리는 길거리를 가다 첫눈에 보고 반한 여성에게 온갖 찬사를 바친다. 그러나 제목에 이미 힌트가 있다. '흰색 피부'가 아니라 '갈색 피부'다. 실제로 이들은 노래 후반부에 이르러

주제의식을 직접적으로 내비친다.

055 Without makeup you're beautiful

화장을 안 해도 넌 아름다워

Whatcha you need to paint the next face for

괜히 얼굴에 색칠을 할 필요는 없지

We're not dealin with the European standard of beauty tonight

우린 지금 유럽이 생각하는 미의 기준에 대해 말하는 게 아냐

Turn off the TV and put the magazine away

티브이와 잡지는 치워버려

In the mirror tell me what you see

그리고 거울을 보고 무엇이 보이는지 말해줘

See the evidence of divine presence

신이 내린 증거가 네 눈에 보이잖아

Women of the, Carribean, they got the, golden sun

캐리비안 여자들은 그들만의 황금 태양을 가지고 있지

I know women on the continent got it

저 대륙의 여자들도 물론 아름다워

Nigeria, and Ghana, you know they got it

나이지리아, 가나 여자들도 아름답지

Tanzania, Namibia and Mozambique

탄자니아, 나미비아, 모잠비크

and Bothswana, to let it speak

보츠와나 여자들도 물론이야

about latinas, columbianas

라틴인, 콜롬비아인도 아름답지

기본적으로 이 노래는 (우리가 알고 있는 사전적인 의미의 그 방식대로) 여성을 존중한다. 'bitch'라는 단어는 들어설 여지도 없다. 힙합의 전통적인 남성성과도 거리가 있다. 그리고 동시에 이 노래는 백인이 아닌 여성, 즉 백인 입장에서는 유색 인종에 해당하는 여성들의 미에 대해 특별히 예찬한다. 'Brown Skin Lady'는 소수자와 약자를 동시에 존중하고 격려하는 아름다운 힙합 트랙이다.

여성을 존중하는 힙합 트랙을 하나만 더 살펴보자. 앞서 말한 대로 탈립 콸리는 모스 데프와 함께 블랙 스타라는 팀으로 활동했지만 프로듀서 하이-텍^{Hi-Tek}과 리플렉션 이터널^{Reflection Eternal}이라는 듀오를 결성한 적도 있다. 리플렉션 이터널이 2000년에 발표한 앨범 「Train of Thought」를 듣다보면 스무 개의 트랙이 흐른 뒤 숨겨진 보너스 트랙이 하나 등장한다. 그리고 'Four Women'이라는 제목의 이 노래는 앨범의 가장 뭉클한 순간이 실은 가장 마지막에 숨겨져 있었음을 깨닫게 해준다.

'Four Women'은 제목 그대로 이 세상의 상처 받은 모든 여인에게 건네는 따스한 위로의 손길이다. 아련하고 때로는 구슬프기까지 한 비트 위로 탈립 콸리는 검은 피부색 때문에 평생 차별에 시달리다 눈을 감는 어느 할머니, 강간으로 인한 원치 않는 임신에 의해 태어나 부모 없이 불우한 어린 시절을 보내는 한 소녀, 거리에 무방비로 노출되어 보호받지 못하고 결국 윤락의 늪으로 빠져드는 게토의 아이들을 차례로 언급하며 이들을 향한 관심과 사랑을 촉구한다. 이 노래를 들을 때는 울 수도 있으니 조심하는 게 좋다.

그렇다면, 갑자기 이런 의문이 든다. 힙합의 여성 폄하에 대해 여성 래퍼들은 어떻게 대응하고 있을까? 결론부터 말하자면 적지 않은 여성 래퍼들은 남성 래퍼들이 구축해놓은 질서에 그대로 편입되는 양상을 보인다. 물론 힙합의 여성 폄하에 대항하기 위해 강인하고 독립적인 캐릭터를 구축하고 그에 걸맞은 가사를 쓰는 여성 래퍼들도 있다. 하지만 주류에서 활동하며 유명세를 떨치는 여성 래퍼 대부분은 힙합의 남성적인 질서에 복무하는 경향을 보인다. 여기에는 몇 가지 이유가 있다.

먼저 일종의 산업적인 이유가 있다. 한마디로, 이미 남성성을 기반으로 구축되어 있는 견고한 시스템에 진입하려면 그들이 원하는 것을 해야 한다는 말이다. 기회를 따내려면 제작자나 결정권자가 원하는 것을 해야 하고, 그들이 원하는 것은 '잘 팔리는' 것, 즉 흑인 남성 래퍼들이 해오던 것이다. 실제로 신인 시절에는 그렇지 않다가 인기를 얻어가면서 과도한 섹스어필을 한다든가 스스로를 성적 대상화하는 일도 서슴지 않(으며 스타 반열에 올라서)는 여성 래퍼를 심심치 않게 볼 수 있다.

또 다른 이유로는 인종 문제를 들 수 있다. 흑인 남성 래퍼와 흑인 여성 래퍼는 남성과 여성으로 구분 지을 수도 있지만 동시에 같은 흑인이기도 하다. 흑인은 미국 내에서 소수인종으로서 핍박의 역사를 거쳐온 만큼 인종 간의 유대가 특히 깊다는 사실은 모두가 알고 있다.

그러나 바로 이 지점에서 문제(?)가 발생한다. 흑인 여성 래퍼들이 흑인 남성 래퍼들의 여성 폄하적인 면모에 대해 '여성'으로서 문제의식을 느꼈다고 해보자. 하지만 그녀들은 고민하기 시작한다. "만약 내가 문제를 제기하면 혹시라도 흑인 남성 래퍼의 여성 폄하가 백인들의 공격을 받지는 않을까?" 즉 '여성으로서의 문제의식' 앞에 '같은 인종으로서의 유대감'이 끼어들고, 결국 흑인 여성 래퍼들은 흑인 남성 래퍼들의 여성 폄하를 묵인하며 무의식적으로 '같은 인종으로서의 연대'를 택하게 되는 것이다. 이는 '성'과 '인종'이 맞물린다는 점에서 블랙파워 운동 당시 생겨났던 흑인 남성과 흑인 여성 간의 격차 문제와 미묘하게 닮아 있는 사안이기도 하다.

힙합의 여성 폄하 논란은 아직도 진행 중이다. 그리고 불행히도 혹은 다행히도 당분간 해소될 가능성은 그리 높아 보이지 않는다. 창작의 자유, 예술의 가치, 인종, 역사, 도덕, 양성평등, 진실성 등 여러 가치가 뒤엉켜 있는 이 문제가 다만 힙합의 고유한 멋을 보존하면서 동시에 누군가에게 상처가 되지 않는 쪽으로 차차 발전해가기를 바랄 뿐이다.

HOMO PHOBIA

[동성애 폄하]

그냥,
다 똑같은
사랑이야

056

You fags think it's all a game, 'til I walk a flock of flames

너희 게이 새끼들은 이게 그냥 장난인 줄 알지, 내가 불꽃을 뚫고

Off a plank and, tell me what in the fuck are you thinking

나갈 때까지 말이야, 대체 무슨 생각을 하고 있는 거야?

Little gay lookin' boy

이 게이 같이 생긴 꼬마 새끼야

So gay I can barely say it with a straight face looking, boy

이 새끼는 너무 게이 같아서 차마 정색하고 말할 수도 없지

에미넴이 2013년에 발표한 싱글 'Rap God'의 가사 일부다. 먼저 'straight face'(정색하다)는 'gay(동성애자)'와 반대되는 뜻의 'straight(이성애자)'이라는 단어를 활용한 언어유희라는 점을 알 아두자.

이 가사를 접하고 가장 눈에 들어오는 것은 역시 '게이'라 는 단어의 사용이다. 실제로 이 가사는 당시 많은 논란을 낳았 다. '동성애 비하' 혹은 '동성애 폄하'적이라는 것이었다. 물론 에 미넴은 이에 대해 '(배틀 랩을 위시한) 누군가를 공격하는 가사

를 쓰는 과정에서 동원한 하나의 상징적인 표현일 뿐 동성애를 직접적으로 비하한 것이 아니'라는 뉘앙스의 해명을 했다. 게이 대신 '병신'이나 '계집애' '겁쟁이' 같은 단어를 집어넣어도 상관이 없다는 뜻이었다. 언뜻 수긍이 가기는 하지만 그래도, 아니 그래서 더 분명하게 남는 사실이 있다. 에미넴이 게이를 직접 비하한 것은 아니지만 게이라는 단어를 부정적 함의로서 활용했다는 사실이다(아이러니하게도, 혹은 다행스럽게도 에미넴은 얼마 전 한 인터뷰를 통해 동성결혼 지지 입장을 밝혔다. 또 참고로 에미넴은 2000년부터 지금까지 쭉 동성애자를 싫어하지 않는다는 입장을 고수해오고 있다).

래퍼 캠론^{Cam'ron}의 예를 보자. 캠론은 음악계에 'no homo' 라는 표현을 유행시킨 인물로 평가 받는다. 'no homo'는 말 그대로 '나는 동성애자가 아니다'라는 뜻이다. 예를 들어 이런 랩 가사가 있다고 해보자.

 I just spent five hours talking with my man on the phone
난 방금 친구 녀석과 5시간 동안 통화를 했지

남자끼리의 5시간 통화에는 여러 이유가 있을 수 있다. 개인적으로는 정말 쓸데없는 시간 낭비라고 생각하지만 누군가는 뭐, 그럴 수도 있다. 진지한 고민을 나누었을 수도 있고 너무 오랜만이라 반가운 마음에 그랬을 수도 있다. 하지만 한편으로 이 구절에는 오해의 소지가 있다. 남자끼리 5시간이나 통화를 하다니……혹시……? 바로 이럴 때 뒤에 'no homo'를 붙인다.

즉 동성애자라는 오해를 살 수도 있는 구절 뒤에 'no homo'를 붙이는 것이 유행하던 시절이 있었다. 심각하고 진지하게보다는 일종의 위트로서 많이 활용되었지만 말이다.

그러나 'no homo'의 유행은 무언가 찜찜한 뒷맛을 남긴다. 가사에 오해의 소지가 있다며 끝에 'no homo'를 앞다투어 붙이는 래퍼들을 보며 드는 생각은 분명하다. 그 이면에는 동성애자에 대한 반감, 그리고 자신이 동성애자로 오해받는 것에 대한 깊은 두려움이 배어 있는 것이다.

한편, 'gay'와 비슷하면서도 다른 단어로 'faggot'이 있다. 정확히 말하면 'gay'의 속된 버전이 바로 'faggot'이다. 사실 래퍼들은 랩 가사에 전자보다는 후자를 훨씬 많이 쓴다. 더 경멸적이기 때문이다. 거칠기로 둘째가라면 서러운 래퍼 DMX의 한 가사를 보자.

 I never did trust you faggot, I'll bust you faggot!

지금 DMX는 동성애자에 대해 언급하고 있지 않을 확률이 90퍼센트다. 여기서 DMX가 절대로 신뢰하지 않으며, 부숴버리겠다는 대상은 동성애자가 아니라 그냥 자신에 대항하는 무리다. 물론 그중에 동성애자가 섞여있을 수도 있지만 동성애자를 직접 겨냥한 것은 아니라는 말이다. 이렇듯 'faggot'이란 단어는 꼭 동성애자가 아니더라도 누군가를 공격할 때 쓰는 경멸적인 표현으로 이미 래퍼들 사이에서 자리를 잡은 지 오래(?)다.

사례 하나만 더 보고 가자. 래퍼 릴비[Lil' B]는 지난 2011년에 살해 협박을 받은 적이 있다. 자신의 앨범 타이틀을 「I'm Gay」
라 짓겠다고 공표했기 때문이다. 대부분의 래퍼들이 그렇듯 얼
핏 동성애자에 대한 조롱 정도의 뉘앙스로 생각하기 쉽지만 릴
비의 태도는 진지했다. 그는 자신이 동성애자는 아니지만 성소
수자를 존중하고 그에 관한 문제의식을 환기하는 차원에서 앨
범 타이틀을 지었다고 말했다.

그러나 사태는 릴비의 예상과는 다르게 흘렀다. 특히 성 소
수자 커뮤니티에서 심한 반발이 일어났다. 그들은 릴비의 앨범
타이틀에 불쾌감을 표했고 그들 중 몇몇은 릴비에게 수차례 살
해 협박을 가했다. 이와 동시에 남성성으로 무장한 래퍼들의 조
롱거리가 되었음은 물론이다. 다행히 릴비는 아직 살아 있지만
이 사건은 힙합의 세계에서 동성애라는 화두가 얼마나 민감하
고 뜨거운 문제인지를 여실히 드러냈다.

그렇다면 힙합은 왜 이토록 동성애에 대한 거부감과 폄하,
멸시의 감정을 가지고 있는 걸까? 힙합의 여성 폄하와 마찬가지
로 힙합의 동성애 폄하에 대해 논하려면 역시 '흑인 남성성black
masculinity'을 짚고 넘어가지 않을 수 없다. 동성애·양성애자 흑
인 남성 단체 'Black Men's Xchange'의 설립자 클레오 마나고
Cleo Manago는 이렇게 말한다.

Without an understanding of the deep hurt that black
men have around issues of masculinity and their role
as a man, you can't hope to eliminate anti-homosexual
sentiment in black men.

흑인 남성의 반 동성애 정서를 근본적으로 없애기 위해서는 '남성성'에 대한 그들의 깊은 상처를 먼저 헤아릴 필요가 있다.

400년 넘게 지속된 노예의 역사 속에서 흑인 남성은 지속적으로 남성성에 깊은 상처를 입어왔다. 백인 소유주 입장에서 볼 때 흑인 남성 노예의 남성성은 노예의 대를 잇게 해준다는 면에서 꼭 필요한 것이기도 했지만 동시에 자신들을 향한 잠재적인 위협이기도 했다. 따라서 그들은 흑인 남성 노예를 길들이기 위해 온갖 방법으로 탄압을 자행했다. 때문에 흑인 남성 노예는 어릴 적부터 그들의 할아버지, 아버지, 형, 동생이 백인 소유주에 의해 맞고 고문당하고 강간당하며 심지어 살해당하는 모습을 지켜보며 자라야 했다(노예의 역사를 거치며 내재화된 흑인 남성의 무력감에 대해서는 이미 '남성 우월주의'에 대해 말할 때 이야기한 바 있다).

남성 우월과 여성 폄하 성향을 강하게 드러내는 오늘날 흑인 남성의 남성성은 이렇듯 억압과 상처로 얼룩진 역사적 경험에서 비롯된 일종의 '콤플렉스 극복'의 측면이 크다. 타의에 의해 남성성이 거세된 채 제대로 된 남자 역할을 오랫동안 해오지 못했던 만큼 남들보다 더욱더 남성성을 숭상하며 (그들의 기준에서) '진정한 남자'가 될 필요가 있었던 것이다.

이러한 맥락에서 학자들은 흑인 남성 동성애자가 흑인 남성의 '트라우마'를 건드렸다고 해석한다. 흑인 남성의 입장에서 볼 때 치욕의 역사를 되풀이하지 않으려면 남자답고 강해져야 한다. 그러나 흑인 남성 동성애자는 여성스럽고 약하다(혹은 그렇게 보인다). 역사적 맥락을 투영할 때, 여성스럽고 약한 흑인 남성 동성애자는 흑인 남성에게 단순히 꼴 보기 싫은 존재를 넘어 불안과 위협을 야기하는 대상이 된다. 다시 말해 극복하고 청산해야 할 대상인 셈이다.

힙합의 동성애 폄하를 '인구'와 연계하는 시각도 있다. 먼저 네덜란드 이야기를 잠깐 해보자. 네덜란드는 세계에서 동성애에 가장 관대하기로 유명한 나라다. 실제로 동성결혼이 합법이기도 하다. 네덜란드의 이러한 특성에 대해 여러 관점과 맥락에서 분석해볼 수 있겠지만 어떤 이는 이를 네덜란드의 높은 인구 밀도와 관련짓기도 한다. 한마디로 땅은 좁고 인구는 줄여야 하는 상황이 동성애에 대한 태도와 정책에 영향을 끼쳤다는 것이다. 비슷한 맥락으로 볼 때 미국에서 현재 흑인 인구는 전체의 10퍼센트를 조금 넘는 정도다. 흑인의 힘을 키우기 위해서는 인구를 더 늘릴 필요가 있다. 이러한 입장에 서면 당연히 흑인 동성애자의 증가는 달갑지 않다.

그러나 힙합의 동성애 폄하와 관련해 인구보다 더 중요한 요소는 바로 '종교'일 것이다. 그리고 힙합의 동성애 폄하와 종교 사이의 상관관계를 알아보기 위해서는 힙합 음악과 문화의 근간을 이루는 미국 흑인사회의 특성에 대해 들여다볼 필요가 있다. 물론 미국 자체가 종교와 여러모로 깊은 관련을 맺고 있는 나라이긴 하다. 하지만 그중에서도 미국 흑인사회는 미국 내 다른 어떤 집단보다 '종교적'인 면모를 보이는데, 이는 통계를 통해서도 확실히 드러난다.

미국 'Pew Research Center'의 2007년 조사에 따르면, 미

국 흑인사회는 종교를 믿는 비율, 종교 행사 참여 빈도, 기도 횟수, 종교가 삶을 좌우하는 정도 등 거의 모든 면에서 미국 평균을 상회하는 것으로 나타났다. 예를 들어 종교가 있는 미국 흑인 중 '종교가 자신의 삶에서 굉장히 중요하다very important'고 대답한 인구가 79퍼센트인 반면 미국 평균은 56퍼센트에 불과했다. 또 특정한 종교가 없다고 말한 미국 흑인의 45퍼센트가 그래도 종교는 자신의 삶에 '굉장히 중요하다'고 대답한 반면 미국 평균은 16퍼센트에 그쳤다.

한편 미국 흑인의 53퍼센트가 1주일에 적어도 1번 이상 종교 행사에 참여한다고 대답했고, 76퍼센트가 매일 1번 이상의 기도를 하며, 88퍼센트가 신은 실제로 존재함을 절대적으로 믿는다고 말했다. 흥미로운 것은 미국 전체 개신교 인구 중 매일 기도를 하는 사람의 비율이 53퍼센트로 나타났는데, 종교가 없는 미국 흑인의 무려 48퍼센트가 매일 기도를 한다고 대답했다는 사실이다. 또 종교가 없는 미국 흑인의 70퍼센트가 신에 대한 절대적인 믿음 아래 살아간다고 대답하기도 했는데 이는 미국 평균 개신교 인구(73퍼센트)와 가톨릭 인구(72퍼센트)의 동일 항목 수치와 비슷하다. 아니, 사실상 거의 차이가 없다고 봐도 무방한 수치라고 할 수 있다.

이렇듯 미국 흑인사회에 종교가 차지하는 영향은 매우 크다. 그리고 이와 관련해 역시 노예의 역사를 언급하지 않을 수 없다. 아프리카 등지에서 노예로 잡혀와 미국 남부 지방을 중심으로 정착한 흑인들은 매일 고된 노동과 백인 소유주의 핍박으로 힘겨운 시간을 보냈다. 영문도 모른 채 고통을 겪어야 했던 그들에게 주일의 예배는 다른 이들보다 훨씬 특별한 의미로 다가왔다. 일주일 동안의 모든 설움, 분노, 고독을 예배를 통해 풀어냈던 것이다.

실제로 흑인 전통 교회의 예배는 다른 교회의 예배와 사뭇 다르다. 그들은 가만히 조용히 앉아 예배를 드리는 대신 예배 내내 역동적인 몸짓과 반응으로 참여한다. 종파가 무엇이든, 심지어 특정한 종교를 믿지 않더라도 미국 흑인에게 '신앙'은 삶 자체를 지탱하는 거대한 존재로 자리매김해왔다. 신 앞에서 현실의 차별은 사라지고 천국에서 고단한 노예의 삶이 끝날 것을 믿으며 그들은 더욱더 신앙에 몰두했다. 노예제도는 사라졌지만 지금의 미국 흑인의 사회경제적 위치 역시 그리 높다고 할 수 없기에 신앙에 대한 그들의 몰두가 계속 이어진다고 볼 수도 있을 것이다.

여기서 중요한 사실은, 위의 조사에 따르면 미국 흑인의 무려 78퍼센트가 개신교도Protestant라는 점이다. 거의 절대 다수라고 할 수 있다. 그리고 이 개신교를 미국 흑인에게 전파시킨 장본인이 바로 미국 백인이라는 사실에 비극이라면 비극이 있다. 개신교와 신앙 자체에 대한 흑인들의 순수한 열정과 치유 효과와는 별개로, 백인들은 자신들의 통치 구조를 더욱 강화하기 위해 종교를 적절히 이용했다.

예를 들어 성경 속 노아의 후손임을 들어 백인은 원래 선택받은 민족이고 흑인은 원래 저주받은 민족이라는 날조를 서슴지 않았고, 백인 목사들은 "이 땅의 삶은 헛것이다. 천국에 소망이 있으니 노예로 사는 것을 불평하지 말라. 그리고 성경에 분명히 기록되기를 '노예들아 주인에게 복종하라'고 했으니 여러분도 그렇게 해야 한다"는 엉터리 설교를 일삼았다. 예수의 이름으로 만인의 평등 대신 인종 간의 차별을 가르쳤던 셈이다.

이쯤에서 의문이 든다. 힙합의 동성애 폄하와 종교는 구체적으로 어떠한 관련이 있는 걸까? 간단하다. 삼단논법(?)으로 정리가 된다. 개신교 일반은 동성애를 '죄악'으로 가르치고 있고, 미국 흑인의 절대 다수가 개신교를 모태신앙으로 삼고 자랐으며, 동성애를 죄악시하는 분위기가 만연한 미국 흑인에 의해 힙합이라는 문화가 탄생했다. 실제로 위 조사에 따르면 동성애에 반대하는 미국 흑인 비율이 미국 인구 평균보다 높다. 또 개신교를 믿는 흑인은 물론 종교가 없는 흑인이 동성애에 반대하는 비율 역시 종교가 없는 미국 인구 평균이 동성애에 반대하는 비율보다 훨씬 높다. 즉 흑인 개신교도는 물론이고 인종으로 나누었을 때 다른 인종보다 흑인의 동성애 반대가 더 높다는 결론에 다다른다.

힙합 문화에서 여성 폄하와 동성애 폄하는 같고도 또 다른 양상을 보여왔다. 먼저 '같은' 점은, 긍정적인 의미의 흑인 남성성과 상반되는 부정적인 개념으로서 여성성과 동성애가 나란히 자리한다는 점이다. 반면 '다른' 점이 있다면, 힙합의 동성애 폄하가 힙합의 여성 폄하보다 비교적 허용되고 묵인되는 분위기가 존재해왔다는 점이다. 그리고 여기에는 흑인사회의 '어른'으로 대우받는 인권운동가나 목사들이 힙합의 여성 폄하에 대해서는 비판의 목소리를 높이다가도 힙합의 동성애 폄하에 대해서는 (종교적 이유로) 제대로 비판하지 않은 까닭이 크다.

그렇다면 이제부터는 동성애와 관련한 힙합의 역사적 순간들을 짚고 넘어가도록 하자. 먼저 1982년에 발표된 그랜드마스터 플래시 앤드 더 퓨리어스 파이브Grandmaster Flash and the Furious Five의 'The Message'를 보자. 일단 이 노래는 최초의 힙합 트랙 중 하나이자 최초의 '정치적이고 의식적인' 랩 중 하나로 알려져 있다. 이 같은 사실은 노래의 첫 번째 벌스만 보아도 알 수 있다.

057

Broken glass everywhere

깨진 유리조각이 여기저기 널려 있지

People pissing on the stairs, you know they just don't care

계단에 아무렇게나 오줌을 싸는 사람들, 그들은 아무것도 신경 쓰지 않아

I can't take the smell, I can't take the noise no more

나는 이 냄새와 소음을 더는 참을 수 없어

Got no money to move out, I guess I got no choice

밖으로 나가고 싶은데 돈이 없어, 아무래도 선택의 여지가 없는 것 같군

Rats in the front room, roaches in the back

앞방에는 쥐들이 가득하고 뒤에는 바퀴벌레가 있지

Junkie's in the alley with a baseball bat

골목에는 마약에 중독된 놈이 야구방망이를 들고 서 있네

I tried to get away, but I couldn't get far

도망치려고 했지만 나는 멀리 갈 수 없었어

Cause a man with a tow-truck repossessed my car

견인차가 와서 내 차를 가져가버렸거든

당시 흑인 빈민가의 비참한 생활상을 적나라하고 생생하게 음악에 담아낸 것과 별개로, 이 노래는 반 동성애 정서를 최초로 표현한 힙합 음악 중 하나로 역시 알려져 있다. 다음 구절을 보자.

Got sent up for a eight-year bid

년 8년형을 받고 수감되었지

Now your manhood is took and you're a Maytag

이제 네 남자다움은 사라지고 넌 감옥 안의 성 노리개가 되었어

Spend the next two years as a undercover fag

그 후 2년 정도는 게이가 된 걸 숨기고 살아가겠지

물론 실제로 미국에서는 감옥 안의 성폭행 문제가 심각하다고 알려져 있기는 하다. 그러나 동성애자를 '남자다움'의 반대급부로 폄하하고, 'fag'라는 동성애 비하 표현을 사용한 기저에는 이미 동성애에 대한 부정적인 인식이 깔려 있음을 어렵지 않게 눈치 챌 수 있다.

3인조 백인 악동 비스티 보이스Beastie Boys도 같은 혐의(?)를 피해갈 수 없었다. 비스티 보이스는 1986년에 데뷔 앨범 「Licensed to Ill」를 발표한 후 큰 반향을 얻으며 힙합 역사의 한 페이지를 장식하게 되는데, 사실 그들은 이 앨범의 타이틀을 'don't Be a Faggot'으로 지을 예정이었다. 우리말로 하면 앨범 제목이 '계집애 같은 동성애자는 되지 말라구' 정도가 된다. 다행히 레코드사에서 이 제목을 거부했기에 이들은 이후 10년이

넘게 정상을 지킬 수 있었다. 또 지난 1999년에 그들은 "우리가 초창기에 뱉었던 무지하고 병신 같은 가사들에 대해 모든 성소수자에게 사과한다"고 말하기도 했다.

그런가 하면 랩의 어법을 정립한 선구자 중 한 명인 빅 대디 케인Big Daddy Kane은 그가 양성애자이며 에이즈로 죽었다는 루머 때문에 커리어의 크나큰 위기에 몰린 적도 있었다. 원래 빅 대디 케인은 여느 래퍼와 마찬가지로 강한 반 동성애 정서를 지닌 래퍼였다. 예를 들어 1989년에 그가 발표한 노래 'Pimpin' Ain't Easy'에는 이러한 구절이 있다.

058

The Big Daddy law is anti-faggot

빅 대디의 법칙은 바로 계집애 같은 동성애자 놈들에 반대하는 것

That means no homosexuality;

즉 동성애는 존재해서는 안 된다는 거지

그러나 오히려 이 가사가 부메랑이 되었다. 빅 대디 케인이 양성애자라는 (헛)소문에 사람들의 실망은 더욱 컸고, 그가 아무리 해명을 해도 논란은 쉽게 가라앉지 않았다. 동시에 이 사건은 당시의 힙합 팬들이 어떠한 성향을 지니고 있었는지를 짐작하게 해준다.

그리고 이야기는 다시 에미넴으로 돌아온다. 힙합 역사를 통틀어 동성애와 관련한 가장 강렬한 순간을 하나 꼽으라면 역시 에미넴과 엘튼 존의 합동 공연일 것이다. 동성애자를 비하하는 가사를 심심풀이 땅콩처럼 쓰던 한 래퍼와 전 세계 동성

애자 중 가장 유명한 싱어송라이터가 한무대에 서서 같은 노래
를 연주하고 부른다는 사실은 화제가 되기에 충분했다. 둘은
2001년 그래미 시상식에서 에미넴의 히트 싱글 'Stan'을 함께 불
렀고, 노래가 끝난 다음 가벼운 포옹과 악수를 나누었다. 이 무
대는 아직까지도 그래미 역사상 가장 위대한 퍼포먼스 중 하나
로 남아 있다.

그렇다면 힙합의 호모포비아에 맞선 래퍼는 없을까? 물론
있다. 먼저 카니에 웨스트의 2005년 MTV 인터뷰를 보자.

> (⋯) everyone in hip-hop discriminates against gay people
> (⋯) I want to just come on TV and just tell my rappers,
> tell my friends, "Yo, stop it."
> 힙합 신에 있는 모두가 동성애자를 차별하고 있어. 나는 지금 이
> 자리에서 래퍼들과 내 친구들에게 말하고 싶어. "이봐, 차별을 멈
> 추라구."

그는 다른 인터뷰에서 이렇게 말하기도 했다.

> I would use the word "fag" and always look down upon
> gays. But then my cousin told me that another one of my
> cousins was gay, and I loved him. He's one of my favorite
> cousins. And at that point it was kind of like a turning
> point when I was like, "Yo, this my cousin, I love him, and I'
> ve been discriminating against gays."

나는 'fag'란 단어를 사용하면서 늘 동성애자를 깔보곤 했지. 그런데 어느 날 내 사촌이 다른 사촌 중 한 명이 동성애자라는 사실을 내게 알려줬어. 그리고 그 사촌은 내가 정말 사랑하는 사람이었지. 그 일이 내게 전환점이 됐어. 내가 정말 사랑하는 사촌이 실은 동성애자였는데, 나는 그 것도 모르고 그동안 동성애자를 차별해왔던 거야.

힙합의 호모포비아는 2010년을 지나며 본격적으로 균열을 드러내기 시작한다. '스타' 래퍼들이 저마다 동성애에 대한 긍정적인 입장을 드러내기 시작한 것이다. 지드래곤의 롤모델 중 한 명으로 알려진 랩 스타이자 패셔니스타인 에이셉 락키ASAP Rocky 역시 이중 한 명이었다. 그는 지난 2012년, 이런 발언을 한다.

I don't give a fuck about your business. Man, if you're gay we can be friends. If you're straight, we can be friends. (⋯) People need to leave gay people the fuck alone. Like, who cares? If you still care about shit like that you need to just hang yourself like the rest of them KKK motherfuckers. (⋯) "Hate a person" because they're a thief or a bad person. don't hate'em for what they choose to do, because they make decisions on their own time what they choose to do. I don't care and it's, like, fucked up that hip-hop is so retarded. They don't want to accept nothing.

나는 네가 어떤 사람이든 전혀 신경 쓰지 않아. 네가 동성애자라도 우린 친구가 될 수 있고, 니가 이성애자라도 마찬가지야. 사람들은 동성애자들을 좀 내버려둘 필요가 있어. 좀 KKK단처럼 굴지 말라구 이 병신들아. 어떤 사람이 도둑이거나 악인일 때는 그 사람을 싫어할 수 있겠지. 그런데 동성애자들은 그저 자신의 인생을 스스로 결정했을 뿐이잖아. 그들의 결정에 왜 이래라저래라 하는 거야? 호모포비아 놈들은 저능아 같아. 그 새끼들은 아무것도 받아들이려고 하질 않지.

같은 해, 최근 몇 년 간 가장 재능 있는 아티스트로 주목 받으며 그래미 시상식에서 수상을 하기도 했던 프랭크 오션^{Frank Ocean}이 폭탄 발언(?)을 한다. 태어나서 처음으로 사랑의 감정을 느낀 상대가 남자였으며, 자신은 양성애자라고 밝힌 것이다. 그러나 분위기는 예전과 사뭇 달랐다. 실망이나 비판을 표한 이들도 있었지만 많은 사람이 격려와 지지를 보냈다. 특히 힙합 레이블 데프 잼^{Def Jam}을 설립한 인물이자 힙합 신의 존경 받는 원로 중 한 명인 러셀 시몬스^{Russell Simmons}는 다음과 같은 글을 쓰기도 했다.

Today is a big day for hip-hop. It is a day that will define who we really are. How compassionate will we be? How loving can we be? How inclusive are we? I am profoundly moved by the courage and honesty of Frank Ocean. Your decision to go public about your sexual orientation gives hope and light to so many young people still living in fear. These types of secrets should not matter anymore, but we know they do, and because of that I decided to write this short statement of support for one of the greatest new artists we have.

오늘은 힙합 역사에서 굉장히 중요한 날입니다. 오늘이야말로 우리가 진정 어떠한 사람들인지 말해주게 될 것입니다. 우리는 얼마나 '연민'의 감정을 가지고 있습니까? 우리는 누군가에게 얼마나 따스해질 수 있을까요? 그리고 우리는 얼마나 포용적인 사람일까요? 저는 프랭크 오션의 용기와 정직에 큰 감명을 받았습니다. 자신의 성 정체성을 대중에게 당당히 공개한 당신의 결정은 지금도 두려움 속에서 사는 많은 젊은 성 소수자들에게 큰 희망과 빛으로 다가갈 것입니다. 이런 종류의 비밀은 이제 더 이상 숨겨야 할 일이 아니지만, 많은 성 소수자들이 아직도 그렇게 하고 있기에, 저는 우리의 위대한 젊은 예술가를 향한 지지를 이렇게 각별히 발표하는 바입니다.

그리고 가장 최근인 2013년, 힙합 신은 한 백인 래퍼의 노래로 들썩였다. 'Same Love'라고 이름 붙여진 매클모어 Macklemore의 이 노래는 모두에게 이렇게 외쳤다. "그냥, 다 똑같은 사랑이야." 곧 이 노래는 최고의 인기를 구가하며 전 세계 성 소수자들의 주제가(?)가 되었다. 이 노래의 후렴은 시애틀 출신의 싱어송라이터 메리 램버트 Mary Lambert가 불렀는데, 그녀가 레즈비언임을 감안하면 가사가 더욱 와 닿는다.

And I can't change

난 달라질 수 없어

Even if I tried

내가 아무리 노력을 해도

Even if I wanted to

내가 아무리 원한다고 해도

And I can't change

난 달라질 수 없어

My love, my love, my love

나의 사랑, 나의 사랑, 나의 사랑

She keeps me warm

그녀는 나를 따스하게 해줘

노래의 주인인 매클모어의 가사 역시 깊은 울림을 안긴다.

If I was gay

내가 만약 동성애자였으면

I would think hip-hop hates me

힙합이 나를 싫어한다고 생각했을 거야

Have you read the YouTube comments lately

요즘 유튜브 댓글 읽어본 적 있어?

"Man that's gay"

"이봐, 그건 좀 게이 같은걸"

Gets dropped on the daily

매일마다 보는 말이지

We've become so numb to what we're sayin'

우리는 우리가 말하는 것들에 너무도 무감각해져버렸지

Our culture founded from oppression

우리의 문화가 억압에 대항해 탄생한 것인데

Yet we don't have acceptance for 'em

오히려 우리가 그들을 더욱 받아들이지 못해

Call each other faggots

키보드 뒤에 숨어

Behind the keys of a message board

서로를 계집애 같은 동성애자라고 놀리지

A word rooted in hate

증오에 깊게 뿌리박은 단어

Yet our genre still ignores it

하지만 힙합은 아직도 그 광경을 애써 외면하고 있어

Gay is synonymous with the lesser

게이는 소수자(약자)와 비슷한 뜻이라구

다른 말할 것 없다. 매클모어가 정곡을 찔렀다. 노예의 역사를 거쳐 억압과 핍박을 가하는 다수에 맞서 소수가 만들어낸 음악이자 문화가 바로 힙합이다. 그런데 왜 힙합은 또 다른 소수자와 약자를 차별하고 무시하는가? 힙합을 좋아하고 아끼는 사람으로서, 아프지만 매클모어의 지적을 받아들일 수밖에 없다.

물론 지금까지 살펴보았듯 힙합의 반 동성애 정서에 이유와 맥락이 없는 것은 아니다. 그러나 동시에 부인할 수 없는 사실이 하나 있다. 바로 앞으로의 힙합은 모든 차별과 억압에서 가장 먼 방향으로 발전해야 한다는 사실이다.

참, 빠뜨릴 뻔한 내용이 있다. 매클모어는 2014년 1월에 열린 제56회 그래미 어워드에서 '올해의 앨범'을 비롯해 무려 4개의 상을 휩쓸었다. 그리고 그는 이날 마돈나와 함께 공연하면서 세계 각지에서 온 동성·이성 커플 33쌍의 결혼식을 그래미 어워드 현장에서 주선해 사람들에게 큰 감동을 안겼다. 두말할 것 없이 멋지고 아름다운 일이었다.

RESPECT

[리스펙트:]

존중과 사랑,
힙합의
핵심 가치

에피소드 1

프레디 깁스^{Freddie Gibbs}는 최근 몇 년 사이 가장 주목해야 할 래퍼 중 한 명이 되었다. 힙합 특유의 '거리 찬가'와 '갱스터 랩'을 누구보다 진지하고 멋지게 담는 그의 음악은 사운드, 서사, 태도 등 모든 면에서 힙합이라는 장르의 정수와 가깝다. 실제로 그는 투팍과 비견되고 있으며, "지금의 힙합이 갈구하는, 장르의 가장 명료한 멋을 지녔다 This is what rap needs, bring some clarity on this genre"는 평가 또한 받고 있다.

프레디 깁스는 2013년 초 어느 날, 자신의 인스타그램에 한 장의 사진을 올렸다. 모스 데프와 악수하고 있는 사진이었다. 모스 데프는 앞서 말했듯 1990년대 중후반부터 활동을 시작해 의식적인 메시지로 명망이 높은 언더그라운드 래퍼다. 프레디 깁스의 입장에서는 어릴 적부터 듣고 자랐던 랩 '선배님'인 셈이다. 프레디 깁스는 이 사진을 올리며 다음과 같은 멘트를 첨부했다.

My first Rock The Bells Fest. I met Mos Def. I don't really respect yo pen game if u don't respect Mos Def.

내 생애 첫 번째 '락 더 벨스' 페스티벌이야. 모스 데프를 만났어. 평론가들에게 한마디 하지. 만약 당신들이 모스 데프를 존중하지 않는다면 나는 당신들을 절대로 존중할 수 없어.

에피소드 2

나스의 일곱 번째 정규 앨범 「Street's Disciple」(2004)에는 'U.B.R. (Unauthorized Biography of Rakim)'이란 노래가 수록되어 있다. '라킴의 비공식 전기'라는 제목 그대로 이 노래는 1980년대 중후반부터 활동하며 랩의 패러다임을 바꾸고 라임의 체계를 정립한 선배 래퍼 라킴을 향한 나스의 헌사를 담고 있다. 예를 들면 이런 식이다.

060

January 28, 1968

1968년 1월 28일

Born into this world as William Griffin The Great

위대한 '윌리엄 그리핀'이라는 이름으로 세상에 태어났지

Chapter 1, Winedance Long Island

제1장, 와인댄스 롱 아일랜드

Scientific rhymin' invented a new sound when he met with Eric Barrier from East Sandhurst

이스트 샌드허스트 출신의 에릭 베리어와 만났을 때 그는 과학적인 라임을 창조해 전에 없던 것을 만들어냈지

라킴의 과거와 현재, 미래를 직접 기록한 이 노래를 나스는 자신의 정규 앨범에 실었다.

에피소드 3

지난 2009년 'MTV 비디오 뮤직 어워드'에서 있었던 일이다. 테일러 스위프트Taylor Swift는 자신의 노래 'You Belong with Me'로 'Best Female Video' 부문을 수상했다. 그녀가 수상소감을 말하려는 찰나, 갑자기 카니에 웨스트가 무대에 올라와 마이크를 빼앗았다. 그리고 그는 이렇게 말했다.

Yo, Taylor, I'm really happy for you and I'mma let you finish, but Beyoncé had one of the best videos of all time. One of the best videos of all time!

이봐 테일러, 일단 네가 상을 받아서 난 정말 기뻐. 그리고 소감은 마치게

해줄게. 하지만 비욘세는 역사상 가장 위대한 비디오를 만들었어. 역사상 가장 위대한 비디오를 만들었다구!

즉 카니에 웨스트는 테일러 스위프트의 면전에서 그녀의 'You Belong with Me' 뮤직 비디오보다, 함께 후보에 오른 비욘세의 'Single Ladies(Put a Ring on It)' 뮤직 비디오가 더 훌륭하다고 항변했다. 그의 갑작스러운 돌발 행동에 테일러 스위프트뿐 아니라 모든 관객, 그리고 모든 시청자가 당황+황당해한 건 당연했다. 이 사건으로 카니에 웨스트는 엄청난 비난을 받았고 결국 자신의 블로그를 통해 공식 사과해야 했다.

이 세 가지 에피소드를 관통하는 연결고리는 무엇일까. 바로 '리스펙트Respect(존중)'다. 나는 리스펙트라는 태도를 빼고는 이 사례들을 온전히 설명할 수 없다고 생각한다. 하나씩 살펴보자.

프레디 깁스는 평론가들에게 준엄한 경고(?)를 날렸다. 만약 그가 '나를 존중하지 않는다면 나 역시 당신들을 존중할 수 없어'라고 말했다면 이것은 차라리 '스웨거'에 가깝다. 그러나 프레디 깁스는 자신의 실력을 뽐내고 자신감을 드러내기 위해 말하지 않았다. 대신에 그는 자신이 어릴 적부터 듣고 자란 모스 데프야말로 위대한 래퍼이며 모스 데프는 존중받아 마땅하다고 말했다. 모스 데프가 시킨 것도, 누가 강요한 것도 아니다. 그런 말을 뱉는다고 누가 돈을 주는 것도 아니다. 단지 그는 모스 데프에 대한 강력한 리스펙트를 지니고 있었을 뿐이다.

나스의 경우도 마찬가지다. 일단 나스 자체가 힙합 역사에서 가장 뛰어난 래퍼이자 아이콘으로 존중받는다. 그런데 그러한 인물이 자신의 정규 앨범 한 페이지를 할애해 자기에게 영향을 미친 한 선배 래퍼의 업적을 기리고 칭송한다. 이 노래에 자기 이야기는 하나도 없다. 선배나 후배라는 단어 자체가 중요한 것이 아니다. '선구자에 대한 존중'을 잊지 않고 표출했다는 점이 중요하다.

카니에 웨스트의 경우는 보기에 따라 갸우뚱할 수도 있다. 대체 리스펙트와 무슨 관련이 있냐는 것이다. 물론 이 사례의 핵심은 카니에 웨스트의 '무례함'이다. 그러나 이 무례함이 어디에서 나왔는지가 중요하다. 무엇이 그를 이토록 용감(?)하게 만들었을까. 그것은 바로 비욘세에 대한 리스펙트다. 말하자면 이것은 비욘세의 작품에 대한 카니에 웨스트의 강한 존중이 야기한 사건이다. 자기가 후보도 아니고, 나설 직접적인 이유가 없는데도, 비욘세에 대한 리스펙트가 그를 움직였던 것이다. 비록 결과적으로 테일러 스위프트에 대한 (엄청난) 디스리스펙트Disrespect가 되고 말았지만.

힙합에 특별한 관심이 없는 사람이라도 래퍼들이 "피스peace!"를 외치는 광경을 한두 번쯤은 본 적이 있을 것이다. '리스펙트'도 마찬가지다. 래퍼들은 습관적으로 피스나 리스펙트를 말끝에 붙이고는 한다. 그러나 리스펙트라는 표현을 왜 래퍼들이 습관적으로 입 밖에 내는지 그 맥락을 고민해본 사람은 그다지 많지 않을 것이다. 왜일까. 그들은 뭘 자꾸 '존중'한다는 걸까.

먼저, 이 역시 미국 흑인의 역사적 경험과 무관하지 않다. 정확히 말하면 미국 흑인 남성의 사회경제적 위치와 관련된다. 전통적으로 대부분의 미국 흑인 남성은 마치 샌드위치와도 같은 신세였다. 밖으로는 백인 남성에게 대항할 수 없었고, 안으로는 아내와 아이들에게 떳떳할 수 없었다. 이러한 위치에 놓인 미국 흑인 남성의 심경이 공격적으로 표출될 때에는 보편치를 뛰어넘는 '자기증명'이나 '자기과시'로 이어졌고, 온정적으로 표출될 때에는 '리스펙트'가 되었다.

'습관적'으로 리스펙트를 외친다는 것에 이미 실마리가 숨어 있다. 어느 것이든 마찬가지겠지만 존중이라는 가치 역시 아낄수록 그 값어치가 커진다. 남발되는 존중은 어쩌면 존중이 아닐 수도 있다. 아무 여자에게나 예쁘다는 말을 뱉는 남자를 여자들이 신뢰하지 않듯이 말이다.

그러나 동시에 래퍼들이 리스펙트를 자주 외치는 것은 엄연한 사실이다. 그리고 어쩌면 이것은 생존과 직결된 '자존감'의 문제였을지도 모른다. 그들의 입장에서는, 조그마한 성취일지라도 최대한 큰 의미를 부여해야 한다. 그래야 삶을 지탱할 수 있다. 힙합 역사를 대표하는 노래 중에 아이스 큐브의 'It Was A Good Day'라는 노래가 있다. 이 노래의 가사를 한 문장으로 요약하면 다음과 같다. "오늘은 내가 아는 우리 동네 사람이 한 명도 안 죽었고 나도 총에 안 맞았어.

오늘은 참 이상하게 좋은 날이야." 이 노래는 게토 흑인의 삶을 적나라하게 그린 사실성으로 높은 평가를 받았다.

즉, 오늘 안 죽은 것이 다행인 현실에서는 내일 아침에 눈뜰 수 있다는 것만으로도 큰 행복이자 성취다. 고난이 거대할수록 작은 것에 감사하게 되고 큰 위로를 받기 마련이다. 때문에 우리가 보기에는 별일 아닌 것이 그들에게는 감사의 대상이자 의미 있는 성취로 다가왔다. 더 정확히 말하면 '그렇게 되어야 했다.' 예를 들면 이렇다. 게토의 두 흑인 친구가 있다고 해보자. 한 명이 다른 한 명에게 이런 말을 건네는 광경을 상상하는 것은 어렵지 않다. "이런 가난하고 위험한 동네에서 우리는 같이 자랐는데, 너는 기어코 초등학교를 졸업했구나. 대단하다. 넌 해냈어. 널 존중해."

앞에서도 말했듯 래퍼들의 리스펙트는 얼핏 보면 사소한 것에도 남발되는 듯 보인다. 그러나 양식이 있는 사람이라면, 또 이 글을 읽어내려가고 있는 사람이라면 '남발'이라는 표현을 써서는 곤란하다. 그렇다면 당신은 피도 눈물도 없는, 부모님이 돌아가셔도 눈물 한 방울 흘리지 않을 사람이다. 래퍼들의 리스펙트에는 '네가 나처럼 힘든 걸 알아. 그래도 너는 조그마한 것들부터 이루어가고 있잖아. 그래서 나는 널 존중해. 그러니 함께 힘내자'라는 흑인 남성 간의 '격려' 메시지가 숨어 있다.

그리고 이쯤에서 'NBA 스타'에 대해 논할 때 이야기했던 내용을 일부 다시 들여다보겠다. 내용을 곱씹어본다면 왜 이 부분을 재론하는지에 대한 설명은 따로 하지 않아도 될 것이다.

랩 스타와 NBA 스타 간의 '동료애'와 '동질의식'은 이 연장선 상에서 이해 가능하다. 제이지와 르브론 제임스, 카니에 웨스트와 코비 브라이언트 등 랩 스타와 NBA 스타가 스스럼없이 함께 어울리는 모습은 이제 우리에게는 너무나 익숙한 광경이다. 물론 누군가는 '유명인사'끼리의 단순한 교류라며 의미를 축소하려 할지도 모른다. 그러나 그들의 의식 기저에는 '인종'과 '계층'에 기반을 둔 연대의식이 자리하고 있다. 다시 말해 그들 사이에는 '우리는 가난하고 위험한 게토에서 태어나 차별 받으며 그저그런 인생을 살 뻔했지만 이제는 인종과 국경을 초월해 세계에서 가장 유명하고 부유한 삶을 사는, 모두의 롤모델인 성공한 흑인이 되었다'는 자기정체성이 공유된다. 즉 그들의 관계는 스스로의 힘으로 자신의 운명을 바꾼 이들 간의 연대이며 그 바탕엔 서로를 향한 존중이 깔려 있다. 한마디로 "너도 해냈구나? 나도 해냈어"다.

다른 어떤 분야, 어느 음악 장르보다 선구자를 리스펙트하는 전통이 강한 힙합의 특성도 이러한 선상에서 바라볼 수 있다. 후대 힙합 뮤지션의 입장에서 볼 때 힙합의 토대를 만들어놓은 선배들은 단순히 '자신에게 영향을 끼친 사람'이 아니라 '언뜻 불가능해 보이는, 만약 자신이었다면 해낼 수 없었을 것 같은 일을 해낸' 사람들이다. 실제로 힙합을 설명하는 문구 중 하나로 'Something from Nothing'이라는 문구가 있다. 힙합은 '아무것도 없던 상태에서 무언가를 새롭게 만들어낸 음악이자 문화'라는 것이다. 무에서 유를 창조한다는 것은 당연히 쉬운 일이 아니다.

2013년 12월 31일, 나는 라지 프로페서^{Large Professor}와 인터뷰한 적이 있다. 라지 프로페서는 초창기 힙합 그룹 메인 소스^{Main Source}의 멤버이자 나스를 발굴한 프로듀서이며 뉴욕 힙합의 상징이기도 한, 한마디로 힙합의 선구자 중 한 명이다. 그와 나눈 이야기 중 한 부분을 옮기면 다음과 같다.

질문: 한국에서는 한때 힙합이 유행에 그치는 것 같았지만, 점점 라이프스타일로 자리 잡아가고 있어요. 단순히 힙합 음악이나 힙합 패션을 즐기는 것을 넘어 라이프스타일로 힙합을 향유하려면 어떻게 해야 할까요?

대답: 힙합은 아무것도 없던 것에서 시작한 문화예요. 예를 들어, 친구와 샌드위치 하나를 반으로 나눠 먹는 것이라든지…… 제일 적은 것으로 제일 많은 것을 해내는 것이 힙합이죠. 턴테이블을 가지고 나와 놀고…… 돈이 없던 가족이 모여 만들어낸 무엇이잖아요?

정확히 이해가 가지 않는다면 갱스터 래퍼로 한 시대를 풍미했던, 역시 힙합의 선구자 중 한 명인 아이스-티^{Ice T}가 지난 2012년에 감독으로서 제작한 다큐멘터리 필름 'Something from Nothing: The

Art of Rap'의 한 장면을 보자. 1990년에 데뷔했던 힙합 그룹 브랜드 누비안Brand Nubian의 멤버 로드 자말Lord Jamar이 이야기하는 장면이다.

Black People used to be pretty musical back in the days. It wasn't unusual for a motherfucker to know how to play the piano or guitar or some sort of horn or some shit like that. And at some point, all of that shit was removed from us, through economics and through······ cutting things out of schools and all of that. So they tried to take the music from us, when we had created an original american music, which was jazz. So what did we do? We had no fucking instruments, no horns, no drums, we living in the fucking city······ we ain't got room for that shit anyway up in the projects. So what did we do? We took the fucking record player, the only thing that's playing music in our fucking crib, and turned it into an instruments, which it wasn't supposed to be.

우리 흑인들은 과거에는 정말 음악과 함께 살았지. 피아노를 친다던가 기타를 연주하고 관악기를 불고, 이런 일이 예사였어. 그런데 경제난 같은 것도 일어나고 이런저런 일 때문에 그런 것들이 우리에게서 사라져버린 거야. 음악이란 걸 빼앗겨버린 거지. 우리가 바로 미국의 전통음악인 재즈를 만들어낸 사람들인데도 말이야. 그래서 우리가 뭘 했겠어? 악기도 없지, 드럼도 없지, 집은 존나 가난하지, 악기가 있어도 집에 놔둘 공간도 없지……. 그래서 우리가 뭘 했겠냐구. 바로 레코드플레이어를 가지고 놀았던 거야. 그게 우리들의 집에서 유일하게 음악이랑 관련 있는 거였거든. 그걸 어쩔 수 없이 악기로 사용했던 거지. 레코드플레이어라는 게 원래 악기로 쓰라고 만들어진 게 아닌데도 말이야.

로드 자말의 발언과 관련 있는 이야기를 잠깐 해보자. 힙합은 '샘플링'이라는 작법을 고유의 근간으로 삼는 음악 장르다. 힙합 음악에 관심 있는 사람이라면 '힙합=샘플링'이라는 공식을 한번쯤은 들어보았을 것이다. 물론 사전적인 의미에서 힙합과 샘플링이 완전히 같지는 않다. 힙합 음악을 설명함에 있어 그만큼 샘플링이 중요한 위상을 차지하고 있다는 일종의 역설적 표현이다. 즉 다른 음악과 구별되는 힙합만의 장르적 속성과 매력의 상당 부분은 샘플링에서 나온다고 할 수 있다.

힙합이라는 장르 안에서 샘플링의 기원은 1970년대로 거슬러 올라간다. 1967년 자메이카에서 뉴욕으로 이주해온 디제이 쿨 허크는 디스코텍에서 음악을 트는 일을 하고 있었다. 처음에 그는 주로 레게 음악을 틀었지만 흑인들은 좀처럼 호응하지 않았다. 고민하던 쿨 허크가 펑크 음악을 틀자 그제야 흑인들이 열광적인 반응을 보이기 시작했다. 쿨 허크는 음악을 틀면서 동시에 마이크를 잡고 흥을 돋우는 멘트를 하며 파티를 이끌었다. 그는 영리한 인물이었다. 다른 디제이와 차별화되는 자신만의 노하우를 만들어갔다. 그는 두 대의 턴테이블을 활용해 펑크나 알앤비 레코드의 간주 부분이나 클라이맥스 부분을 번갈아가며 반복해 틀었다. 음악의 순환은 빨랐고 그만큼 파티는 흥미진진해졌다. 그리고 본인은 점차 음악의 믹스에만 집중하면서 음악에 맞춰 흥을 돋우는 전문 엠씨와 댄서를 고용했다.

이렇듯 '기존 레코드에서 특정한 부분을 반복해 트는 행위'가 힙합 샘플링의 기원이라고 알려져 있다. 앞서 로드 자말이 언급한 내용 역시 이와 일치한다. 그의 말처럼 레코드플레이어는 원래 감상용으로 만들어진 것이지만 악기를 배우거나 구입할 형편이 되지 못했던 흑인들은 틀을 깨는 창의적인 발상으로 레코드플레이어를 음악창작에 활용했다. 물론 초창기의 샘플링은 말 그대로 '아무런 응용이나 재창조 없이 기존 레코드의 특정 부분을 그대로 따와 반복해 트는 행위'에 불과했다. 그러나 지금 우리가 목도하는 샘플링의 위상은 어떠한가. 30년이 넘는 힙합 역사에서 수많은 뮤지션이 샘플링을 보다 높은 수준으로 이끌어왔으며, 그중 '장인'이라 불리는 몇몇은 샘플링을 예술의 경지로 끌어올렸다.

실제로 우리는 훌륭한 샘플링 음악을 대할 때 원곡의 기가 막힌 재창조에 감탄하거나 심지어는 원곡을 아무리 들어봐도 어느 부분을 샘플링했는지 알 수 없는 신기한 경험을 하게 된다. 단언하건대 샘플링은 순수 창작의 비교열위에 존재하지 않는다. 대신에 샘플링은 순수 창작이 근본적으로 다다를 수 없는 독자적인 영역을 순수 창작과

대등한 선상에서 영위하고 있으며, 순수 창작이 줄 수 없는 또 다른 방식의 감흥을 선사하는 작법이다. 이러한 맥락에서 힙합의 선구자 중 한 명인 그랜드마스터 커즈^{Grandmaster Caz}의 한마디는 힙합과 샘플 링의 근본적인 정체성을 명확하게 드러낸다.

> Hiphop didn't invent anything. Hiphop reinvented everything.
> 힙합은 아무것도 창조하지 않았다. 힙합은 모든 것을 재창조했다.

이미 현실이 되어버린 상황에서 결과론으로 본다면야 모든 것이 쉬워보인다. '나도 그 시절을 살았다면 그럴 수 있었을 거야'라는 생각 이 들기도 한다. 그러나 진실은 그렇지 않다. 샘플링을 발견하고 힙합 이라는 음악이자 문화를 창조한 미국 흑인이 해낸 것들, 그러니까 아 무것도 없는 상태에서 무언가를 만들어내고, 장난이자 취미였던 것을 철학과 체계를 지닌 훌륭한 예술로 발전시키는 일은 결코 아무나 할 수 있는 일이 아니다. 당연히 리스펙트 수치가 높아질 수밖에 없다. 즉 후대 힙합 뮤지션들에게 힙합의 선구자들은 '제 몸 하나 가누기도 힘든 최악의 환경 속에서, 다른 어느 것보다 매력적인 예술의 꽃을 피 워낸 사람들'이다.

힙합의 이러한 속성 때문일까. 힙합의 선구자 중 한 명인 아이스-티의 주장은 흥미와 공감을 동시에 안긴다. 그리고 이처럼 뿌리를 중 시하는 그의 말은 그만의 예외적인 생각이라기보다는 힙합 문화가 전

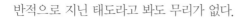

반적으로 지닌 태도라고 봐도 무리가 없다.

A lot of people think they're rappers but they're not part of the clique. Hiphop is a culture and if you don't respect the culture, you're not part of hip hop. Anyone can rap. Like the girl Kesha who says, "Woke up in the morning feeling like P Diddy." She's rapping but is she hip hop? I don't think so. So there are a lot of cats who say they rap but they're not hip hop, they're just rapping. They're not part of the culture. There are guidelines to go along with the culture. You've got to respect the culture and the artistry. I can't be a rapper and diss Bambaataa. That's impossible. That's like being a DJ and dissing (Grandmaster) Flash, or a trumpet player dissing Miles Davis. To get into this and be part of the culture you have to respect it.

많은 사람이 스스로를 래퍼라고 생각하지만 사실 그들은 힙합의 일원이 아니다. 힙합은 문화이고 만약 당신이 이 문화를 존중하지 않는다면 힙합의 일원이 될 수 없다. 누구나 랩을 할 수는 있다. 예를 들어 (팝 싱어) 케샤도 자신의 노래에서 랩을 했다. 그러나 그녀가 힙합인가? 나는 그렇게 생각하지 않는다. 랩을 한다고 말하는 상당수가 사실은 힙합이 아니다. 그들은 그저 랩을 하고 있을 뿐이다. 그들은 이 문화의 일원이 아니다. 이 문화의 일원이 되려면 당신은 이 문화와 예술을 존중할 필요가 있다. (힙합의 선구자인) 아프리카 밤바타를 존중하지 않으면서 어떻게 래퍼가 될 수 있는가? 그것은 마치 (힙합의 선구자인) 그랜드마스터 플래시를 존중하지 않으면서 디제이라고 한다거나 (재즈의 선구자인) 마일스 데이비스를 존중하지 않으면서 트럼펫 연주자라고 말하는 것과 같다. 이 문화의 일원이 되려면 당신은 존중심을 가져야 한다.

'힙합 선생님'으로 불리는 래퍼 케이알에스-원^{Krs-One}의 강연에서도 흥미로운 대목이 나온다. 자신의 저서 『The Gospel of Hip Hop: The First Instrument』 출판 기념 강연에서 그는 힙합의 기원에 대해 이야기하면서 리스펙트와 관련한 일화를 꺼낸다.

저는 랩 배틀을 할 때 리스펙트가 없는 래퍼와는 붙지 않아요. 리스펙트 없이 무조건 붙자고 하는 녀석은 상대하지 않지만 먼저 기본적인 존중을 표하고 배틀을 신청하는 래퍼에게는 '그래, 한번 해보자'라고 말하죠. 그리고 힙합에서는 래퍼, 디제이, 비보이 누구든 무대에 오르기 전에는 서로 잘해보자고 주먹을 부딪치고는 합니다. 무대에 올라 배틀을 끝낸 뒤에도 다시 모여서 서로 '잘했어, 수고했어'라고 말해요. 또 래퍼들이 무대에서 하는 이야기를 한번 들어보세요. 다 자기의 디제이에 대한 이야기죠. '요, 여기 내 디제이가 있어. 죽이지?' 그랜드마스터 플래시 앤드 더 퓨리어스 파이브의 랩을 한번 들어보세요. 다 (디제이인) 플래시에 대한 이야기를 해요. 런 디엠씨도 마찬가지입니다. 팀의 래퍼들이 (팀의 디제이인) 잼 마스터 제이^{Jam Master Jay}에 대해 이야기하죠.

더 나아가, 힙합에서는 아예 리스펙트를 정체성으로 삼은 정기적인 행사가 따로 있다. '힙합 오너즈^{Hiphop Honors}'가 그것이다. 2004년부터 시작한 이 행사는 말 그대로 명예와 존중을 근간으로 한다. 1년마다 한 번씩 힙합 선구자들의 업적을 리스펙트하는 것이다. 예를 들어 첫 번째 행사였던 2004년에는 쿨 허크, 케이알에스-원, 투팍 등이 리스펙트 대상이 되었고 이듬해인 2005년에는 그랜드마스터 플래시 앤드 더 퓨리어스 파이브와 아이스-티 등이 이 영예를 안았다.

행사의 가장 흥미로운 부분이 있다면, 바로 선구자들이 직접 보는 앞에서 후대 래퍼들이 선구자들의 노래를 공연한다는 점이다. 후대 래퍼들은 자신이 어릴 적 듣고 자라 영향 받은 노래를 무대에서 공연하며 선구자들을 향해 리스펙트를 표하고, 선구자들은 이에 감사로 화답한다. 훈훈한 광경이 아닐 수 없다.

앞서 힙합은 '샘플링'이라는 작법을 고유의 근간으로 삼는 음악 장르라고 말한 바 있다. 이 '작법의 방법론' 면에서도 힙합은 이미 리스펙트와 뗄 수 없는 존재다. 샘플링은 그냥 해서 되는 것이 아니다. 아무 음악이나 찾아 듣다 '이 부분이 써먹기 좋으니까 샘플링 해야겠다'는 식으로 해서는 안 된다는 말이다. 적어도 '힙합'의 샘플링은 그렇다.

이와 관련해 요즘 한창 주목받는 언더그라운드 힙합 프로듀서 중 한 명인 아폴로 브라운^{Apollo Brown}은 이렇게 이야기한다.

As a sampling producer, what I'm doing is praising your art and complimenting you by saying, "Your song is so dope, that I want to sample it and turn it into some modern-day Hip Hop."

샘플링 작법을 쓰는 프로듀서로서 내가 가져야 할 태도는 원곡과 원작자를 향한 성찬과 존중이다. 이를테면 이런 것이다. "당신의 음악은 매우 훌륭하군요. 내가 이 훌륭한 음악을 재해석해서 지금 시대의 힙합 음악으로 다시 만들어볼게요."

많은 힙합 프로듀서들이 아직도 레코드 가게에 앉아 먼지를 뒤집어쓰며 하루 종일 '엘피 판' 더미를 뒤지는 데에는 이유가 있다. 처음부터 샘플링 소스로 활용할 목적으로 무작위로 mp3를 불법으로 다운받아 듣는 행위는 그들에게 용인되지 않는다. 대신에 그들은 창작자이기 이전에 먼저 리스너의 입장에 서서 앨범을 정식으로 구입해 선대 뮤지션의 음악을 감상하고, 그중 자신에게 감흥을 준 음악을 샘플링하기로 결정한다. 위에서 언급했듯 '이 훌륭한 음악을, 이 뮤지션에게 누가 되지 않도록 내가 한번 멋지게 재해석해보겠어'라는 마음가짐으로 말이다. 이것이 힙합 샘플링의 정신이라면 정신이고, 힙합 샘플링의 윤리학(?)이라면 윤리학이다. 리스펙트가 전제되지 않으면 애초에 시작도 할 수 없는 음악이 바로 힙합인 것이다.

그렇다면 이제부터는 힙합 음악의 가사에 드러나는 리스펙트의 예를 살펴보자. 제이지는 명반으로 평가받는 자신의 2003년작 「The

『Black Album』의 수록곡 'Moment of Clarity'에서 이렇게 말한다.

If skills sold, truth be told, I'd probably be

만약 랩 기술이란 걸 살 수 있다면,

Lyrically Talib Kweli

솔직하게 말할게, 난 가사적으로 탈립 콸리 같은 래퍼가 되고 싶어

Truthfully I wanna rhyme like Common Sense

그리고 난 커먼 센스처럼 랩을 하고 싶어

지금이야 두말할 필요 없이 세계적인 거물 래퍼이자 사업가가 된 제이지이지만 10년 전에도 제이지는 앨범을 몇백만 장씩 판매하며 가장 성공한 래퍼 중 한 명으로 인정받았다. 그리고 탈립 콸리와 커먼은 제이지처럼 많은 앨범을 팔지는 못하지만 가사의 깊이로 인정받는 언더그라운드 래퍼들이었다. 즉, 제이지는 딱히 뭐 하나 아쉬울 것 없는 (?) 위치였지만 자신이 "가사적으로" 리스펙트하는 래퍼들의 이름을 자신의 앨범에 담았다. 그리고 이 앨범은 역시 몇백만 장 팔렸고, 그만큼 이 가사도 화제가 되어 탈립 콸리와 커먼은 많은 조명을 받았다. 리스펙트를 받은 두 사람이 리스펙트로 화답했음은 물론이다.

에미넴의 경우를 보자. 거친 욕설과 저돌적인 면모, 동성애 폄하 등으로 유명한 그였지만 그 역시 자신이 리스펙트하는 대상에 대해서는 깍듯했다. 더 정확히 말하면 그는 이미 슈퍼스타가 된 상태에서도

자신의 노래에 자신에게 영향을 미친 래퍼들을 열거해놓았다. 2002년
작 「The Eminem Show」 수록곡 'Till I Collapse'를 보자.

I got a list, here's the order of my list that it's in

여기, 내가 리스펙트하는 래퍼들 리스트를 한번 말해볼게

It goes Reggie, Jay-Z, 2Pac and Biggie

레드맨, 제이지, 투팍 그리고 비기

Andre from OutKast, Jada, Kurupt, Nas and then me

아웃캐스트의 안드레3000, 재다키스, 커럽트, 나스 그리고 나야

동성애 폄하로 논란이 되었던 에미넴의 노래 'Rap God'에도 실은
리스펙트가 존재했다. 이 부분이다.

I know there was a time where once I was king of the underground,

내가 언더그라운드의 왕이었던 시절을 나는 기억하지

but I still rap like I'm on my Pharoahe Monch grind

하지만 난 여전히 패로어 먼치처럼 거칠 것 없이 랩을 뱉어내

패로어 먼치 역시 탈립 콸리, 커먼과 마찬가지로 뛰어난 랩 기술로
정평이 나 있는 언더그라운드 래퍼다. 에미넴이 상업적으로 성공하기
전에는 비슷한 언더그라운드 영역에서 함께 활동하기도 했다. 그리고

그는 자신에 대한 에미넴의 이 같은 리스펙트에 대해 이렇게 공식 입장을 밝혔다.

> I just wanna shout-out Em for shouting me out and showing me love. I'm sure there are a 100 other people he could've chose to shout out there and that's real big. So I just wanna show him love and say I'm a huge fan.
> 나를 리스펙트해준 에미넴을 나도 리스펙트하는 바다. 분명 그가 그 노래에서 리스펙트할 만한 래퍼가 나 말고도 어림잡아 100명은 더 있었을 텐데, 나에게 사랑을 보여줘서 고맙다. 나 역시 그를 존중하고, 내가 그의 팬이라는 것을 말하고 싶다.

에미넴의 경우를 하나 더 보자. 아무것도 가진 것 없던 백인 빈민 에미넴을 (힙합에 관심이 없는 사람들에게는 헤드폰으로 요즘 유명한) 닥터 드레가 발굴해 랩 스타로 만들었다는 사실은 이미 누구나 알고 있다. 이러한 까닭에 에미넴은 지금까지 자신의 노래를 통해 여러 번 닥터 드레에 대한 고마움을 표현해왔다. '닥터 드레에게 은혜를 입었다' 혹은 '닥터 드레 덕분에 내 인생이 구원 받았다'는 것이었다. 실제로 에미넴의 노래 'White America'에는 이러한 구절이 등장한다.

 When I was underground, no one gave a fuck, I was white

내가 언더그라운드에 있을 때 아무도 나에게 관심이 없었지, 난 백인이었거든.

No labels wanted to sign me, almost gave up I was like, "Fuck it"

어떤 레이블도 나랑 계약하려들지 않았어 난 거의 포기 상태였지 씨발 될 대로 되

라 하면서

Until I met Dre, the only one to look past

하지만 드레만이 유일하게 그런 걸 신경 쓰지 않았고

Gave me a chance and I lit a fire up under his ass

나에게 기회를 줬지 그리고 난 그를 도와서

Helped him get back to the top, every fan black that I got

그가 다시 정상에 올라설 수 있게 했어

Was probably his in exchange for every white fan that he's got

나의 백인 팬들이 그를 좋아하게 됐고 그의 흑인 팬들이 나를 좋아하게 된 거지

　　하지만 에미넴과 닥터 드레의 관계가 가장 잘 드러난 곡은 아무래
도 2011년에 싱글로 발매된 닥터 드레의 'I Need a Doctor'일 것이다.
이 곡은 에미넴과 닥터 드레의 실제 관계를 바탕으로 약간의 픽션을
가미한 일종의 페이크 다큐다. 사고로 의식을 잃고 누워 있는 닥터 드
레 앞에서 절규하는 에미넴은 닥터 드레를 깨어나게 해줄 의사가 필
요하다. 그러나 그에게 더욱 절실한 것은 바로 닥터 드레라는 존재 자
체다. 닥터 드레는 그의 멘토이며 그의 인생을 구원했고 앞으로 은혜
를 갚아야 할 존재이기 때문이다. 즉 이 곡은 중의적인 제목을 가지고

있다. 그리고 곡에 참여한 여성 보컬리스트 스카이라 그레이^{Skylar Grey}가 처음 읽고 눈물을 흘렸다고 할 만큼 에미넴은 이 곡에서 사람의 마음을 움직이는 가사를 선보인다.

I told the world one day I would pay it back

난 세상에 외쳤지 언젠가는 꼭 다 갚아주겠다고

Say it on tape, and lay it, record it so that one day I could play it back

테이프에 녹음도 해뒀어 언젠가 내가 다시 들을 수 있게 말이야

But I don't even know if I believe it when I'm sayin' that

하지만 내가 정말 그 말에 확신을 가지고 있었는지는 나도 잘 모르겠어

Doubts startin' to creep in, everyday it's just so grey and black

의심이 꿈틀대고 하루하루는 잿빛일 뿐이지

Hope, I just need a ray of that, cause no one sees my vision

나에겐 그저 한 줄기 희망이 필요해 아무도 내 꿈을 봐주지 않았거든

When I play it for 'em, they just say it's wack, they don't know what dope is

내 음악을 들려주면 사람들은 다 형편없다고 했지, 뭐가 진짜 멋있는지도 모르는 놈들

And I don't know if I was awake or asleep when I wrote this

나도 내가 그걸 만들 때 깨어 있었는지 잠들어 있었는지 모르겠어

All I know is you came to me when I was at my lowest

하지만 분명한 건 내가 가장 밑바닥에 있을 때 당신이 나에게 와주었다는 사실

이야

You picked me up, breathed new life in me, I owe my life to you

당신은 날 일으켜 세우고 내 삶에 새로운 숨을 불어넣어줬지, 난 당신에게 내 삶

을 빚졌어

But for the life of me, I don't see why you don't see like I do

처음엔 왜 당신이 나처럼 생각하지 않는지 이해가 안 됐지

But it just dawned on me you lost a son, demons fighting you, it's dark

하지만 깨달았어 당신은 아들을 잃었다는 걸, 어둠 속에서 악마랑 싸우고 있다는

걸 말이야

Let me turn on the lights and brighten me and enlighten you

내가 불을 밝혀서 당신을 일깨워야겠어

I don't think you realise what you mean to me, not the slightest clue

당신이 내게 어떤 의미인지 당신은 모르는 것 같아, 아마 전혀 모를 거야

Cause me and you were like a crew, I was like your sidekick

우리는 형제 같았고 난 당신의 옆에 늘 붙어 있었으니까

You gon either wanna fight me when I get off this fuckin' mic

내가 이 마이크를 내려놓으면 당신은 나와 싸우려고 하거나 안아주려고 하겠지

Or you gon' hug me, but I'm outta options, there's nothin' else I can do

cause

하지만 내게는 선택권이 없어 내가 할 수 있는 일은 없으니까 왜냐하면

가사는 계속 이어진다.

It hurts when I see you struggle, you come to me with ideas

당신이 분투하는 걸 보면 마음이 아파, 당신은 비트를 내게 들려줄 때마다

You say they're just pieces, so I'm puzzled, cause the shit I hear is crazy

늘 이건 별것 아니라고 말하지 그래서 난 혼란스러워 내가 보기엔 듣는 것마다 죽여주니까

But you're either gettin' lazy or you don't believe in you no more

그런데 당신은 요즘 좀 게을러졌거나 자기 자신을 못 믿는 것 같아

Seems like your own opinions, not one you can form

자기 의견을 말하는 것 같다가도 뭘 제대로 하지 못하고

Can't make a decision you keep questionin' yourself

결정을 내리지 못하고 자꾸 우유부단하게 굴지

Second guessin' and it's almost like your beggin' for my help

계속 생각만 하면서 마치 내가 당신의 리더인 것처럼

Like I'm your leader, you're supposed to fuckin' be my mentor

내 도움을 간절히 바라는 것 같아, 젠장 당신이 내 멘토여야 하잖아!

I can endure no more I demand you remember who you are

난 더 이상 못 참겠어 당신이 누구인지를 제발 똑바로 알라구

It was YOU, who believed in me when everyone was tellin'

레이블 관계자 모두가 나와 계약하지 말라고 했을 때

You don't sign me, everyone at the fuckin' label, let's tell the truth

날 믿어준 건 당신뿐이었어 솔직하게 다 까놓고 말해보자구

You risked your career for me, I know it as well as you

아무도 이 백인놈하고는 엮이기 싫어했을 때 당신은 커리어 전부를

Nobody wanted to fuck with the white boy, Dre, I'm cryin' in this booth

나에게 걸었지 나도 그 정도는 알아 드레, 난 지금 스튜디오에서 울고 있어

You saved my life, now maybe it's my turn to save yours

당신은 내 인생을 구원했어 이제 내가 당신을 구할 차례야

But I can never repay you, what you did for me is way more

하지만 내가 그걸 다 갚을 순 없겠지 당신이 지금껏 내게 해준 게 훨씬 많으니까

But I ain't givin' up faith and you ain't givin' up on me

그래도 난 포기하지 않겠어 그러니 당신도 날 포기하지 마

Get up Dre I'm dyin', I need you, come back for fuck's sake

드레 일어나, 난 죽어가고 있어 난 당신이 필요해 돌아와줘 제발

그리고 곡의 내용상 깨어나게 되는 닥터 드레는 변함없이 자신의 곁을 지켜준 에미넴에게 고마움을 표하며 본격적인 출격 준비를 알린다.

 Went through friends, some of them I put on, but they just left

친한 녀석들이 있었고 그중 몇 명과 작업을 했지만 그놈들은 곧바로 떠나버렸지

They said they was ridin' to the death, but where the fuck are they now?

죽을 때까지 함께 간다던 그놈들은 대체 어디 있는 거지?

Now that I need them, I don't see none of them

지금 난 그들이 필요하지만 아무도 찾아볼 수가 없어

All I see is Slim, fuck all you fair-weather friends, all I need is him

오직 보이는 건 에미넴뿐 아쉬울 때만 찾는 새끼들은 꺼져버려 난 에미넴만 있으면 돼

이렇듯 이 노래는 에미넴과 닥터 드레의 실제 관계와 픽션을 넘나들며 다른 노래들이 쉽게 주지 못한 강렬하고 뭉클한 '드라마'를 선사한다. 시간이 흐르며 관계의 양상은 조금씩 변했지만 서로에 대한 믿음은 변함이 없었다. 아무도 보잘것없는 한 백인 쓰레기에게 눈길조차 주지 않을 때 닥터 드레는 그의 반짝이는 무언가를 알아본 유일한 사람이었다. 실제로 닥터 드레는 한 인터뷰에서 이렇게 말하기도 했다.

You know, He's got blue eyes, he's a white kid. But I don't give a fuck if you're purple.

에미넴은 파란 눈과 하얀색 피부를 가지고 있지. 그런데 난 그런 게 전혀

상관이 없다구. 심지어 그의 피부색이 자주색이었다고 해도 말이야.

그리고 그렇게 구원 받은 에미넴이 이 노래에서는 세계 최고의 랩 스타로서 닥터 드레를 구원하려고 하는 것이다. 이것은 음악이기 이전에 강렬한 드라마이고, 드라마이기 이전에 두 남자의 진심이며, 무엇보다 리스펙트에 관한 힙합의 대답이다. 앞서 '스웨거'를 키워드로 다루었듯 '내가 최고다'라고 외치는 음악 장르가 힙합 말고는 딱히 없는 것은 사실이다. 그러나 동시에 이 노래처럼 '당신이 최고다'라는 항변을, 즉 타인을 향한 리스펙트를 내가 최고라고 외칠 때보다 더욱 강하게 공개적으로 노래에 담는 음악 장르도 힙합 말고는 딱히 없어보인다. 이것이 과연 순전히 에미넴 개인의 기질일까. 나는 그렇게 생각하지 않는다.

이제 제이콜J. Cole과 나스의 예를 보자. 최근 주가를 올리고 있는 젊은 래퍼 제이콜은 자신의 두 번째 정규 앨범 「Born Sinner」에 'Let Nas Down'이라는 노래를 수록했다. 말 그대로 자신이 나스를 실망시켰다는 것이었다. 가사를 보자.

063

I used to print out Nas raps and tape 'em up on my wall
난 늘 나스의 랩을 프린트해서 벽에 붙여두고는 했었지
My niggas thought they was words, but it was pictures I saw
친구놈들은 그걸 그저 글자로 여겼지만 나에게는 생생한 그림 같았어

And since I wanted to draw, I used to read 'em in awe

랩을 시작하기로 마음먹은 후 그의 랩을 경이롭게 읽고는 했지

Then he dropped Stillmatic, rocked the cleanest Velour

그리고 그는 「Stillmatic」을 발표하고 세상을 뒤흔들었어

Fast forward, who thought that I would meet him on tour?

그 날은 생각보다 빨리 왔지, 투어 중에 내가 그를 만나게 될 줄이야!

I'm earnin' stripes now nigga, got Adidas galore

난 이제 좀 잘나가, 아디다스도 가지고 있지

Backstage I shook his hand, let him know that he's the man

무대 뒤에서 그와 악수한 후 나는 그에게 당신이 최고라고 말했지

When he said he was a fan it was too hard to understand

그가 내 팬이라고 나에게 말해줬을 때 나는 그 상황을 도저히 이해할 수 없었어

No time to soak up the moment though, cause I was in a jam

너무 혼란스러워서 그 순간이 어떻게 지나갔는지도 모르겠어

Hov askin' where's the record that the radio could play

제이지는 나에게 라디오에서 틀 만한 대중적인 노래를 만들라고 했고

And I was strikin' out for months, 9th inning feeling fear

나는 몇 개월 동안 고민하며 헤매고 있었지

Jeter under pressure, made the biggest hit of my career

압박에 시달린 끝에 내 커리어 중 가장 큰 히트곡을 만들 수 있었어

But at first, that wasn't clear, niggas had no idea

하지만 처음에는 모든 게 불분명했고 사람들도 몰라주었지

Dion called me when it dropped, sounded sad but sincere

내 프로듀서는 그 노래가 슬프지만 진심이 느껴진다고 내게 말해줬어

Told me Nas heard your single and he hate that shit

그리고 그가 말하길, 나스도 그 노래를 들었지만 싫어했다고 하더군

Said you the one, yo why you make that shit?

나스가 이렇게 말했다는 거야

I can't believe

"제이콜이 이런 걸 만들었다구? 믿을 수 없군"

I let Nas down

내가 나스를 실망시키고 말았어

Damn, my heart sunk to my stomach, I can't believe I let Nas down

제길, 심장이 뱃속으로 가라앉는 기분이야, 내가 나스를 실망시키다니

I got defensive on the phone, resentment was in my tone, fuck it

전화로 나 자신을 방어하는 내 목소리엔 억울함이 서려 있었지, 씨발

이렇듯 제이콜은 어릴 적 우상이었던 래퍼 나스와 처음 만난 경험, 그리고 자신이 그를 실망시켰던 순간을 자신의 노래에 담았다. 이 노래는 여러 가지 면에서 흥미롭다. 자신의 실제 경험을 있는 그대로 담아냈다는 것, 무엇보다 '치부'라고 여길 수 있는 부분에 대해 솔직하게 공개적으로 털어놓았다는 점에서 용기 있고 진실한데, 이것은 힙

합 특유의 '자기고백적 면모'와 '진실함에 대한 강박 수준의 엄격함'에 맞닿아 있기도 하다.

또 하나 이 노래와 관련지을 수 있는 것이 있다면, 바로 리스펙트가 없었다면 이 노래는 탄생하지 못했을 것이라는 사실이다. 누군가에게는, 혹은 다른 음악 장르에서는 이 노래의 주제가 시답지 않거나 노래의 소재로 적합하지 않게 보일 수도 있다. 왜 굳이 자신의 치부를 사서 드러내느냐며 혀를 찰 수도 있다.

그러나 제이콜이 이 노래를 만들 수 있었던 원동력은 바로 리스펙트에 있다. 앞서 말한 '선구자에 대한 존중' 말이다. 제이콜에게는 자신의 롤모델이자 힙합의 선구자인 나스이기에, 나스를 리스펙트해온 만큼이나 나스를 실망시켰다는 절망감은 상상 이상으로 컸을 것이다. 그리고 그 절망감이 이 노래를 탄생시켰고 수많은 사람에게 감동을 주었다. 또한 한 인물을 실망시킨 일을 자신의 정규 앨범에 실었다는 사실 자체가 곧 그 대상이 얼마나 대단한 인물인지를 드러내는, 리스펙트의 또 다른 발로이기도 하다.

그리하여 결국 이런 일이 벌어지고 말았다. 나스가 제이콜에게 랩으로 공개 화답을 한 것이다. 'Let Nas Down'의 반주에 나스가 직접 랩을 한 이 노래의 제목은 'Made Nas Proud'였다. "아니야, 너는 나스를 실망시키지 않았어. 오히려 너는 나를 자랑스럽게 만들었어"라는 속뜻이었다. 나스는 이 노래에서 자신을 리스펙트한 제이콜을 리스펙트한다.

 Radio records are needed, I just want it to bring the warnin'

대중적인 노래가 필요하기는 하지, 난 그저 충고를 해주려고 했을 뿐이야

While you was writin' down my rhymes I was just tryna show you

네가 내 가사를 따라 적는 동안 내가 알려주려고 했던 것은 바로 이거야

That if you say what's on your mind, you can stand the test of time

네가 마음속에 있는 것을 진실하게 내뱉는다면, 이 세월의 시험을 견뎌낼 수 있을

거란 것

Now I'm playin' Born Sinner loud, so you live, rock the crowd

이제 난 너의 앨범을 크게 틀어놓을게, 넌 너의 랩으로 관중을 사로잡는 거야

Like wow, you made your nigga Nas proud

놀랍게도, 넌 나 나스를 자랑스럽게 만들었어

So you ain't let Nas down

넌 나스를 실망시키지 않았어

It's just part of the game, becoming a rap king, my nigga

이건 단지 지나가는 일일 뿐, 랩의 왕이 되라구, 친구

You ain't let Nas down

넌 나스를 실망시키지 않았어

How that sound? Here the crown, pass it to you like nothin' nigga

이제 내 왕관을 미련 없이 너에게 넘겨줄게

You ain't let Nas down

넌 나스를 실망시키지 않았어

이 일은 지난 2013년을 통틀어 힙합 신의 가장 훈훈한 사건이었다. 그리고 동시에 여러모로 '힙합'이기에 가능한 일이기도 했다.

마지막으로 가장 최근의 예를 한 가지만 더 살펴보자. 래퍼 투체인즈는 2013년 가을에 발표한 자신의 두 번째 정규 앨범 「B.O.A.T.S. II: Me Time」에 'Used 2'라는 노래를 수록했다. 이 노래는 일종의 '공개 헌정송'이었는데, 바로 1990년대 후반에 크게 히트했던 래퍼 주버나일Juvenile의 노래 'Back That Azz Up'을 기념하는 것이었다. 실제로 'Used 2'에서 투체인즈는 'Back That Azz Up'에서 선보인 주버나일의 랩 플로를 그대로 흉내내며 랩을 한다.

그러나 이것만으로는 조금 부족하다. 여기에 그쳤다면 보기에 따라 리스펙트보다는 패러디에 가깝다고 볼 여지도 있다. 하지만 투체인즈는 여기에 그치지 않고 주버나일을 직접 초대한다. 결과적으로 주버나일은 이 노래의 뮤직 비디오에 투체인즈와 함께 출연했고, 라이브 무대에 함께 올라 'Used 2'에 이어 자신의 노래 'Back That Azz Up'을 부르기도 했다.

만약 주버나일이 아직까지도 스타 반열에 있었다면 감흥이 덜했을 수도 있다. 주버나일의 인기와 명성을 투체인즈가 오히려 역으로 업어가려고 했다고 볼 수도 있기 때문이다. 그러나 현재 투체인즈는 최고의 인기를 누리는 랩 스타인 반면 주버나일은 한마디로 '끈 떨어진' 왕년의 래퍼다. 주버나일에게는 미안하지만 아무도 지금의 주버나일을 '뜨거운 래퍼'로 보지 않는다. 그러나 투체인즈는 자신이 영향

받은 선배 래퍼의 현재 위치가 어떻든, 주버나일을 자신의 영향권 안으로 끌어들여 그를 다시 조명받게 했다. 리스펙트가 있기에 가능한 일이었다.

흥미로운 지점이 있다면, 투체인즈와 주버나일의 이 사례를 리스펙트라는 '올바른' 가치의 예로 활용해놓고 보니, 그들의 노래가 담고 있는 '올바르지 않은' 가사가 내심 걸린다는 사실이다. 앞서 나는 '스트리트 크레디빌리티'에 대해 이야기할 때 래퍼 투체인즈를 이렇게 설명한 적이 있다.

302

> 한마디로 투체인즈는 힙합에 관심이 없거나 힙합을 잘 모르는 사람들이
> 도덕과 윤리로 힙합을 바라볼 때 그들에게 힙합에 대한 가장 부정적인 인
> 식을 심어줄 최적의 인물이다. 만약 당신이 래퍼가 되고 싶은데 부모님을
> 설득해야 한다면 투체인즈의 앨범을 가사 해석집과 함께 선물하라. 다음
> 날부터 당신은 공무원 시험 준비를 하게 된다. 그는 마약을 얼마나 능숙하
> 게 다루는지, 돈이 얼마나 많은지, 여성을 얼마나 차별적으로 다루는지 등
> 에 대해 이야기하는 대표적인 래퍼다.

'Back That Azz Up'과 'Used 2' 역시 이 혐의를 피해가기 어렵다. 이 두 노래는 대략 '야, 너 엉덩이 예쁘네. 엉덩이 좀 흔들어봐' '나랑 즐겨보자. 내 아이 엄마가 되어보지 않을래?' 같은 가사를 담고 있기 때문이다. 물론 투체인즈와 주버나일의 사례를 힙합의 리스펙트 사례

로 드는 일은 이것과 모순되지 않는다. 이것은 이것이고 저것은 저것이다. 그러나 동시에 흥미롭고, 양가적인 묘한 감정이 드는 것 역시 사실이다.

궁극적으로, 나는 억지로 정리를 한다거나 한쪽 편에 서서 결론을 내리고 싶지는 않다. 누차 강조하지만 어느 분야나 그렇듯 힙합이란 음악이자 문화로서, 단일한 생명체나 집단이 아니다. 앞서 다룬 여성이나 동성애에 대한 폄하도 지금 힙합의 한 부분이고, 이 글에서 지금껏 이야기한 존중과 사랑의 면모 역시 힙합의 한 부분이다. 다만 부정적으로 비치는 힙합의 단면이 있다면 최종 판단과는 별개로 일단 그 맥락과 함의를 이해하는 것이 중요하고, 미덕으로 보이는 힙합의 단면이 있다면 그것을 있는 그대로 인정하고 존중하는 태도가 필요하다고 말하고 싶을 뿐이다.

이러한 의미에서, 힙합은 지난 수십 년간 '리스펙트'라는 가치를 통해 '존중'과 '사랑'의 면모를 확실히 이어오고 있다. 그리고 힙합이기 때문에 가능한 아름답고 진실한 장면들은 앞으로도 변함없이 이어질 것이다.

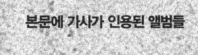

본문에 가사가 인용된 앨범들

001

Nas & Damian Marley 「Distant Relatives」(2010)

재즈 뮤지션 올루 다라의 아들이자 힙합 순수주의자들의 화신이나 다름없는 래퍼 나스, 레게 전설 밥 말리의 아들이자 자신의 이름으로도 온전한 경력을 쌓아오고 있는 대미안 말리가 뭉쳐 모든 흑인은 세계 어디에 있든 '먼 친척'이라고 외친다. 뭉클할 수밖에 없다.

002

Notorious B.I.G. 「Born Again」 (1999)

힙합 역사상 가장 기술적으로 뛰어난 래퍼라 칭송받는 그지만 신은 그를 불과 이십대 중반의 나이에 하늘로 데려갔다. 그리고 그의 유산을 기리는 이들이 그가 남긴 목소리를 가지고 새로운 작품을 만들어냈다. 생전의 앨범들에 비할 바는 못 되지만 당연히 체크는 해야 한다.

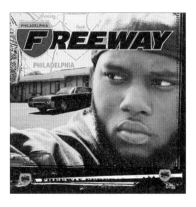

003

Freeway 「Philadelphia Freeway」 (2003)

신경질적인 목소리 톤으로 예측 불가능한 플로를 구사하는 래퍼 프리웨이의 데뷔 앨범. 그는 여전히 현역으로 활동 중이지만 안타깝게도(?) 이 작품이 그의 최고작이다. 2000년대 초반 주류 힙합계를 대표하는 양질의 사운드가 가득하기도 하다.

004

Donny Hathaway 「Live」(1972)

재즈, 블루스, 가스펠, 소울을 아울렀던 명 보컬리스트 도니 하더웨이의 라이브 앨범. 본문에도 언급했던 'Little Ghetto Boy'는 그 후 수많은 힙합 뮤지션에 의해 샘플링되었다.

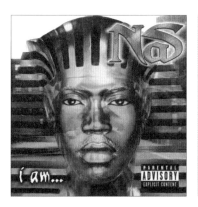

005

Nas 「I Am…」(1999)

힙합 순수주의자들의 화신이자 단 한 명의 힙합의 왕을 꼽으라면 낙찰될 나스의 세 번째 정규 앨범. 그러나 이 당시의 나스는 커리어 최저점을 찍고 있었다. 데뷔 앨범과 두 번째 앨범에 비해 상대적으로 낮은 평가를 받았던 작품.

Notorious B.I.G. 「Ready To Die」
(1994)
역사적인 데뷔 앨범이자 힙합 역사
의 열 손가락에 들어갈 클래식. 놀
라운 랩 플로와 게토에 대한 생생하
고 번뜩이는 묘사, 단단한 프로덕션
을 담고 있는 힙합 교과서.

Fergie 「The Dutchess」(2006)
혼성 그룹 블랙 아이드 피스의 여성
멤버 퍼기의 솔로 데뷔작. 지금은 더
어리고 당찬 (콘셉트의) 여성 아티스
트가 많이 등장해 있지만 그들 역시
넓은 의미에서 퍼기의 영향권 안에
있음을 부인할 수는 없을 것이다.

Lil Wayne 「I Am Not a Human
Being II」(2013)
2000년대 중반 이후 힙합의 가장
중요한 아이콘으로 기록될 릴 웨인
의 최근작. 기대보다는 실망스러웠
다는 평이 지배적이지만 몇몇 곡에
서는 기발한 스웨거와 비유를 발견
할 수 있다.

Dok2 「South Korean Rapstar Mixtape」(2013)

인디펜던트 힙합 레이블 일리네어 레코드를 이끌고 있는 래퍼 도끼의 믹스테잎. 돈, 성공 등 끈질기게 이 어온 테마를 어김없이 이 앨범에서 도 담고 있다. 초록색 지폐가 늘어나 는 자신의 성공을 괴물 헐크에 비유 한 'Hulk'가 눈에 띈다.

Kurtis Blow 「Ego Trip」(1984)

힙합 원로 중 한 명인 커티스 블로우 의 다섯 번째 정규 앨범. 런 디엠씨 와 함께 한 '8 Million Stories' 그리고 본문에 언급한 'Basketball'이 빌보 드 100위권 안에 들었다.

Common 「Resurrection」(1994)

지적인 면모로 잘 알려져 있는 시카 고 출신의 래퍼 커먼의 데뷔 앨범. 재지한 프로덕션과 능숙한 랩을 담 고 있고, 힙합을 여성에 비유해 표 현한 'I Used to Love H.E.R.'가 널리 이름을 떨쳤다.

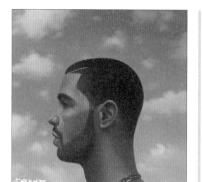

Drake 「Nothing Was The Same」
(2013)

최근 가장 인기 있는 랩 스타이자
그만큼 놀림도 받고 있는 드레이크
의 세 번째 정규 앨범. 지난 앨범들
과 마찬가지로 처음부터 끝까지 일
관된 자신만의 색으로 꾸며 좋은 평
가를 받았다.

Maybach Music Group
「Selfmade Vol. 1」(2011)

최근 주류 힙합계의 가장 뜨거운 레
이블인 메이백 뮤직 그룹의 첫 번째
컴필레이션 앨범. 자수성가한 젊은
래퍼들을 자처하면서 웅장하고 자
극적인 사운드를 담아냈다. 시리즈
의 가장 좋은 작품.

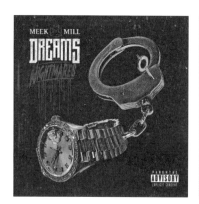

Meek Mill 「Dreams and
Nightmares」(2012)

메이백 뮤직 그룹의 일원이자 성공
한 젊은 흑인 래퍼의 가장 전형적인
모습을 보여주고 있는 믹 밀의 데뷔
앨범. 게토에서 힘들게 자라나 자신
의 힘으로 성공했고 이제는 부와 명
예를 누리고 있지만 여전히 거리와
함께라고 항변한다.

Jay-Z 「Reasonable Doubt」 (1996)

오바마에게 초청 받고 워렌 버핏과 점심을 먹는 제이지는 역사상 가장 성공한 힙합 뮤지션이자 사업가이자 롤모델이다. 제이지의 데뷔 앨범인 이 작품에는 그가 성공하기 전의 거칠고 투박한 면모가 잘 담겨 있다.

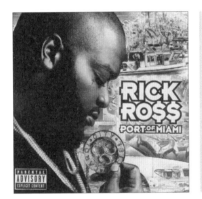

Rick Ross 「Port Of Miami」(2006)

2014년 기준, 릭 로스는 주류 힙합계의 가장 선두에 있다. 보스 콘셉트와 마약상 이미지, 고급스러운 누아르 사운드 등의 힘이다. 그의 데뷔 앨범인 이 작품에는 아직 완성되기 전의 릭 로스가 있다.

Cassidy 「I'm a Hustla」(2005)

배틀 래퍼로 이름을 날려온 캐시디의 두 번째 정규 앨범. 랩 실력이야 누구도 이의를 제기하지 않지만 앨범 단위로는 큰 성공을 거두지 못했다. 하지만 데뷔 앨범보다 더 나아진 작품.

018

Ace Hood 「Blood, Sweat & Tears」(2011)

믹 밀과 함께 성공한 젊은 흑인 래퍼의 가장 전형적인 모습을 보여주고 있는 에이스 후드의 세 번째 정규 앨범. 본문에도 언급한 'Hustle Hard'라는 상징적인 트랙이 들어 있다.

019

Jay-Z & Kanye West 「Watch The Throne」(2011)

2000년대를 대표하는 두 힙합 아이콘이 뭉쳐 발표한 프로젝트 앨범. 명품 브랜드 지방시의 디자이너가 창조한 앨범 아트워크에서 볼 수 있듯 여러모로 기존 래퍼들의 전형적인 방식에서 벗어나려고 한 작품.

020

T.I. 「Paper Trail」(2008)

남부 힙합을 대표하는 래퍼 티아이의 커리어 최고작. 티아이의 또 다른 앨범 「King」과 마찬가지로 이 앨범을 들이밀면 더 이상 남부 힙합에 대한 은근한 무시가 허용되지 않게 된다.

021

Soulja Boy 「iSouljaBoyTellem」
(2008)

놀랍도록 (못하는) 랩과 우스꽝스러운 춤으로 무수한 질타를 받았으나 그만큼 센세이션을 일으켜 십대들에게 엄청난 인기를 끌었던 솔자 보이의 두 번째 정규 앨범. 어찌되었든 역사에는 남을 것이다.

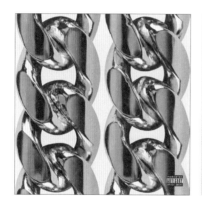

022

2 Chainz 「B.O.A.T.S. II: Me Time」(2013)

자기자랑, 성에 대한 노골적인 묘사, 여성 폄하 등을 일관되게 해오고 있는 래퍼 투체인즈의 두 번째 정규 앨범. 특유의 캐릭터와 재치 있는 표현력으로 최고의 인기를 누리고 있다. 대한민국 부모가 싫어할 만한 모든 것이 담긴 종합선물세트.

023

Akon 「Trouble」(2004)

마치 헬륨가스를 삼킨 듯한 독특한 목소리 톤이 인상적인 보컬리스트 에이콘의 데뷔 앨범. 자신의 수감 경력을 활용한 'Locked Up'으로 인기를 끌었지만 이내 과장과 허위였음이 들통나게 된다.

024

Jay-Z 「Vol. 3… Life and Times of S. Carter」(1999)

제이지의 네 번째 정규 앨범. 커리어를 통틀어 크게 훌륭한 평가를 받는 작품은 아니다. 다만 엠넷의 힙합 프로그램 '힙합 더 바이브'의 인트로 음악으로도 유명한 'So Ghetto'가 발군이다.

025

Eric B. and Rakim 「Paid In Full」 (1987)

힙합 초창기를 논할 때 반드시 거론해야 하는 명작. 에릭 비의 비트도 당시로서는 준수했지만 무엇보다 라킴의 랩이 경이로울 정도로 훌륭하다. 그의 라임 체계와 표현, 플로 등은 모든 후대 래퍼에게 영향을 끼쳤다.

026

Big Pun 「Capital Punishment」 (1998)

200킬로그램에 가까운 거구로 숨을 안 쉬는 것처럼 쉴 새 없이 랩을 뱉어냈던 빅 펀의 데뷔 앨범이자 힙합 역사에 남을 클래식 중 하나. 비록 그는 체중 과다 등으로 요절하고 말았지만 그가 생전에 보여준 랩 기술은 현존하는 래퍼 95퍼센트보다 낫다고 할 수 있다. The Good Die Young.

027

Eazy-E 「It's On (Dr. Dre) 187um Killa」(1993)

전설적인 갱스터 랩 그룹 N.W.A.를 이끌었던 이지-이의 솔로 앨범. 특히 이 작품은 N.W.A.에 같이 몸 담았던 닥터 드레를 공격하는 트랙으로 유명하다. 그러나 이지-이는 에이즈로 젊은 나이에 사망했고, 죽기 직전 닥터 드레와 화해했다.

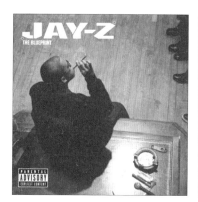

Jay-Z 「The Blueprint」(2001)

제이지의 커리어를 전환시키고, 그를 단순히 성공한 래퍼가 아니라 훌륭한 아티스트로 발돋움하게 만든 명작. 이 앨범을 통해 카니에 웨스트가 본격적으로 세상에 이름을 알렸고, 이 앨범에 담긴 새로운 프로듀싱 기법은 2000년대에 들어선 주류 힙합의 방향을 선도했다.

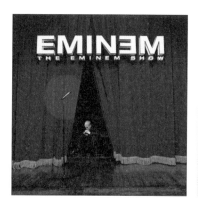

Eminem 「The Eminem Show」 (2002)

에미넴의 세 번째 정규 앨범. 보통 에미넴의 가장 훌륭한 작품으로 「The Marshall Mathers LP」를 꼽지만 개인적으로는 이 앨범에 애착이 크다. 지난 앨범들에 비해 에미넴이 직접 프로듀싱한 트랙이 늘었고, 무엇보다 커리어를 통틀어 가장 훌륭한 에미넴의 랩이 담겨 있다.

Nas 「Stillmatic」(2001)

세 번째, 네 번째 앨범으로 무너지는 듯했던 나스를 다시 부활시킨 작품. 앨범 타이틀 자체가 역사적 명반인 그의 데뷔 앨범 「Illmatic」을 이어받겠 다는 의지의 발로였다. 이 작품, 그 리고 제이지와의 배틀로 나스는 화 려하게 거리로 돌아오게 된다.

031

2Pac 「Greatest Hits」(1998)

시인이자 흑인 운동가이자 래퍼였 던 투팍의 베스트 앨범. 그에 대해 서는 딱히 설명이 필요 없을 것이 다. 베스트 앨범이라는 형식을 그리 좋아하지는 않지만 이 앨범만큼은 예외다. 내실 있는 구성이자 명곡의 향연이다.

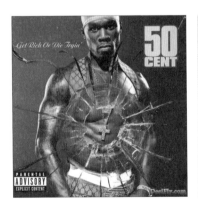

50Cent 「Get Rich Or Die Tryin'」 (2003)

50센트의 메이저 데뷔 앨범. 총알 9발을 맞고도 살아난 그가 닥터 드 레와 에미넴의 지원을 등에 업고 '부 자가 되기 위해' 온 힘을 다한 작품. 결과는 미국에서만 800만 장을 팔 았고 미국 역사상 네 번째로 많이 팔린 힙합 앨범으로 기록되었다.

Common「The Dreamer/The Believer」(2011)

커먼의 아홉 번째 정규 앨범. 데뷔 앨범부터 커리어 초기를 함께했던 프로듀서 노 아이디의 단단한 프로듀싱이 인상적인 작품. 믿을 수 있는 앨범 아티스트 중 한 명이다.

034

Kurupt「Tha Streetz Iz a Mutha」(1999)

서부 힙합을 대표하는 래퍼 커럽트의 두 번째 정규 앨범. 커리어를 통틀어 그의 최고작으로도 꼽힌다. 그의 랩은 물론 앨범을 채우고 있는 모든 것이 서부 힙합의 전성기를 담고 있다.

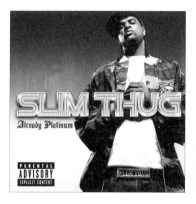

035

Slim Thug「Already Platinum」(2005)

남부 래퍼 슬림 썩의 데뷔 앨범. 프로듀싱 팀 넵튠스의 전폭적인 지원으로 준수한 작품을 만들어냈다. 앨범 타이틀에서 "이미 플래티넘(100만 장)을 달성했다"고 외치고 있지만 실제로는 50만 장 정도를 팔았다. 실패!

036

The Lonely Island 「Incredibad」 (2009)

코미디언 3인조로 구성된 패러디 그룹 론리 아일랜드의 데뷔 앨범. 필요 이상의 쓸데없는 고퀄리티 사운드와 절묘한 패러디로 엄청난 인기를 끌었다. 힙합 앨범이라고 단정할 수는 없지만 상당 부분 힙합의 정서와 매력에 기댄 작품.

Swings 「Upgrade EP」(2008)

엠넷의 힙합 오디션-서바이벌 프로그램 '쇼미더머니2'로 대중에게 알려진 스윙스의 데뷔 앨범. 교포 래퍼답게 미국 힙합의 여러 재미를 한국에서 구현하려고 노력했고, 특히 이 작품으로 '펀치라인'이라는 랩의 언어적 묘미를 한국 힙합 팬들에게 각인시킨 공로를 인정받는다.

Eminem 「The Slim Shady LP」 (1999)

에미넴의 메이저 데뷔 앨범. 지질하고 열등감에 가득 차 있으며 세상을 향해 분노의 가운뎃손가락을 날리던 초창기 에미넴의 기질이 고스란히 담겨 있다. 물론 에미넴은 이러한 자신의 면모로 엄청난 성공을 거두었다.

Juelz Santana 「God Will'n」(2013)

2000년대 초반에 젊은 래퍼로 주목 받았던 주엘즈 산타나의 믹스테잎. 몇 년간의 공백 끝에 내놓은 작품으로, 나쁘지 않은 평가를 받았다. 물론 그간의 꾸준하지 못한 행보가 아쉽기는 하다.

Chief Keef 「Finally Rich」(2012)

2000년대 중반에 솔자 보이가 있었다면 최근에는 치프 키프가 있다. 생각 없어 보이지만 매력적이고, 형편없는 랩이지만 어느새 중독되어 있는 자신을 발견할 수 있다. 실제로 둘은 친하다.

Jay-Z 「Magna Carta⋯ Holy Grail」(2013)

제이지의 최근작. 삼성과의 전략적 제휴로 앨범 발매와 동시에 100만 장을 팔아버리는 놀라운 수완을 발휘했다. 이로 인해 미국 음반 통계 기준이 살짝 바뀌기도 했다. 혁신적이거나 파격적인 음악을 담고 있지는 않지만 늘 하던 대로 좋은 실력을 발휘한 작품.

Fabolous 「Loso's Way」(2009)

2000년대 초반 전자 사운드를 주로 활용한 주류 힙합 유행을 이끌었던 래퍼 패볼로스의 다섯 번째 정규 앨범. 팝과 힙합을 넘나드는 매끈한 사운드를 주로 담고 있다.

The Quiett 「AMBITIQN」(2013)

도끼와 함께 인디펜던트 레이블 일리네어 레코드를 이끌고 있는 래퍼 더 콰이엇의 최근작. 전곡이 신곡으로 구성되어 있지만 무료로 공개해 화제를 모으기도 했다. 미국 래퍼들의 주요 테마처럼, 성공하기까지의 노력과 험난함 그리고 앞으로의 야망 등을 비장미 있게 그려내고 있다.

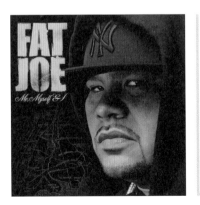

044

Fat Joe 「Me, Myself & I」(2006)

빅 펀과의 절친한 관계로도 유명한 라티노 계열의 중견 래퍼 팻 조의 일곱 번째 정규 앨범. 릴 웨인과 함께 한 'Make It Rain'이 인기를 끌었지만 커리어를 통틀어 볼 때 중요한 작품은 아니다.

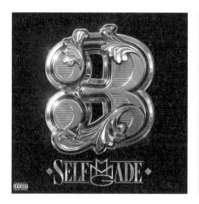

045

Maybach Music Group
「Selfmade Vol. 3」(2013)

주류 힙합의 선두주자 메이백 뮤직
그룹의 세 번째 컴필레이션 시리즈
작품. 여전히 고급스럽고 매끈한 사
운드와 화려한 참여진을 자랑한다.
하지만 개인적으로는 첫 번째 시리
즈가 가장 매력적이라고 느낀다.

046

Drake 「Take Care」(2011)

드레이크의 두 번째 정규 앨범. 지금
까지 발표한 총 세 장의 정규 앨범
가운데 가장 뛰어난 작품으로 대체
로 평가받고 있다. 랩과 노래를 그럴
듯하게 병행하고, 처음부터 끝까지
자신의 일관된 색을 잃지 않으면서
기존의 힙합이 가지고 있지 않았던
신선한 작품을 창조했다.

047

Dr. Dre 「The Chronic」(1992)

닥터 드레의 솔로 데뷔 앨범이자 힙
합 역사를 뒤집는 분기점 중 하나로
꼽히는 명작. 이 앨범의 출현 이후
한동안 미국 힙합은 (이 앨범이 표방
한) G-Funk의 시대가 지속되었다.
스눕 독 역시 이 앨범으로 데뷔해
지금까지 20년 넘게 살아남고 있다.

048

Snoop Dogg 「Doggystyle」(1993)

스눕 독의 역사적인 데뷔 앨범. 닥터 드레가 지휘한 이 작품은 「The Chronic」과 함께 G-Funk 시대를 열어젖힘과 동시에 G-Funk 최고의 작품으로 남았다. 지금이야 올라운드 플레이어로 분전하고 있는 그이지만 이 앨범에서는 갱스터 래퍼로서의 면모를 십분 맛볼 수 있다.

Eminem 「The Marshall Mathers LP」(2000)

에미넴의 두 번째 정규 앨범. 보통 커리어 최고의 작품으로 평가 받는다. 데뷔 앨범에서 표출했던 세상을 향한 분노가 더욱 극에 달했고, 'Stan'이라는 역사적인 스토리텔링 트랙을 남겼다.

Kanye West 「Late Registration」(2005)

카니에 웨스트의 두 번째 정규 앨범. 첫 번째 앨범에서 프로듀서로서뿐 아니라 래퍼로서의 가능성도 드러낸 그는 이 앨범에서 본격적으로 훗날 힙합 아이콘이 될 재능을 드러낸다. 존 브라이언과 함께 만들어낸 새로운 사운드를 주목해야 한다.

Hustle & Flow 「Hustle & Flow(soundtrack)」(2005)

빈민가에서 포주로 살아가는 주인 공이 어릴 적 꿈이었던 음악을 다시 찾아가는 과정을 그린 영화 「허슬 앤 플로」의 오리지널 사운드트랙. 영 화가 미국 남부 지역을 배경으로 하 기에 주로 남부 성향의 힙합 음악이 담겨 있다.

052

Jay-Z 「The Blueprint 2: The Gift & the Curse」(2002)

제이지의 일곱 번째 정규 앨범. 전 작 「The Blueprint」가 큰 성공을 거 두자 앨범 타이틀에서도 알 수 있듯 그 속편을 자처했다. 흔히 전작보다 못하다는 평을 받지만 곡수를 조금 줄인다면 충분히 훌륭한 곡이 많다.

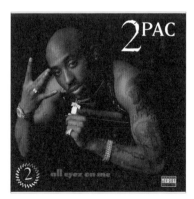

2Pac 「All Eyes On Me」(1996)

투팍의 네 번째 정규 앨범. 두 장의 시디로 구성된 더블 앨범으로 발매 되어 화제가 되기도 했다. 보통 투팍 의 최고작으로 평가 받으며 실제로 도 힙합 역사에 남을 작품으로 회자 된다. 랩과 사운드 모두 1990년대 서부 힙합의 절정을 담고 있다.

054

Lupe Fiasco 「Food & Liquor II: The Great American Rap Album Pt. 1」(2012)

시카고 출신의 래퍼 루페 피아스코의 네 번째 정규 앨범. 시사적이고 의식 있는 메시지를 추구하는 래퍼로 널리 알려져 있는 인물답게 이 앨범에서도 역시 투체인즈와 정반대되는 지향의 가사는 여전하다. 프로덕션 역시 탄탄해서 독자들에게 자신 있게 권할 만하다.

055

Mos Def & Talib Kweli 「Black Star」(1998)

1990년대 후반 미국 언더그라운드 힙합 무브먼트의 상징 격인 작품. 풍부한 언어를 통한 각종 이미지의 생생한 구현, 사회 문제들과 힙합 문화에 대한 진지하고도 날카로운 환기와 비판 그리고 그러한 주제의식을 일정한 구성과 서사를 이용해 드러내는 작가주의적 면모가 담겨 있다.

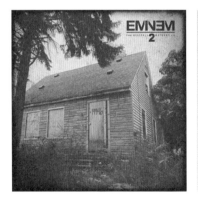

056

Eminem 「The Marshall Mathers LP 2」(2013)

앨범 타이틀에서 알 수 있듯 가장 성공했고 지금의 본인을 있게 해준 「The Marshall Mathers LP」의 속편을 표방했다. 물론 랩 실력이야 명불허전이지만 다소 식상한 프로덕션이 군데군데 들어 있다는 점이 아쉽다. 하지만 'Rap God'은 꼭 들어봐야 한다. "왕이 되라구? 됐어. 신이 될 수 있는데 왜 왕이 돼?"

057

Grandmaster Flash and the Furious Five 「The Message」 (1982)

힙합의 시조새 격인 작품. 이 당시 한국에서 프로야구가 출범했다면 미국의 게토에서는 이 앨범이 탄생 했다. 흑인들이 처한 현실을 적나라 하게 묘사한 정치적인 메시지를 최 초로 랩에 담은 작품 중 하나로 꼽 힌다.

058

Big Daddy Kane 「It's A Big Daddy Thing」(1989)

라킴과 함께 랩의 선구적인 인물 중 한 명으로 꼽히는 빅 대디 케인의 두 번째 정규 앨범. 라킴과는 또 다 른 의미에서의 훌륭한 랩이 가득 담 겨 있다.

Macklemore 059
& Ryan Lewis 「The Heist」(2012)

메이저 레이블과의 계약이 성공의 지름길이라고 믿어온 미국 힙합계의 관행을 뒤집고 인디펜던트로서 엄청 난 성공을 거둔 매클모어와 라이언 루이스의 데뷔 앨범. 무엇보다 힙합 의 동성애 폄하를 정면으로 비판한 'Same Love' 등 메시지 면에서 기존 의 힙합 앨범과 차별화에 성공했다. 결국 이들은 2014년 1월, 그래미 어 워드에서 몇 개의 상을 휩쓸었다.

060

Nas 「Street's Disciple」(2004)

나스의 일곱 번째 정규 앨범. 두 장의 시디로 구성된 더블 앨범으로 발매되었다. 나스의 커리어에서 가장 훌륭한 작품으로 꼽히지는 않지만 그렇다고 졸작으로 평가되지도 않는다. 몇 개의 좋은 싱글이 있고, 대부분의 더블 앨범이 그렇듯 그냥 한 장의 시디로 냈으면 좋았겠다는 작은 아쉬움은 있다.

Jay-Z 「The Black Album」(2003)

지금이야 지나간 해프닝 비슷한 것이 되었지만 이 당시만 해도 제이지는 이 앨범으로 은퇴를 선언했다. 그런 만큼 세상의 집중도도 높았고 대체로 풍성하고 내실 있는 작품으로 평가 받는다. 그 후 제이지는 3년 만인 2006년에 다시 돌아왔다.

Dr. Dre 「I Need A Doctor(single)」(2011)

두 번째 정규 앨범 「2001」을 1999년에 발표한 이후 아직까지 세 번째 정규 앨범을 내놓지 않고 있는 닥터 드레가 간간히 발표하는 새로운 싱글 중 하나. 닥터 드레와 에미넴의 실제 관계를 반영하면서도 현실과 가상을 넘나드는 에미넴의 진실한 가사가 많은 사람을 울렸다. 솔직히 나도 울었다.

J. Cole 「Born Sinner」(2013)

제이지가 자신의 레이블로 영입한
인물이자 나스가 자신의 대를 이어
받는 젊은 왕으로 칭한 제이콜의 두
번째 정규 앨범. 빈틈없이 내뱉는 정
통 스타일의 랩이야 늘 훌륭하지만
제이콜 자신이 직접 참여하는 앨범
의 사운드는 조금 보완할 필요가 있
어 보인다.

힙합

ⓒ 김봉현 2014

1판 1쇄	2014년 4월 1일
1판 6쇄	2022년 10월 13일

지은이	김봉현
펴낸이	강성민
편집장	이은혜
편집	박은아 곽우정
마케팅	정민호 이숙재 김도윤 한민아 정진아 이민경 정유선 김수인
브랜딩	함유지 함근아 김희숙 고보미 박민재 박진희 정승민
제작	강신은 김동욱 임현식

펴낸곳	(주)글항아리
출판등록	2009년 1월 19일 제406-2009-000002호
주소	10881 경기도 파주시 회동길 210
전자우편	bookpot@hanmail.net
전화번호	031-955-8898(편집부) 031-955-2696(마케팅)
팩스	031-955-2557

ISBN	978-89-6735-103-8 03900

잘못된 책은 구입하신 서점에서 교환해드립니다.
기타 교환 문의 031-955-2661, 3580

www.geulhangari.com